24,80

insel taschenbuch
1000
Deutsche Gedichte
und ihre Interpretationen

1000 Deutsche Gedichte und ihre Interpretationen

Herausgegeben
von Marcel Reich-Ranicki

Siebter Band

Von
Bertolt Brecht
bis
Marie Luise Kaschnitz

Insel Verlag

Erste Auflage 1994

Quellenhinweise am Schluß des Bandes
Druck: Freiburger Graphische Betriebe, Freiburg
Printed in Germany

Von Bertolt Brecht
bis Marie Luise Kaschnitz

INHALT

KURT TUCHOLSKY
AN DAS BABY

Alle stehn um dich herum:
Fotograf und Mutti
und ein Kasten, schwarz und stumm,
Felix, Tante Putti …

Sie wackeln mit dem Schlüsselbund,
fröhlich quietscht ein Gummihund.
»Baby, lach mal!« ruft Mama.
»Guck«, ruft Tante, »eiala!«

Aber du, mein kleiner Mann,
siehst dir die Gesellschaft an …
Na, und dann – was meinste?
Weinste.

Später stehn um dich herum
Vaterland und Fahnen;
Kirche, Ministerium,
Welsche und Germanen.

Jeder stiert nur unverwandt
auf das eigne kleine Land.
Jeder kräht auf seinem Mist,
weiß genau, was Wahrheit ist.

Aber du, mein guter Mann,
siehst dir die Gesellschaft an …
Na, und dann – was machste?
Lachste.

BENNO VON WIESE
ZWISCHEN WEINEN UND LACHEN

Humoristisch-satirische Schriftsteller – es gibt nicht sehr viele in Deutschland – wurden bei uns meist stiefmütterlich behandelt. Man vermißte das »Erhabene«, das »Poetische« bei ihnen. Sie waren Dichter zweiter Klasse. Das galt von Ringelnatz und Wilhelm Busch, selbst noch von Heine und dem Morgenstern der »Galgenlieder«, ganz besonders aber von Tucholsky. Ihre Frechheiten und Unverschämtheiten verdarben das weihevolle Konzept vom Dichter. Sogar Raimund und Nestroy sind bis heute spezifisch österreichische Autoren geblieben.

Tucholsky, der sich selbst Theobald Tiger, Ignaz Wrobel, Peter Panter und Kaspar Hauser nannte und hinter jedem dieser Pseudonyme ein anderes Gesicht zeigte, hat das gewiß nicht verdient. Ich stelle hier ein Gedicht von ihm aus dem Jahre 1931 vor. Seine beiden Strophen sind in symmetrischer Entsprechung aufgebaut; sie sind beide genau gleich lang, folgen dem gleichen Reimschema, das jeweils zwischen dem kreuzweise und dem direkt Gereimten abwechselt.

Am Ende der zweiten Strophe wird das Ende der ersten fast wörtlich wiederholt; aber der Gleichklang ist nur scheinbar, die Strophen enden mit der äußersten Verknappung in das pointierende »Weinste« oder »Lachste«, zwei konträre gestische Ausdrucksformen, die auf »Grenzen menschlichen Verhaltens« (Helmut Plessner) hindeuten. Das Ganze ist eine zwar kunstvolle, aber doch einfach zu

durchschauende Konstruktion, deren Rationalität sich jeden subjektiven Überschwang verbietet.
Was will dieses Gedicht? In beiden Strophen wird uns eine wie in einem Momentbild festgehaltene Situation dargeboten. Die erste unterstreicht das noch, weil ja das Baby soeben fotografiert werden soll. Die Schilderung ist komisch und beleuchtet nur nebenbei die Fragwürdigkeit des Familien-Clans, dem Tucholsky in Prosa und Vers so manche Absage erteilt hat. Das Baby soll auf neckische Weise zum Lachen gebracht werden. Das Gegenteil tritt ein. Der Autor mischt sich verstohlen ein, identifiziert sich mit dem hilflosen kleinen, der »Gesellschaft« ausgesetzten Wesen und meint gutmütig, in etwas salopper berlinischer Sprechweise: »Na, und dann – was meinste? / Weinste.« Die Geste des Weinens bei diesem Eintritt in die Welt scheint ihm offensichtlich die angemessene zu sein.
Erst durch die zweite Strophe wird das Gedicht satirisch-politisch. Der »kleine Mann« ist inzwischen herangewachsen. Wiederum steht alles Mögliche um ihn herum: Vaterland, Fahnen, Kirche, Ministerium, Welsche und Germanen. Wiederum ist damit »Gesellschaft« gemeint, aber diesmal abstrakter als der Familienverband, freilich sehr konkret in ihrer jeweils nationalen, religiösen oder bürokratischen Selbstgerechtigkeit und Intoleranz. Das einstige Baby reagiert ein zweites Mal gestisch, aber diesmal mit Lachen.
Wie Heinrich Heine, so hat auch Tucholsky den Anspruch der politischen Autoritäten als komisch empfunden. Darin steckt die gleiche Freiheit des Paria – beide waren ja Juden –, der sich solchen versklavenden und bornierten Einengungen der individuellen Freiheit und der allgemeinen Menschenrechte mit dem überlegenen Lä-

cheln der Ironie entzog. Freilich ist es auch ein schmerzliches, manchmal sogar ein bitteres Lächeln. Ein 1931 erschienenes Werk von Tucholsky hat den bezeichnenden Titel: »Lerne lachen, ohne zu weinen«.
Die Gesten des Weinens und des Lachens sind vieldeutig und manchmal sogar miteinander vertauschbar. Wie sehr das Lachen eine humane Antwort auf den Schmerz sein konnte, wußten sowohl Tucholsky wie Heine. Vielleicht hat man auch darum beide so oft gehaßt. Der nach Schweden Emigrierte, der so gerne der Einsamkeit des in den Käfig eingesperrten »Tigers« entronnen wäre, wählte am 21. Dezember 1935 den Freitod.

KURT TUCHOLSKY
PARK MONCEAU

Hier ist es hübsch. Hier kann ich ruhig träumen.
Hier bin ich Mensch – und nicht nur Zivilist.
Hier darf ich links gehn. Unter grünen Bäumen
sagt keine Tafel, was verboten ist.

Ein dicker Kullerball liegt auf dem Rasen.
Ein Vogel zupft an einem hellen Blatt.
Ein kleiner Junge gräbt sich in der Nasen
und freut sich, wenn er was gefunden hat.

Es prüfen vier Amerikanerinnen
ob Cook auch recht hat und hier Bäume stehn.
Paris von außen und Paris von innen:
sie sehen nichts und müssen alles sehn.

Die Kinder lärmen auf den bunten Steinen.
Die Sonne scheint und glitzert auf ein Haus.
Ich sitze still und lasse mich bescheinen
und ruh von meinem Vaterlande aus.

REINHOLD GRIMM
RUHE AUF DER FLUCHT

Manche Gedichte – es brauchen gar keine sogenannten »klassischen« zu sein – liest man nicht bloß immer wieder, sondern stets auch ein wenig anders. Für mich gehören dazu die vier Strophen, die »Park Monceau« heißen und am 15. Mai 1924 in der »Weltbühne« erschienen sind. Sie stammen zwar von Kurt Tucholsky, trugen aber damals den Verfassernamen Theobald Tiger. Auch unter Peter Panter, Ignaz Wrobel oder Kaspar Hauser hätten sie stehen können. Tucholsky besaß ja viele Pseudonyme. Bärbeißig-knurrend, geradezu zähnefletschend die beiden ersten, die sich sogar den grimmigen Stabreim leisteten; verspielt und kauzig-verschroben (doch darum nicht minder ein Teil von ihm) das dritte; und ganz und gar bekenntnishaft, von Ahnung und bangem Verhängnis umschattet, das vierte und letzte: entlehnt jenem flüchtigen Fremdling, der einstmals, aus unbekannten Verliesen ans Licht und von Mörderfaust wieder ins Dunkel gestoßen, seine paar armen Jahre staunend und hilflos in dem Land, das der Dichter sein Vaterland nannte, gelebt hatte. Ja, Kaspar Hauser, allem Anschein zum Trotz, kam dem wahren Wesen Tucholskys wohl am nächsten. Dessen Gesicht hinter den vielen Masken blieb zart und scheu und nur allzu verletzlich. Er war ebenfalls, so kräftig er sich zu wehren und so unliebsam er selber dreinzufahren wußte, von Anfang an auf der Flucht.

Abseits freilich, insbesondere im geliebten Frankreich,

meinte er bisweilen Ruhe zu finden. Das Gedicht vom Mai 1924 schildert solch eine seltene Stunde. Seine Verse, Aufatmen und zugleich *Hommage à Paris*, wirken leicht, gelöst, beinah heiter. Wohlig genießt der Flüchtling, der noch kein Emigrant ist, seine Abgeschiedenheit »unter grünen Bäumen«; »still« in der Sonne sitzen und »ruhig« vor sich hinträumen kann er hier, der daheim schon lauthals als Ruhestörer Verschriene; nicht mehr von Verbotstafeln, sondern von spielenden Kindern, von Vögeln und »bunten Steinen« ist er umgeben, darf einfach »Mensch« und »nicht nur Zivilist« sein und unbesorgt sogar »links gehn«. Der deutsche Dichter erhöht den französischen Park zum Gleichnis humanen Freiraums.

So könnte man sagen. Aber Tucholsky sagt lediglich: »Hier ist es hübsch.« Oder zuletzt dann: »Ich lasse mich bescheinen / und ruh von meinem Vaterlande aus.« Und das ist genauso salopp unterkühlt und alltäglich umgangssprachlich wie der »dicke Kullerball«, der mitten auf der Wiese liegt, oder der »kleine Junge«, der in seiner so nachlässig schwach deklinierten »Nasen« nicht etwa bohrt, sondern »gräbt«. Nicht bloß er, auch der Dichter »freut sich«: darüber, daß jener »was gefunden« hat, und noch über manches andere. Die schnatternden »Amerikanerinnen« aber, die er mit leisem Snobismus beäugt, dienen ihm samt ihrem Reiseführer allenfalls dazu, die Flüchtigkeit solchen Ausruhens vollends zu vergessen. Tucholsky sah seinen Park Monceau »von innen«: er fühlte sich dort nicht als Fremder oder gar Tourist, sondern als Zugehöriger, ja Einheimischer.

Als ich dieses Gedicht zum erstenmal mit Bewußtsein las, kam ich gerade von Paris zurück. Und da es bekanntlich viele Arten gibt, »an Deutschland zu leiden«, wähnte ich, die Schlußzeile für mich in Anspruch nehmen zu dürfen. Als ich die gleichen Verse, Jahre später, noch bewußter las, kam ich von Siena. Und weil ich inzwischen längst in Amerika lebte und dessen Bewohnerinnen zwar differenzierter, ihr Land jedoch ebenso skeptisch wie mein eigenes betrachten gelernt hatte, glaubte ich, der ich mithin doppelt »litt«, mir Tucholsky mundgerecht machen und snobistisch aufseufzen zu sollen: »Ich ruh von meinen *beiden* Vaterländern aus.«

Jetzt empfinde ich derlei fast als Anmaßung. Wenn ich das Gedicht heute lese, denke ich daran, daß sich Tucholsky 1935 – umdüstert und »gleichgültig«, ohne Masken und ohne »raison d'être«, wie er in seinem Abschiedsbrief schrieb – im Exil das Leben nahm. Im selben Brief, nunmehr hoffnungslos »von außen«, sah er sich auch nochmals »im Park Monceau sitzen«. Begriff er, der von Meuchelmördern Vertriebene, daß er nirgends eine Stätte hatte: weder in der Heimat, wo er wie Kaspar Hauser ein Fremdling war, noch in der Fremde, die er sich sehnsüchtig zur Heimat verklärte? Erst das Gift brachte ihm die endgültige Ruhe auf seiner letzten Flucht.

KURT TUCHOLSKY
RHEINSBERG

(»Zum hundertsten Tausend«)

Natürlich kommt das nie mehr wieder.
Allein: es war einmal.
Ich war ein Star und pfiff die bunten Lieder;
ich war Johann, der muntre Seifensieder –
und Claire war real.

Das ist schon lange her.
Und heute –?
Jetzt sind die andern dran.
Nach unsrer Sprache plaudern Liebesleute,
Zahntechniker und ihre junge Bräute ...
Das hört sich also an:

»Du sock nisch imme nach die annern Mättschen blickn!
Isch eiffesüschtisch, olle Bums-Roué!
Du imme mit die kleinen Dickn!
Nu isch ins Bett bigehn bimickn,
weil müdischlisch biwé!«

So liebt euch denn (in allen Ehren)!
Die Liebe währet ewiglich.
Und folgt ihr dieses Büchleins Lehren
und küßt ihr euch, ihr Wölfchen und ihr Clairen –:
dann denkt an mich.

BEATE PINKERNEIL
HERZ MIT SPRUNG

Tucholskys »Rheinsberg« ist mehr als ein Gelegenheitsgedicht. Zwar schrieb er es 1931 aus Anlaß der Auslieferung des 100 000. Exemplars seiner gleichnamigen Erzählung, doch indem er zurückblickt, nimmt er gleichzeitig vom Vergangenen Abschied. Seine Verse sind Zeugnis der unendlichen Resignation eines schwermütigen Ironikers.
Als der zweiundzwanzigjährige Student der Jurisprudenz seine kleine erotische Abenteuergeschichte »Rheinsberg, ein Bilderbuch für Verliebte« mit Illustrationen seines Freundes Kurt Szafranski im Berliner Axel Juncker Verlag herausbringt, schlagen die Wogen der Presse enthusiastisch hoch. Ein bis dahin Unbekannter wird gefeiert, das Erstlingswerk macht seinen Verfasser schlagartig berühmt und begründet seinen schriftstellerischen Erfolg. Die Erzählung wird als ein modernes Arkadien sinnlicher Unschuld, kindlich-erotischer Unbefangenheit und Natürlichkeit empfunden, über die Spätsommertage der beiden Liebenden Claire und Wolfgang legt sich der Glanz sorgloser Jugend. Generationsweise liebte man nach diesem Buch vom Blatt, vermerkt Tucholsky später mit zeitkritischer Hellsicht.
Was ihm gelungen ist: ein altes Thema auf völlig neue Weise durchzuspielen. Zwei Studenten, die sich heimlich auf- und davonmachen, aus dem gewohnten Trott der Berliner Metropole in die alltagsferne märkische Landschaftsidylle entfliehen, über die verkrüppelten Sehn-

süchte bürgerlicher Honoratioren spotten, in einer kindlich-kapriziösen Privatsprache miteinander verkehren und ihren Gefühlen, wenn auch nur für wenige Tage, ungezwungen leben – das ist der Atem, der durch diese Geschichte aus dem Vorkriegsdeutschland weht.

Geheime Beziehungen zwischen Erotik und Reiselust schimmern hier durch, sie verbinden das »Bilderbuch für Verliebte« mit Tucholskys fast zwanzig Jahre danach verfaßtem meisterlichen Roman »Schloß Gripsholm«. Er stammt aus demselben Jahr wie sein Gedicht der Erinnerung. Erlebnis und Schreiben sind für ihn längst zweierlei geworden, ebenso wie der politische Kampf mit der Feder und dessen reale Wirkung. Er hat das letzte und gefährlichste Mittel, seine Isolation im schwedischen Hindås, gewählt und nennt sich einen »aufgehörten Schriftsteller«.

Als ein solcher wendet er sich in diesem Gedicht zurück im Bewußtsein: »Natürlich kommt das nie mehr wieder.« Claire hatte es noch gegeben. Sie hieß mit bürgerlichem Namen Else Weil, Tucholsky war vier Jahre mit ihr, die er nach einer literarischen Figur Heinrich Manns zärtlich Claire Pimbusch nannte, verheiratet gewesen. Lydia aus »Schloß Gripsholm« dagegen hatte nie existiert, wie Tucholsky in einem Brief vom Mai 1931 mit zurückhaltender Trauer bekennt.

Da er weiß, daß er neben dem Leben her schreibt, gibt er »Rheinsberg« als Vermächtnis an seine späteren Leser weiter: »Jetzt sind die andern dran.« Er hat mit ihnen nichts mehr zu tun. Das verliebt-närrische Idiom Claires ist zum Kauderwelsch von »Zahntechnikern und ihren jungen Bräuten« degeneriert. Wenn er sie trotzdem auffordert, sich zu lieben und vielleicht den Lehren seines

Büchleins zu folgen, so sind doch seine verhaltene Ironie und Distanz unverkennbar: »Die Liebe währet ewiglich.«

Nein, das weiß er besser. Da »stehen sie, unrettbar und unweigerlich *zwei*«, heißt es im selben Jahr in seiner Skizze »Liebespaar in London«. Und kurz darauf schreibt er das Gedicht »Herz mit einem Sprung«. So könnten auch die Rheinsberg-Verse überschrieben sein.

FRANZ WERFEL
DAS BLEIBENDE

Solang noch der Tatrawind leicht
Slovakische Blumen bestreicht,
Solang wirken Mädchen sie ein
In trauliche Buntstickerein.

Solang noch im bayrischen Wald
Die Axt im Morgengraun hallt,
Solang auch der Einsame sitzt,
Der Gott und die Heiligen schnitzt.

Solang auf ligurischer Fahrt
Das Meer seine Fischer gewahrt,
Solang wird am Strande es schaun
Die spitzenklöppelnden Fraun.

Ihr Völker der Erde, mich rührt
Das Bleibende, das ihr vollführt.
Ich selbst, ohne Volk ohne Land,
Stütz nun meine Stirn in die Hand.

REINHOLD GRIMM
OHNE VOLK, OHNE LAND

Wie dem jungen Rilke, so ging ihm alles rasch, allzu rasch und mühelos von der Hand. Die Bilder und Reime, die Verse und Strophen: sie ergaben sich förmlich von selber, wenn er zur Feder griff, quollen und flossen und strömten ihm über die Seiten, ganz wie er es wünschte und wollte. Ja, im Rückblick wirkt diese sprachliche Fertigkeit und Behendigkeit, diese Fülle an Worten, dieser poetisch-rhetorische Überschwang, den zu zügeln er weder die Kraft noch die Absicht hatte, manchmal schon beinahe unbewußt oder doch unbedacht, jedenfalls unkontrolliert und im tieferen Sinne unreflektiert …

Oder müßten wir eher folgern, Franz Werfels Schaffen sei lediglich überbeflissene, allzu flotte Betriebsamkeit gewesen? Zumindest Karl Kraus mokierte sich bereits darüber, indem er, boshaft wie eh und je, seinen fruchtbaren (und so erfolgreichen) jungen Schriftstellerkollegen mit gleichsam katzbuckelndem Diensteifer, reimweis obendrein, werben und fragen ließ: »Ich bin der Dichter Werfel, ham sie ein Bederfel?«

Denn kam dieser Dichter nicht in der Tat, Gott und die Welt verreimend, jedwedem Bedürfnis nach, ja entgegen? Die Masse seines poetischen Angebots war schier erdrückend, die Promptheit seiner lyrischen Lieferungen schlechthin überwältigend. Vieles davon – namentlich aus Werfels expressionistischer Produktion mit ihren Tränenwonnen und steilen Gefühlsekstasen, wohlfeilen Bruderküssen und menschheitlichen Umarmungen – ist mittlerweile nur noch schwer genießbar. Von dem, was sich damals in solch unerschöpflichem Fluß und Überfluß ergossen hat, scheint sich heute wenig als bleibend erweisen zu wollen.

Und dennoch hat gerade Werfel ein Gedicht geschrieben, das sich, inmitten der beängstigenden Red- und Empfindungsseligkeiten, der wortreich-geschäftigen, nicht selten ans Kitschige streifenden Entrückungen und Verzückungen wie ein Kalenderspruch oder ein Volkslied anhört. Seine plötzliche Schlichtheit und Kargheit, seine auf einmal fast schamhafte Scheu vor der Deklamation, die sich, erschüttert, in die reine Gebärde zurücknimmt: sie sind derart, daß diese paar stillen Strophen für mich zum Ergreifendsten zählen, was ich aus neuerer deutscher Lyrik kenne. Wo auch spräche das Wort vernehmlicher als am Rande des Schweigens? Und wer wäre beredter als der Allzuberedte, dem es die Zunge zu lähmen droht?

Aber Werfels Gedicht ist nicht etwa Ausdruck seiner konkreten Exilerfahrung. Die Elegie des in Prag Geborenen, der dann in Wien lebte, ist lang vor dem »Anschluß« Österreichs entstanden, sie weist sogar aufs einstige Österreich-Ungarn zurück. Deutlich umkreisen ihre ersten drei Strophen dessen Grenzen; nacheinander ruft sie das slawisch-magyarische, das deutsche und das romanische Element des Vielvölkerstaates ins Gedächtnis. Und doch dient ihr die Donaumonarchie bloß als Zeichen für alle »Völker der Erde«.

Der hier so schmerzlich die »Stirn in die Hand« stützt, war überall »ohne Volk ohne Land«. Er war Dichter und Jude und mithin – wie er zuletzt, nun wirklich verbannt und vertrieben, sagte – »Emigrant auf dem ganzen Planeten«.

Werfels Erfahrung war älter als Hitler. Aber trotzdem und ebendarum ist auch dieses Gedicht schon ein Exilgedicht. In ihm bebt das uralte Leid des jüdischen Schicksals und zugleich die Verlorenheit und bange Fremdheit des geistigen Menschen, den das »trauliche« Leben »rührt«, weil ihn darin »das Bleibende« anrührt.

Ach, dieses Bleibende ist so bleibend nicht. Statt auf die Tatra braucht man nur aufs Riesengebirge, statt auf Ligurien auf die Levante zu schauen; von anderem zu schweigen. Vertreibung und schließlich Vernichtung, wohin man sich kehrt. Wahrhaft bleiben wird einzig das Leid, über dem selbst die Dichter verstummen.

FRANZ WERFEL
DER SCHÖNE STRAHLENDE MENSCH

Die Freunde, die mit mir sich unterhalten,
Sonst oft mißmutig, leuchten vor Vergnügen,
Lustwandeln sie in meinen schönen Zügen
Wohl Arm in Arm, veredelte Gestalten.

Ach, mein Gesicht kann niemals Würde halten,
Und Ernst und Gleichmut will ihm nicht genügen,
Weil tausend Lächeln in erneuten Flügen
Sich ewig seinem Himmelsbild entfalten.

Ich bin ein Korso auf besonnten Plätzen,
Ein Sommerfest mit Frauen und Bazaren,
Mein Auge bricht von allzuviel Erhelltsein.

Ich will mich auf den Rasen niedersetzen,
Und mit der Erde in den Abend fahren.
O Erde, Abend, Glück, o auf der Welt sein!!

ECKART KLESSMANN
AUS EINER HEILEN WELT

Die Stimme Franz Werfels, 1944 in Kalifornien aufgenommen, liefert fast schon einen Teil der Deutung. »Der schöne strahlende Mensch *spricht*«, so heißt da der Titel. Und dann hebt es an in jenem Pathos, wie es um 1911, als Werfels erster Gedichtband »Der Weltfreund« erschien, wohl auf der Bühne des Burgtheaters geklungen haben mag und mit dem auch Hofmannsthal seine Gedichte rezitierte. Ich habe Werfels Schallplatte inzwischen so oft gehört, daß ich dieses Gedicht nicht mehr vortragen könnte, ohne in des Rezitators Werfel Überschwang zu verfallen. Er spricht seine Verse fast mit wachsender, wenn auch kalkulierter Erregung, die bei der dritten Strophe anfängt zu vibrieren und sich dann zu einem mächtigen Crescendo steigert bis zum Aufschrei im letzten Vers mit der zweimaligen Zäsur vor und hinter dem »o«.

Längst kann ich dieses Sonett auswendig, und wenn ich von der ganz außerordentlichen Faszination durch Werfels Stimme absehe, dann frage ich mich, warum gerade dieses Versgebilde mich so anzieht. Es ist wohl der Ausdruck des seligen Glücksgefühls, wie es so nie wieder formuliert worden ist. Dieses »O Erde, Abend, Glück, o auf der Welt sein« wurde schon wenige Jahre später in einem militärischen Inferno begraben, nach dem es den schönen strahlenden Menschen nicht mehr gab, es sei denn verhunzt zur Propagandafigur der Rechten wie der Linken, die »tausend Lächeln« ersetzt

durch das einfältig-martialische Feixen der Visagen auf den Plakaten.
Der jubelnde Kosmopolitismus des Weltfreunds im Anfang eines Jahrhunderts, das sich in die Geschichte einschrieb als die Epoche einer so monströsen wie beispiellosen Ausrottung des Menschen im Zeichen linker wie rechter Ideologien: das macht wieder und wieder nachdenklich.
Werfels Sonett bezieht sein Glück aus einer noch ungebrochenen Harmonie von Menschen und Natur, in der es – Jahrzehnte vor Tschernobyl – noch nicht zweifelhaft sein konnte, wie der »strahlende« Mensch zu verstehen ist. Aber so reagiert heute eine verkehrte Welt, daß jeder, der von einer »heilen« spricht, sofort verhöhnt wird, als wäre nicht eine heile Welt genau das, was wir uns alle ersehnen. Werfels Welt in diesen Versen ist noch ganz heil und durch nichts in Frage gestellt – drei Jahre vor dem blutigen Triumph der Materialschlachten, als der schöne strahlende Mensch zum Menschenmaterial verkam.
Werfels glückverheißende Hymne erfüllt uns heute eher mit Trauer. Nicht einmal fünfzig Jahre hat es gebraucht, bis wir über seinen Jubelschrei »o auf der Welt sein!« nur noch gequält lachen können. Einen schönen strahlenden Menschen fragen wir heute – wenn er sich denn so vorstellt –, welche Ideologie er uns wohl verkündet, damit nicht nur die Freunde »leuchten vor Vergnügen«, als hätte ein Wort wie »Vergnügen« je Eingang gefunden in ein Parteiprogramm.
Der Ausdruck und das Empfinden glückseliger Gegenwart, die eine lichte Zukunft verheißt und ein durch nichts in Frage zu stellendes Welteinverständnis – nur noch trostlose Makulatur, nur die Einfalt eines weltfremden

Poeten? Aber Franz Werfel hat gerade dieses Gedicht 1944, ein Jahr vor seinem Tode, zur Rezitation ausgewählt für den Rundfunk, als ganz Europa in Flammen stand.

FRANZ WERFEL
MORGENHYMNUS

Ich bin nicht tot. Durch Spalt und Ritze
Verwundet mich der scharfe Strahl,
Und im durchglühten Selbstbesitze
Leb ich noch *ein* Mal, noch ein Mal.

Durch offne Läden bricht mit Wogen
Ein Blau, das mir noch nie geblaut.
Die Luft ist kindhaft vollgesogen
Von Sonnenmilch, die niedertaut.

Der Dampfer draußen auf dem Meere
Röhrt riesig wie ein Hirsch zur Brunft.
Von Bergen blitzt geheimer Heere
Sicht-unsichtbare Niederkunft.

Ich bin nicht tot. Laut möcht' ich's brüllen
In diesen Tag der Gnadenwahl.
Und alle meine Segel füllen
Sich heut noch *ein* Mal, noch ein Mal.

HEINZ POLITZER
TRIUMPH-ARIE DES LEBENS

Franz Werfel war ein großer, aber ungenauer Dichter. Ohne Maß war seine Begabung. Er konnte sich plötzlich den Kragen aufreißen und seine Stimme von den eigenen Versen tragen lassen, bis ihm die Tränen kamen. Seine Sprache war achtlos, verklärte Provinz. Stefan George soll, als Gundolf wieder einmal Werfel Mangel an Würde vorwarf, den Eiferer in die Schranken gewiesen haben: »Laß ihn, Gundel, für einen Böhmen dichtet er gut genug.«

Aber Prag war für Werfel, wie für viele deutsch-jüdische Bewohner der Stadt, eine Qualheimat. Zwar rührte ihn böhmischen Volkes Weise nicht nur von ferne an, zwar hat er das Reich Gottes in Böhmen mit einer Art von Dostojewskijschem Christentum den Armen und Beleidigten aufgetan – aber: »Fremde sind wir auf der Erde alle«, sogar auf der heimatlich-böhmischen. Es hielt ihn nicht lange.

Zuflucht fand er am Mittelmeer, zumal auf der Opernbühne Giuseppe Verdis. Er hat »Die Macht des Schicksals«, »Simone Boccanegra« und »Don Carlos« übersetzt, nicht immer zum Vorteil des Originals. Und doch habe ich ihn eines kognakgesegneten Abends den »Don Carlos« singen hören; nicht nur die Unglückssoli des Infanten, sondern auch das Brio Rodrigos, das müde Maestoso des Königs, die gläsernen Glockentöne der Elisabeth und die Passion der Eboli, Chöre, Ensembles, Cavatinen, alles miteinander. Es war die schönste Aufführung einer Verdi-Oper, die sich denken läßt.

Der »Morgenhymnus« stammt aus dem Jahre 1931. Er spielt, wie es sich für Werfel in jener Zeit schon gebührte, vor mediterraner Kulisse. Vielmehr: es ist der Dichter, der spielt und aufs virtuoseste den Part des Erwachenden, zum Morgen des Lebens Wiedererwachten anstimmt. Er breitet die Arme aus, sinkt auf die Knie, ergibt sich der Arie; er synkopiert, skandiert *sforzando* (»leb ich noch *ein* Mal ...«), »möchte«, *fff*, »brüllen«. Gundolf konnte die Nase rümpfen, soviel es ihm behagte – es ist Verdi, der hier schmettert.

Werfels dichterisches Ich schloß einen hochdramatischen Heldentenor mit ein. Aber dieser Held singt den Hymnus an das Leben nur in den Eckstrophen des Gedichts. Die beiden mittleren sind schöpferische Anverwandlung und lyrisches Lauschen: Offene Fenster schlürfen die blaue Milch der Frühe. Der Tag geht auf und öffnet sich wogend wie das Meer. Der Ozeandampfer röhrt, brünstig nach Fahrt wie der Hirsch nach der Hinde. Der Reim von »Brunft« auf »Niederkunft« ist ein kostbarer Fund. Was da von den Bergen niederkommt (eine transparente Doppeldeutigkeit: bedeutet diese Niederkunft nicht auch eine Geburt, die Wiederkunft nach dem Schlaf?), erscheint als eine Heerschar, erlesen durch Gnadenwahl. Worin diese Gnade etwa bestünde, wird ebenso verschwiegen wie das Wort »Erwachen«, das »sicht-unsichtbar« als Titel über dem Ganzen steht.

Korrespondenzen verschränken Eck- und Mittelstrophen, Innen und Außen: die Heere »blitzen« wie der scharfe Strahl durch die »Ritze« der ersten Zeile. Der Dampfer »röhrt«, wie es den Dichter zu »brüllen« gelüstet. Im Gegensatz zu diesen Übereinstimmungen bildet der moderne Ozeanfahrer einen Kontrast zu den Segeln, dem archetypischen Bild einer Seele, die sich zur Reise rüstet.

Zur Reise wohin? Wer einmal sagt: »Ich bin nicht tot«, der ahnt, daß er sterben muß, wer es zweimal sagt, weiß es. Obwohl Werfel noch vierzehn weitere Jahre zu leben hatte, holte das erwartete Ende den Enthusiasten stets in den Staub zurück, aus dem er sich geschaffen fühlte. Dieser »Morgenhymnus« ist dem Tod abgetrotzt. So jubelt nur einer, dem es gewiß ist, daß der Abschied unvermeidbar, daß dieses *eine* Mal schon beinahe das letzte ist.

Franz Werfel hat hier von Giuseppe Verdi nicht nur den inneren Leierkasten geliehen, diese vier einfachen Taktschläge, über die sich mit Gewalt oder Liebkosung die Melodie wölbt. Er hat auch von ihm die Macht des Schicksals übernommen, die tragische Ironie: An die Rampe tritt ein Tenor, der Held, und ergeht sich in Triumph. Bald, und der letzte Vorhang fällt über einen Toten.

FRANZ WERFEL
TRAUMSTADT EINES EMIGRANTEN

Ja, ich bin recht, es ist die alte Gasse.
Hier wohn ich dreißig Jahr ohn Unterlaß ...
Bin ich hier recht?? Mich treibt ein Irgendwas,
Das mich nicht losläßt, mit der Menschenmasse.

Da, eine Sperre starrt ... Eh ich mich fasse,
Packt's meine Arme: »Bitte, Ihren Paß!«
Mein Paß? Wo ist mein Paß!? Von Hohn und Haß
Bin ich umzingelt, wanke und erblasse ...

Kann soviel Angst ein Menschenmut ertragen?
Stahlruten pfeifen, die mich werden schlagen,
Ich fühl noch, daß ich in die Kniee brach ...

Und während Unsichtbare mich bespeien:
»Ich hab ja nichts getan«, – hör ich mich schreien,
»Als daß ich eure, *meine* Sprache sprach.«

KURT KLINGER
HEIL GEBLIEBEN UND VERLETZT

Im Frühseptember 1939, Frankreich war eben in den Krieg eingetreten, wurde Franz Werfel auf dem Marktplatz seines Exilorts Sanary-sur-mer von einem Kriminalbeamten angehalten, durchsucht, als Kommunist beschimpft. »Viele schmutzige Hände hatten an ihm herumgetastet«, notierte Alma Mahler-Werfel; unter dem Hohn der Passanten wurde dem verdächtigen Ausländer die Jacke vom Leib gerissen. »Bleich wie der Tod und krank vor Wut« sei Werfel nach Hause gekommen. Kurz darauf die Vorladung ins Polizeipräsidium von La Seyne. Das Verhör, die umständliche Kontrolle seiner Papiere, das Blättern in Fahndungslisten entsetzten Werfel derart, daß er »halb ohnmächtig« aus dem Gebäude geführt werden mußte. Ein Albtraum, den er schon ein Jahr zuvor im Gedicht »Traumstadt eines Emigranten« aufgezeichnet hatte, schien Gestalt angenommen zu haben – nicht mit jedem Detail, nicht (oder noch nicht?) mit lebensgefährlichen Konsequenzen, aber im Prinzip. Und nicht Nazis, hysterisierte Rassisten hatten ihm das angetan, sondern Menschen, die ihn scheinbar längst als Dauergast akzeptiert hatten, und »Ordnungshüter« eines demokratischen Staates, in dem er sich vor der »Hitler-Bande« sicher glaubte. Das in Berlin gezündete Lauffeuer des Völkerhasses breitete sich aus.

Im Gedicht träumt sich ein Vertriebener in seine Heimatstadt zurück. Sie ist nicht genau erkennbar – »Ja, ich bin recht ...«, »Bin ich hier recht?« Schon ist die Freude des Wiedererkennens besorgt, irritiert, doch nicht wachsam genug. Eine Menschenmasse ist in Bewegung, etwas treibt sie, ein »Irgendwas«, das ihr nur dumpf bewußt ist, etwas schicksalhaft Motorisches, eine Kraft, die zur Explosion drängt. Jeder will dazugehören, niemand kann sich entziehen, auch den geisterhaften Besucher treibt es mit. Doch statt in der Masse aufzugehen oder wenigstens in ihr unsichtbar zu bleiben, wird er als Fremder, der nicht dazugehört, als Störfaktor in dieser von sich selbst berauschten »Volksgemeinschaft« immer sichtbarer.

Und dann bricht es über ihn herein. Er steht vor der Barriere, die ihn aussperrt, aussondert und die Jagd auf ihn auslöst. Er findet den Paß nicht, den man ihm abfordert, weil er schon fühlt, daß er verurteilt ist. Kein Dokument könnte ihn schützen, im Gegenteil: es würde ihn endgültig überführen. Vielleicht bietet die Anonymität noch eine Rettungsmöglichkeit? Auch sie nicht. Der Ring der Verfolger schließt sich, man schlägt auf ihn ein, er bricht unter Stahlruten zusammen, aber nicht nur unter der Gewalt der Schläge, auch unter dem Übermaß seiner Angst. Das erlegte Opfer wird fanatisch bespuckt, und das verzweifelte Argument, dieselbe Sprache zu sprechen könne doch keine Schuld sein, wird keiner Antwort gewürdigt – oder er hört sie nicht mehr, weil er bereits zu Tode getrampelt worden ist.

Wie sollte auch die Berufung auf das Wohnrecht in der Sprache, die Berufung auf die mitgeschaffene Kultur, bei Wahnsinnigen Gehör finden, die auf dem Marsch zur Zertrümmerung der Welt der Sprache gar nicht mehr mächtig waren, die ihre eigene Sprache zu fürchten hatten und sie niederbrüllen mußten, um von ihr nicht angeklagt und als

Verbrecher bloßgestellt zu werden. Deshalb wird mit »Hohn und Haß« mundtot gemacht, wer Sprache besitzt und sie als Instrument der Wahrheit zu gebrauchen versteht.

Werfel, den ein glücklicher Zufall davor bewahrt hatte, 1938 im aufgeputschten Wien in die Fänge der Gestapo zu geraten (er war nach Campanien und Capri gereist), spricht in seinem Gedicht so betroffen und einbezogen mit der Glaubwürdigkeit einer totalen Identifizierung, daß man meinen möchte, es gäbe tatsächlich so etwas wie poetische Bilokation. Die Dichter befinden sich eben nicht nur dort, wo sie gerade wohnen, Gespräche führen, essen, trinken, schreiben – sie befinden sich auch dort, wo Phantasie, Mitgefühl, psychische Konzentration sie hinversetzen, auch dort, wo das Gewissen sie hinbefiehlt. Man kann zu den Verschonten und zu den Aufgegriffenen gehören, zu den Heilgebliebenen und zu den Verletzten, man kann nicht nur, wie oft behauptet wird, in Ketten frei sein, man kann auch in Freiheit in Ketten liegen und sich kraft unauflöslicher Zugehörigkeit in der Mitte derer befinden, die den ungetrösteten Weg in die Auslöschung gehen mußten. Wer sich lesend in die »Traumstadt« begibt, wird in solche doppelte Anwesenheit eingeführt und eingewiesen. Er wird den Feind, der gemeint ist, in jeder historischen und aktuellen Verkleidung erkennen und wissen, wessen der fähig ist.

FRANZ WERFEL
VATER UND SOHN

Wie wir einst in grenzenlosem Lieben
Späße der Unendlichkeit getrieben
Zu der Seligen Lust –
Uranos erschloß des Busens Bläue,
Und vereint in lustiger Kindertreue
Schaukelten wir da durch seine Brust.

Aber weh! Der Äther ging verloren,
Welt erbraust und Körper ward geboren,
Nun sind wir entzweit.
Düster von erbosten Mittagsmählern
Treffen sich die Blicke stählern,
Feindlich und bereit.

Und in seinem schwarzen Mantelschwunge
Trägt der Alte wie der Junge
Eisen hassenswert.
Die sie reden, Worte, sind von kalter
Feindschaft der geschiedenen Lebensalter,
Fahl und aufgezehrt.

Und der Sohn harrt, daß der Alte sterbe,
Und der Greis verhöhnt mich jauchzend: Erbe!
Daß der Orkus widerhallt.
Und schon klirrt in unsern wilden Händen
Jener Waffen – kaum noch abzuwenden –
Höllische Gewalt.

Doch auch uns sind Abende beschieden
An des Tisches hauserhabenem Frieden,
Wo das Wirre schweigt,
Wo wir's nicht verwehren trauten Mutes,
Daß, gedrängt von Wallung gleichen Blutes,
Träne auf- und niedersteigt.

Wie wir einst in grenzenlosem Lieben
Späße der Unendlichkeit getrieben,
Ahnen wir im Traum.
Und die leichte Hand zuckt nach der greisen,
Und in einer wunderbaren, leisen
Rührung stürzt der Raum.

ALBERT VON SCHIRNDING
WUT UND SEHNSUCHT

Werfels frühe Gedichte sind ganz auf den polyphonen Ton menschlicher Beziehungen gestimmt. Dies sagen schon die Titel seiner ersten lyrischen Bücher: »Der Weltfreund«, »Wir sind«, »Einander«. Das vorstehende Gedicht ist der zweiten, 1913 erschienenen, Sammlung entnommen. Nichts heikler in solchem Zusammen-Hang, nichts schwieriger als das Verhältnis von Vater und Sohn. Ödipus war plötzlich erwachsen geworden. Seine Ungeduld überflog seine Pietät. Der sterbende Laios umklammerte nur fester den Stab, Herrschaftszeichen und Schlaginstrument in einem.
Das Thema lag in der Luft. In Prag zumal, wo die abwesende Anwesenheit der überalterten Majestät ein Spannungsfeld von Autorität und Ohnmacht erzeugte. Haß und Liebe war die Antwort der Söhne. Ihre Verachtung konnte die Enttäuschung, der sie entsprang, nicht verhehlen, aus ihrer Wut sprach Sehnsucht, Todeswünsche wandten sich entsetzt nach innen. Zwischen Alten und Jungen kehrte das Schweigen ein. Nur das Gedicht konnte es brechen, nur in ihm rührte die leichte Hand an die greise, nach der sie insgeheim zuckte.
Heute hat die Atmosphäre sich entspannt. Aber die Sprachlosigkeit zwischen Vätern und Söhnen, hinter geläufiger Zunge oder Stummheit verborgen, ist nicht gewichen. Warum gehen mir Werfels Verse durch die Jahre nach und immer wieder nahe? Weil sie etwas in meinem

Leben lösen, das sonst quälend ungeklärt und ungesagt bleiben müßte. Die besserwisserische Rede der Psychoanalyse von der gleichzeitig zärtlichen und feindseligen Regung des Sohnes gegen den Vater löst es nicht, das Zauberwort Ambivalenz versagt, die zeitgenössische Lyrik verdrängt so archetypische Wahrheiten oder drängt sie an den Rand des Sagbaren.

Werfels schon halb verklungene und doch noch nicht historisch erstarrte Strophen sind ein Spiegel, in dem ich mich trotz seiner Vergrößerungstendenz wiedererkenne. Der Vater des 1890 in Prag geborenen Dichters war Handschuhfabrikant; ich kann mir das gewittrige Schweigen, das die »erbosten Mittagsmähler« umwölkte, gut vorstellen. Die sich kreuzenden Blicke des Kaufmann-Vaters und des Dichter-Sohnes, das stockende Gespräch über Gleichgültiges, das den Haß barg wie das Messer im Mantelschwung. Aber mit welcher herrlichen Leichtigkeit öffnet sich das düstere Interieur der Strindberg- und Hauptmannbühne, wie leuchtet auf einmal statt der rußenden Lampe das Gestirn des antiken Mythos herein.

Älteste Erinnerung schlägt ihr Auge auf: an die Entzweiung von Himmel und Erde und die Gewaltsamkeit der Herrschaftsfolge von Uranos, Kronos und Zeus. Und an die ursprüngliche All-Einheit, die vor der Trennung war. Fürs Ich-Sein büßte man mit dem Gefühl drückender Schuld. Es trieb Strophen hervor wie die Beschwörungsformeln eines Zwangskranken: eine Poesie des schlechten Gewissens. Doch wie dem tödlich entzweiten Paar von Vater und Sohn Abende unverhoffter Harmonie beschieden sind, so entstiegen der lyrischen Wirrsal Gebilde reinen Gelingens; eines davon ist Werfels Gedicht.

Das bürgerliche Familiendrama reicht unmittelbar ans

kosmische Drama, und Universelles geht nahtlos ins Individuelle über. Der Orkus hallt wider vom Hohngelächter des Alten, das den harrenden Erben trifft. Und andererseits ist die Feindschaft von Vater und Sohn nur ein Sonderfall des Nebeneinanders im Raum, des Nacheinanders in der Zeit. Kosmogonie als Sturz aus dem Paradies. Schrei nach der Urzelle, ein Traum rückwärts gewandter Magie? Auf mich geht kein regressiver Sog von dem Gedicht aus. Erinnerung nimmt Zukunft vorweg als Gegenwart. Die beiden letzten Strophen sprechen von der Möglichkeit plötzlicher Verwandlung. Das Einst tritt ins Jetzt, Raum und Zeit außer Kraft setzend. In der Träne, die auf- und niedersteigt, löst sich der Krampf der Entzweiung. Für den Augenblick des Gedichts kommt der gestörte Weltzustand ins Gleichgewicht.

JOHANNES R. BECHER
AUFERSTANDEN AUS RUINEN

Auferstanden aus Ruinen
Und der Zukunft zugewandt,
Laß uns dir zum Guten dienen,
Deutschland, einig Vaterland.
Alte Not gilt es zu zwingen,
Und wir zwingen sie vereint,
Denn es muß uns doch gelingen,
Daß die Sonne schön wie nie
Über Deutschland scheint,
Über Deutschland scheint.

Glück und Frieden sei beschieden
Deutschland, unserm Vaterland.
Alle Welt sehnt sich nach Frieden,
Reicht den Völkern eure Hand.
Wenn wir brüderlich uns einen,
Schlagen wir des Volkes Feind!
Laßt das Licht des Friedens scheinen,
Daß nie eine Mutter mehr
Ihren Sohn beweint,
Ihren Sohn beweint.

Laßt uns pflügen, laßt uns bauen,
Lernt und schafft, wie nie zuvor,
Und der eignen Kraft vertrauend,
Steigt ein frei Geschlecht empor.

Deutsche Jugend, bestes Streben
Unsres Volks in dir vereint,
Wirst du Deutschlands neues Leben
Und die Sonne schön wie nie
Über Deutschland scheint,
Über Deutschland scheint.

HERMANN KURZKE
ERST HEUTE STIMMT JEDES WORT

Genaugenommen steht in diesem 1949 zur Nationalhymne der DDR erklärten Text nichts von Sozialismus. Die Hoffnungen auf »Zukunft«, »Frieden«, »neues Leben« und schönen Sonnenschein sind inhaltlich so unbestimmt, daß sich jeder beliebige Staat ihrer bedienen könnte. Die Sinnmitte des Textes hält vielmehr das Wort »Deutschland« besetzt. Deutschland ist der Adressat des gebetähnlichen Beginns: »Laß uns dir zum Guten dienen, Deutschland, einig Vaterland.« Deutschland gelten die Glück- und Friedenswünsche der zweiten Strophe, und auf »Deutschlands neues Leben« zielt die Arbeit der Jugend in der Schlußstrophe.

Genaugenommen steht in dieser Hymne auch kein Wort von der DDR. Der Text will für ganz Deutschland geeignet sein. Die deutsche Teilung kommt nicht vor. Es handelt sich um eine Einheits-, nicht um eine Wiedervereinigungshymne. Das Wort »vereint« in der ersten und dritten Strophe und die Wendung »wenn wir brüderlich uns einen« beziehen sich auf die gemeinsame Arbeit und den Abbau sozialer Zwistigkeiten, nicht auf die nationale Teilung.

Johannes R. Becher hatte wenn nicht den fertigen Text, so doch seine Bausteine bereits im Moskauer Exil entwickelt. Schon in den dreißiger und vierziger Jahren erträumte er sich dort ein Ideal des wahren, des ewigen Deutschland. Obwohl er von diesem sozialistische Vorstellungen hatte,

unterscheidet sich sein Vokabular damals nur wenig von dem der Reichsvisionäre nationalkonservativer Prägung. Er schwärmte zum Beispiel vom »heimlichen Reich« und kündete: »Und alle werden dann das Reich entdecken, / das Deutschland heißt. Deutschland wird auferstehn.
»Auferstanden« ist ein religiöses Wort. Mit ihm gibt sich die Gründung des neuen Deutschland als Osterereignis zu erkennen, nach dem Karfreitag des Krieges, auf den die »Ruinen« anspielen. Bechers Wurzeln liegen im Expressionismus, wo die Umsetzung religiöser Vorstellungen wie Umkehr und Wandlung, Erlösung und Auferstehung ins Politische häufige Übung war. Die visionäre Beschreibung eines auferstandenen Deutschland, in dem die Sonne schön wie nie scheint, steht in der Tradition expressionistischer Utopien.

Es ist gut begründet, daß die Zeile »Deutschland, einig Vaterland« im Winter 1989/90 zur bündigen Formel für die Wünsche des Volkes in der DDR wurde. Bechers Hymne ist endlich wieder bei sich angekommen. Während sie lange Jahre nur unter Verrenkungen und lange Jahre gar nicht gesungen werden konnte, stimmt heute wieder jedes Wort. Die »Ruinen« sind jetzt allerdings die, die der Sozialismus hinterließ, die »alte Not« ist die Mißwirtschaft, »des Volkes Feind« ist die Funktionärskaste und das »frei Geschlecht«, das der eigenen Kraft vertraut, sind die jungen Leute, die den Wiederaufbau des verrotteten Landes in Angriff nehmen. Alles paßt besser denn je. Aber was Johannes R. Becher wohl dazu sagen würde?

JOHANNES R. BECHER
BRECHT UND DER TOD

Er kommt zu früh. Und manchmal hat er recht.
Er kommt zu spät. Auch er kann sich verspäten.
Er kommt gebeten, er kommt ungebeten.
Ist gut, ist schlecht. Ist weder gut noch schlecht.

In diesem Fall hat sich der Tod geirrt,
Und zu dem Irrtum wurde er gezwungen.
Er kam zu früh, zu spät: er war verwirrt,
Und Brecht hat mit ihm um die Macht gerungen.

Er kam zu spät: das Werk war schon durchdacht.
Er kam zu früh: das Werk war noch am Werke.

So hat Bert Brecht sich an dem Tod gerächt
Für alle Tode, ungerecht und schlecht.

Wir danken dir, Bert Brecht, für deine Stärke
und deinem Werk für seine Übermacht.

WOLFGANG KOEPPEN
EPITAPH FÜR BRECHT UND BECHER

Sie waren Genossen; doch Brecht war nicht in der Partei. Sie waren aus dem Reich der Verfolgung auch von Schriftstellern geflohen. Das Exil rettete das Leben; aber die Verbannung drückte in Ost und West. Becher und Brecht sind nicht ausgewandert, haben Deutschland, ihr Sprachland, ihre Jugend nie aufgegeben und waren nun heimgekehrt in das Vaterland ihrer Hoffnungen, die DDR. Waren sie Freunde?

Als Becher 1916 ein Dichter des Aufstandes geworden war, schrieb der Schüler Brecht simple Gedichte der Angst, setzte schwarze Kreuze auf die Schlachtfelder, fluchte aber nicht.

Becher war Expressionist und löste sich erst spät von den reinen Gefühlen, den menschenfreundlichen, flatternden Ekstasen, die dem strengen, oft puritanischen Dogma des in Rußland Staat und Kirche gewordenen Kommunismus widersprachen. Das tat weh! Brecht dachte anders: »Mit Widerwillen erfüllt mich nur die zeitgenössische junge Kunst. Dieser Expressionismus ist furchtbar.« Die Expressionisten waren für Brecht die Generation vor ihm, die Dichter der Kriegsahnung wie Georg Heym, des Krieges wie Alfred Lichtenstein und letztlich Johannes R. Becher, der nicht nur den Krieg 1914, sondern jeden Krieg für alle Zukunft leidenschaftlich ächtete.

Der junge Lyriker Bert Brecht bastelte nicht immerfort an Krieg und Frieden. Das Thema war ihm, vom Faschismus aufgedrängt, für die Zukunft bestimmt, »und eines, das der größten Sache dient«, dem Frieden, wie Brecht an Becher, für Becher schrieb. Jung lobte er den Leib und distanzierte sich von den Intellektuellen und ihren Richtungen. Er atmete, er lebte, er liebte. Er jammerte weder vor Gott und der Welt. Seine Pubertät war ohne Vatermord. Es berauschte ihn jedes Wasser, jede Wolke, der Wind, er schüttelte die Pflaumenbäume und die Mädchen, umarmte noch die Ertrunkenen im Fluß, Ophelia, Hamlets Braut. Eine dunkle Seite: Brecht spiegelte sich als Baal in Schnapsorgien und verstieß rüde, die im Geniespiel verlorenen, denn »Kinder fürchtet sogar Baal«.

Mich begeisterte Becher, ich liebte Brecht, ich lief, heranwachsend, mit den Expressionisten durch Städte und Nachkrieg, ich neidete Brecht die Wollust in den dunklen Wäldern. Dann, später, als dies aus war, der Milliardentanz der Inflation, die Likördielen schlossen, die Reichsmark kam und die Rechnungen, die Wehrmacht da war und die Neue Sachlichkeit sich vorstellte, fand ich in einem Damen-Modeblatt ein Porträt des Johannes R. Becher. Das Bild zeigte einen zarten Ästheten, der Becher nicht war, in der Positur der verfemten Dichter Baudelaire, Verlaine, Rimbaud, ein wenig Heine, Becher schmückte ein Seidenhemd, eine flatternde Schleife. Es enttäuschte.

Brecht war berühmt. Von Becher sagte man, der Dichter sei tot. Er war Kommunist geworden, in die Partei eingetreten, hatte ein Joch auf sich genommen, glaubte an die Heilslehre, an die Erlösung des Menschen von Hunger, Armut und Ausbeutung durch die Einsicht und Kraft der Arbeiterklasse. Aus der Becher nicht kam, deren Sprache er nicht sprach. Der Expressionist unterwarf sich den

Funktionären, bemühte sich, verständlich zu schreiben, verlor an Glanz und strebte verzweifelt in eine neue Klassik. Auch Brecht wollte volkstümlich sein und beschwor die Vernunft. Hitler, im Berliner Sportpalast schreiend, war volkstümlich von Natur.

Das Gedicht »Brecht und der Tod«, von Becher geschrieben und veröffentlicht als Brecht schon auf dem dorotheenstädtischen Friedhof in Berlin neben vielen großen Deutschen aus jeder Zeit begraben lag, ist, finde ich, ein schönes, ein ergreifendes, ein, wenn man will, klassisches Gedicht. In strenger Form ist dort Hommage und Resignation. Becher spricht von dem Toten und spricht für sich. Der Tod, der geschehene wie der kommende, ist angenommen. Das Gedicht ist, in aller Trauer um den Gefährten, nicht ewig in Aufstand gegen den Tod. Es spricht von allen Toden, »ungerecht und schlecht«. Das ist nun so. Vielleicht gottgewollt? Das Naturgesetz?

Bechers Haltung ist konservativ. Wichtig ist ihm das Werk, das der Tote geschaffen und hinterlassen hat. Ein Marxist trauert um einen Marxisten in einer auch für Marxisten schweren Zeit. Es ist keine Totenklage. Es ist ein Trostspruch nach erfüllten Pflichten. Becher und Brecht, zwei deutsche Dichter, geeint in diesem Epitaph »Brecht und der Tod«.

JOHANNES R. BECHER
SOMMER

Stoß um Stoß. Und Nacht rapid.
Tag gedunsen jäh.
Männer dröhnend sternhin Glieds.
Weib-Schoß brodelt.

Himmel knetet Erdschlamm bunt.
Schmelz o Wälder Schnee.
Arm-Beil schwingt. Hah Mund frißt Mund.
Haar-Turm lodere!

PETER DEMETZ
ÜBER GATTUNG UND BEGATTUNG

Wenn Johannes R. Becher in einer anderen als der deutschen Sprache geschrieben hätte, er wäre längst als ein Poet ersten Ranges berühmt. Das ist nicht einmal in seinem Heimatlande der Fall, denn die deutsche Neigung zum Lyrischen ist mit Puritanertum und Akademischem verquickt, und Becher war ja später selbst allzu entschlossen, seine Arbeiten zu zensieren. Er gilt noch immer als eine Art von Kuriosum, der Expressionist als Kulturminister (den man mit einem kulturpolitischen Achselzucken abtut), und nicht als deutscher Bruder Walt Whitmans oder Rimbauds (sein Abessinien war die Partei).

Das Gedicht »Sommer«, wahrscheinlich in den späteren Jahren des Ersten Weltkrieges in Thüringen geschrieben, ist nicht eines seiner intimen Liebesgedichte, deren sein Frühwerk nicht ermangelt, sondern eines über die Menschengattung (Begattung) überhaupt. Es bewegt sich, naiv, widersprüchlich und genial zugleich, an der dünnen Grenze zwischen einer kosmischen Zote und einer reinen lyrischen Energie, wie es sich nur einer der Begabtesten gestatten darf. Nach der ersten Lektüre mag man noch lachen, aber nach der zweiten wird man eher staunen oder gar bewundern. Das Gedicht will den leidenschaftlichen Rhythmus der Welt nicht beschreiben, sondern sich in ihn einlassen, und wenn »Stoß um Stoß« und »rapid« den Gedanken an einen raschen Maschinentakt nahelegen, so geschieht das ganz im Einklang mit dem Pathos einer Gene-

ration, die die neue Technik noch gegen die abgeschabten Kulissen der Romantik nutzen wollte – wenn Becher nicht, im Schluß der ersten Strophe, wieder darauf bestünde (die Männer »sternhin« erregt, die Frau eher ein vulkanischer Kochtopf) in die romantischen Gemeinplätze zurückzufallen; neue Sprache, alte Idee?
Die zweite, steigernde Strophe beginnt mit der Becherschen Version des Gedichtes vom Himmel, der die Erde geküßt. Bechers Himmel, der den ungetümen Erdstoff (nach biblischen und antiken Mustern) zärtlich und als artistisch bewußter Bildhauer »knetet«, setzt die ganze Landschaft in Bewegung, selbst das zu Schnee Erstarrte taut (»Schmelz« könnte ein idiomatisch süddeutscher Imperativ sein) und drängt die Geschlechter in einem apokalyptischen Augenblick der Ekstase, wie so oft im Finale eines Becher-Gedichtes, mit Arm, Mund und Haar ineinander. Der Geschlechterkampf selbst in seiner Unerbittlichkeit geheiligt durch den Maschinenrhythmus einer Weltschöpferkraft – das Gedicht eines Wirrkopfs, aber was für eines!
Wie die Geschlechter, so paaren sich poetische Tradition und neue Kühnheit, zwanghaft und abrupt; die traditionell optischen Strophenformen und die Reste der Reime und Assonanzen (nicht nur innerhalb der Strophe, mit »jäh/Schnee« und »brodelt/lodere« auch strophenverbindend), zugleich aber die gehackte Syntax ohne Komma, die keine süßen Melodien duldet, und Prägungen wie »Weib-Schoß« oder »Haar-Turm«, die der junge Becher von den italienischen Futuristen lernte, die dem Langweiligen der üblichen Gleichnisse (Haar wie ...) programmatisch abgeneigt waren.
Als Becher später Minister war, sprach er von einem poeti-

schen »Wahnwitz« und seinem Satzbau »schizophrener Hieroglyphenhaftigkeit«. Das alles kam, so fügte er hinzu, aus seiner »irrigen Annahme«, man »könnte Neues nicht in einer Sprache ausdrücken, die dem Veralteten so weitgehend gedient hätte«. Er glaubte zu irren, aber der junge Mensch, der das Sinnliche unmittelbar in Wort und Satz verwirklichen wollte (als ob das möglich wäre), irrte durchaus nicht, zum Glück der Poesie.

GEORG BRITTING
DAS WEISSE BETT

Die Spur im Schnee, ich kann sie nicht lesen, wie
Es wohl ein Jäger könnte, ein Bauer auch:
Sie läuft zum Walde hin, der dunkel,
Jenseits des Baches, das Wild verheimlicht.

Das weiße Feld, ein reinliches Linnen, glatt
Gespannt, ein frisch bezogenes Bett, das grad
Die Magd mit flinker Hand gerichtet,
Gilt den Verfolgten nicht sichre Zuflucht.

Der rauhe Wald, das dornige Dickicht, scheint
Den schnöd Gehetzten besserer Aufenthalt:
Aus weißem Bette holn die Jäger,
Holen die Häscher sich gern ihr Opfer.

HEINZ PIONTEK
JAGDSZENE AUS OBERBAYERN

Dieses Gedicht stammt aus dem Nachlaß Brittings. Es ist aber kein beiseite gelegtes, kein Nebenprodukt. Der Dichter selbst hat es noch für einen geplanten Band bestimmt. Britting gilt allgemein als deftiger Bajuware und Barocknatur. Wenige sind bisher auf seine feineren Züge gestoßen, beispielsweise auf die des »Römers« Britting. Ein beträchtlicher Teil seiner Gedichte ist in antiken Versmaßen geschrieben. Britting war ein ausgezeichneter Metriker. Römisch an seiner Poesie finde ich nicht bloß die künstlerische Strenge, sondern auch die Knappheit des Duktus, das Virile, Beherrschte, den kritischen Unterton.

Immerhin, »Das weiße Bett« könnte man auf den ersten Blick fast für ein Gedicht in freien Versen halten; es wirkt ungezwungen. Dabei setzt es sich – um ganz genau zu sein – aus drei alkäischen Strophen zusammen, von denen jede mit zwei elfsilbigen Versen eröffnet wird, worauf dann ein neunsilbiger und zehnsilbiger Vers folgen. Die Gewichtsverteilung, das Setzen der Zäsuren ist kunstvoll; man beachte, wie die beiden Daktylen am Schluß der ersten beiden Verse und die am Anfang des vierten einander aufwiegen. Genug von Finessen! Junge Kollegen vom Fach halten sie heute für unerhebliche Tüfteleien; ich muß hinzufügen: in Westdeutschland. In der DDR wird streng darauf gesehen, daß Nachwuchslyriker über die Grundlagen ihrer Kunst, wozu man selbstredend auch die Verslehre rechnet, Bescheid wissen. Doch zurück zu unserem Gedicht.

Keine problematische Sache, nein, bloß ein Jahreszeitenbild, eine Winterlandschaft, ein Stück Naturlyrik. Nur im ersten Vers taucht ein Ich auf: jemand, der eine Spur im Schnee entdeckt, die er nicht lesen kann. Was sich daran anknüpft, wird »objektiviert«. Die Dinge müssen für sich selber sprechen. Hier machen Wald und Feld deutlich, wodurch sie sich unterscheiden. Nicht »an sich«, sondern ganz unmißverständlich für einen, der fliehen muß.

Das Gedicht hat von vornherein nichts Idyllisches. Ihm geht es um Jäger und Gejagte. Genauer: Es warnt sogar vor der Anziehungskraft des Idyllischen, bequem Schönen, das uns einlullen kann. Das weiße Feld: ein frisch bezogenes Bett! Wer gejagt wird, nimmt lieber den rauhen Wald, das dornige Dickicht in Kauf. Kaum haben wir uns auf die alte List der Verfolgten wieder besonnen, sehen wir uns mit einem pointiert politischen, zeitgemäßen Schlußbild konfrontiert: die Häscher sind da, die ihre Opfer gern im Bett überraschen.

Das alles wird ruhig und gleichmäßig hingesprochen, ein Bild ergibt das andere, zielstrebig geht es vorwärts. Wer so konstatiert, nimmt nicht den kürzesten Weg, aber einen kurzen. Obgleich Britting von einer ländlichen Szenerie ausgeht, hat sein Wortlaut nichts bodenständig Schwerfälliges. Im Gegenteil, eine unauffällige Eleganz in der Sprach- und Versbehandlung macht sich geltend: eine, die sich durch Beherrschung der Mittel einstellt. Ich schreibe das Wort *meisterhaft* hin, auch wenn man es heute nicht mag. Jedenfalls, hier braucht einer nicht großzutun, weil er es jetzt im Handgelenk hat.

Ich glaube, dieses Gedicht zeigt deutlich, wie oberflächlich diejenigen urteilen, die unsere Naturlyrik der zwanziger bis fünfziger Jahre pauschal als harmlos hinstellen. Andererseits freilich sollte man nicht vergessen: Was Britting der Welt an Sinn abgewinnt, bleibt bis zuletzt rein von allen weltanschaulichen Beimischungen. Nie kommt es aufdringlich daher. Ein Mann wie er weiß, was er weiß, ist aber kein Besserwisser. Seine Erkenntnis ist eingewebt in die Bilder seiner Gedichte, sie kann nicht als Reflexion herausgelöst und für sich genommen werden. Wer das versucht, zerstört das Gewebe des Gedichts.

GEORG BRITTING
VORFRÜHLING

In das große, graue Himmelstuch
Ist ein blauer Streif gerissen.
Aufgeschlagen wie ein Buch
Liegt der Acker. Die zu lesen wissen

Lesen: Frühling! in der groben Schollenschrift.
Ackerfurchen sind wie krumme Zeilen,
Pappeln Ausrufzeichen, und zuweilen
Setzen Tümpel, die ein Lichtstrahl trifft

Hinter einen Satz den Punkt.
Die Scheune mit dem grünen Dach,
Auf Bretterfüßen, morsch und schwach,
Ist von einem Lichterkranz umprunkt.

Drei Krähen, schwarz und in Talaren,
Hocken auf dem Heckenband.
Schlag in die Hand! In Federwindfanfaren
Schaukeln sie zum nächsten Ackerrand.

Ihre schwarzen Schatten schwanken
Spukhaft überm Wasserloch,
Wo sie krächzend niedersanken,
Sich schnell die Maus in ihren Höhlengang verkroch.

HARALD HARTUNG
ZEILEN AUS DEM BUCH DER NATUR

Von einem Vorfrühlingsgedicht erwartet man Zartes, Ahnungsvolles, gewissermaßen etwas Hofmannsthalisches, erfüllt von »seltsamen Dingen«. Georg Brittings Gedicht ist eher von derber Art – auf merkwürdige Weise so einleuchtend wie rätselhaft, gegenständlich wie abstrakt, klar gebaut und dennoch irritierend. So fragt man sich nach dem Lesen, ob man verstanden hat, und liest aufs neue. Vom Lesen spricht auch das Gedicht selbst. Es leitet uns an, ja buchstabiert uns seinen Sinn ein Stück weit vor.

Der Text beginnt sozusagen mit Textilem, mit dem grauen Himmelstuch für seinen Prospekt. Doch erst der blaue Riß ergibt die richtige Beleuchtung. In diesem plötzlichen Licht wird die Welt lesbar: »Aufgeschlagen wie ein Buch / Liegt der Acker.« Der Reim hat die entfernten, doch insgeheim verwandten Dinge zueinander gebracht, das »Himmelstuch« und das »Buch«. Nur existiert das Buch vorerst auf einer minderen Wirklichkeitsebene: auf der des Vergleichs. Aber ebendies reizt den Dichter zu den nun folgenden liebevoll ausgeführten Vergleichungen; und da er ein geschickter Pädagoge ist, macht er uns zu Eingeweihten, zu denen, »die zu lesen wissen«. Da lesen wir denn im Buch des Ackers den Text mit dem emphatischen Titel »Frühling!«. Aber was wir lesen, ist vor allem das Gesetz, die Ordnung der Lektüre. Mehr das *Wie* als das *Was*. Die Folge der aufgepflügten Ackerschollen ist wie eine gebrochene Schrift, in der Buchdruckersprache also

eine *Fraktur*. Die Ackerfurchen, landläufig »Zeilen« genannt, sind wie die Zeilen von Versen. Am Ende der Akkerzeilen wird der Pflug gewendet, und von diesem Wenden (lateinisch *vertere*) kommt der Vers.
So ackert hier der Dichter auf dem Feld bekannter Vorstellungen. Doch einmal im Zuge, erweitert er seine Landschaft um die Elemente der Zeichensetzung. Und da das vergleichende »wie« schon fast vergessen ist, sind die Pappeln nun wirklich Ausrufzeichen und markieren »Tümpel, die ein Lichtstrahl trifft«, den Punkt. Der beendet nicht bloß einen Satz, sondern einen ganzen Abschnitt, den Buch-Vergleich. Würde das Gedicht hier enden, hätten wir ein Stück linguistischer Poesie: Dichtung über Wörter, Sätze, Sprache.
Doch Britting, der Dichter süddeutscher Landschaft, kann und mag hier nicht enden. Er will nicht bloß den schönen Vergleich, er will die Phänomene der Welt aufleuchten lassen. Und wie könnte er abbrechen, da er gerade eine neue Strophe angefangen hat. Auf den »Punkt«, das typographische Zeichen, reimt sich das prunkende Vorfrühlingslicht, das die armselige Scheune mit ihren »Bretterfüßen« zu einem lebendigen Wesen verzaubert. Wo soviel Glanz ist, darf der Kontrast nicht fehlen: die Krähen als grotesk-bedrohliche Geschöpfe, die Menschliches parodieren. Sie gehören in Brittings Topographie. In einem späteren Gedicht schreiben sie »ihre Hieroglyphen / In den Abendhimmel«. Und der Dichter, der nach dem Sinn ihrer »Zeichen« fragt, gesteht: »Hilflos sind wir vor der schwarzen Schrift.«
Vielleicht ist es Hilflosigkeit, vielleicht eine etwas boshafte Laune, die zu der Aufforderung führt: »Schlag in die Hand!« Der Effekt – der Taumelflug der Krähen und ihr

spukhaft-bedrohliches Niedersinken – zeigt, was womöglich zu zeigen war. Fressen und Gefressenwerden als Gesetz der Natur, dieses Britting-Thema wird auch hier angeschlagen. Es steht in Brittings Buch der Natur.

So las man's nicht immer, seit Augustin von den Zwei Büchern sprach, der Heiligen Schrift und dem Buch der Natur. Nikolaus von Kues sagte: »Die Dinge sind die Bücher der Sinne. In ihnen steht das Wollen der göttlichen Vernunft in sinnfälligen Bildern beschrieben.« Und Goethe, schon vorsichtiger, formulierte in seinem »Sendschreiben« 1774: »Sieh, so ist Natur ein Buch lebendig, / Unverstanden, doch nicht unverständlich.« Dem späteren Dichter des »Irdischen Tags« (1935), darin »Vorfrühling« figuriert, ist sie nicht verständlicher geworden.

YVAN GOLL
IN URALTEN SEEN

In uralten Seen
Hausen die traurigen Fische
Mit den Augen aus Furcht

Indessen die rosa Hügel rundum tanzen
Wie die Hügel der Bibel

Auf Schaumpferdchen schaukelt
Ein kleiner Wind –

Aus unseren uralten Augen
Lächelt es golden
Doch darunter haust eine traurige Furcht

GODEHARD SCHRAMM
DIE TRAURIG MACHENDE FURCHT

Ein Gedicht, von dem wir eine bis dahin unbekannte Wahrheit erwarten, überzeugt, wenn es seine Wahrheit in einem Gleichnis offenbart. In Golls Gedicht ist zu spüren, daß das Uralte etwas der Zeit Enthobenes meint: in der Gestalt von Seen, die für uns kaum merklich ihr Äußeres ändern, leuchtet etwas, das den Erscheinungsformen des rasch Vergehenden entgegengesetzt ist.
Die erste Zeile erinnert »natürlich« an einen Urgrund, der schon durch seine Beständigkeit die Vorstellung erweckt: es gibt einen »relativ« unvergänglichen Grund. In diesem allerdings höchst beweglichen Urgrund des Wassers »hausen die traurigen Fische«: mythische Gestalten. Bei aller Tierliebe wissen wir, daß Trauer nicht zur Empfindungswelt von Tieren gehört; dennoch sieht man ihnen zuweilen einen »menschlichen« Ausdruck an. Was verbindet Golls traurige Fische mit unserer Vorstellung von Trauer? In einer schaurigen Geborgenheit zeigen sie nichts anderes als Furcht. Trauer hat etwas mit Furcht zu tun: Furcht weiß um das Bedrohliche, das uralt ist und immer währt; Furcht ist ein wehrloses Wissen.
Das ist einer der Urgründe unseres Daseins, eine Art Dauerzustand. Allerdings ist das noch nicht die ganze Wahrheit. Goll wünschte sich ja immer wieder Erkenntnis »aus einem fernen Reich der Wahrheit« zu holen. Zum Ganzen dieser Wahrheit gehört eine Entsprechung, eine bisweilen als fürchterlich zu empfindende Gleichzeitigkeit: es hau-

sen die traurigen Fische – »indessen« aber tanzen die Hügel. Sie tanzen in einer Farbe, die uns an expressionistische Bilder erinnert – etwa an ein Rosa aus Landschaften Ludwig Kirchners.

Wie immer wir uns Tanz als freie und zugleich gebundene Bewegungsform vorstellen: es ist ein kühnes Bild, die Bibel zu einer Landschaft zu erklären. Hat sich biblisches Geschehen in entscheidenden Augenblicken nicht häufig auf Hügeln ereignet? Das umfaßt die Berge des Alten wie des Neuen Testaments. Golls Genitiv-Metapher erinnert daran, daß unser Gedächtnis die hier namenlosen Hügel benennen kann – bis hin zu Golgotha. Mir fällt Manès Sperbers Wunsch ein: einmal »die Hügel hinter den Hügeln zu sehen« – das heißt, mit dem Vorhandenen nie zufrieden zu sein.

Die dritte Strophe kehrt zum See zurück. Wiewohl die Schaumpferdchen in ihrer Zartheit an Seepferdchen denken lassen und also eine Verkleinerung darstellen, sind Schaum- wie Seepferdchen in der Vorstellung eher im Zusammenhang mit dem Meer denkbar, das wie die Seen uralt ist. Wie klein ist vor deren Angesicht da ein Wind.

Sogleich springt das Bild, wie ein Wind, um zum wahrhaft Kleinen: zum Menschen. Sind die uralten Seen nicht »in Wirklichkeit« in uns? In Wahrheit sind in den Fischen »unsere uralten Augen« wiedererkannt. Nicht Gottfried Kellers Augen, jene »lieben Fensterlein«, nicht Goethes »zum Schauen bestellte« Augen schauen uns an, sondern solche, in denen ein anderes Zusammen aufleuchtet: Hügel, Seen, Wind und Tanz. Dies alles kann lächeln – als Ja-Antwort zum Gesehenen, und sogar golden: in jenem absoluten Glanz, der an den Goldglanz der Ikonen erinnert.

Alles ist uralt: See, Hügel, Fisch, Wind und Lächeln – und unauflöslich verbunden mit einer traurig machenden Furcht. Uralt ist die Wahrheit, daß keiner dem Tod ausweichen kann. Das ist die Furcht, nicht mehr unter den Menschen zu sein.

YVAN GOLL
ORPHEUS

Ich steig in jeden Vorortzug
In dem eine Frau mit Samthut sitzt
Und Traum um die Augen wie du!
In allen Opernhäusern such ich die Logen ab
Für jeden Dampfer nach Thule hab ich Karten:
Seit ich, Eurydike, dich verlor
Weil ich mich einmal umsah
Muß ich mich umsehn
Nach allen Frauen der Erde.

SIEGRIED LENZ
ALLE FRAUEN DER ERDE

Von Ovid bis Calderón, von Rilke bis Anouilh: Orpheus, wie immer er ausgelegt oder angesehen wurde, hat die Dichter vieler Epochen beschäftigt. Er war beliebtes Motiv auf Mosaiken, Reliefs und in der Kleinplastik. Sein Schicksal war inspirierende Opern- und Ballettvorlage; sogar der Film hat sich seiner angenommen: Cocteaus Meisterwerk ist unvergessen.

Es liegt auf der Hand, daß die Figur des thrakischen Sängers, der außer wilden Tieren auch Steine und Bäume, also: die Schöpfung bezauberte, von den Künstlern der verschiedenen Epochen in eigentümlicher Weise aufgefaßt wurde: als poetischer Erlöser, als Moralinstanz und, in jüngerer Zeit, als Beispiel exemplarischen Scheiterns.

Yvan Goll, der große Wegbereiter des poetischen Surrealismus – er schrieb in mehreren Sprachen und fühlte sich nirgendwo zu Hause –, Yvan Goll, der sich selbst dieses Signalement gab: »Durch Schicksal Jude, durch Zufall in Frankreich geboren, durch ein Stempelpapier als Deutscher bezeichnet« – er gab dem Mythos seine eigene Auslegung. Und zwar in mehreren Gedichten; sein »Der neue Orpheus« wurde von Kurt Weill vertont und 1928 in Berlin uraufgeführt.

Das vorgestellte Gedicht »Orpheus« stammt aus dem Jahre 1925. Es ist keine Vorform, keine Fingerübung; vielmehr geben diese freien Rhythmen eine programmatische Überzeugung wieder, die im surrealistischen Manifest begründet ist: auf direkte und intensive Weise das Urgefühl des Menschen zu suchen, das sich in »schnellen Bildern« äußert. Urgefühl, das heißt hier: Zeit ist aufgehoben, Schicksale bleiben ungelöst, archetypische Erfahrung begleitet uns für immer. Orpheus, der Abkömmling vermögender Eltern (der Gotha der Götterwelt nennt Apoll und die Muse Kalliope), leidet bis heute daran, daß er die Bedingungen nicht erfüllte, unter denen er seine Eurydike aus der Unterwelt hätte herausholen können. Die Erlösung durch Gesang, die Rettung durch Poesie mißglückte, da er sich vorzeitig nach ihr umwandte. Jetzt geht die Suche weiter: Sehnsucht wird zum Lebensinhalt.

Daß ein Erwählter wie Orpheus, der sich wohl mühelos individuelle Verkehrsmittel leisten könnte, in jeden Vorortzug steigt: es spricht weniger für die Mythologisierung des Alltags als vielmehr für die Alltäglichkeit des Mythos. Die alten Kategorien Ferne und Nähe sind längst zusammengefallen, delphische Erfahrung wiederholt sich am *Gare du Nord,* der Passagier sucht unter dem schattenwerfenden Samthut das ersehnte Gesicht. Es muß nicht Eurydikes Gesicht sein, es genügt, wenn in ihm nur der »Traum um die Augen« zu erkennen ist, und das heißt wohl: die Erlösungsbereitschaft durch Kunst. Der einsame Sänger, der die Schlüsselworte zur verklärten und definitiven Inbesitznahme der Welt kennt, ist auf der Suche nach Gefolgschaft.

Daß er sogar in Opernhäusern die Logen absucht – ich muß es als ironischen Vorwurf gegen die Gesuchte ansehen: der Sänger traut ihr zu, daß sie sich genießerisch ihr eigenes Schicksal etwa in der Gluckschen Oper »Orpheus und Eurydike« anschaut und sich mit opernhafter Lösung zufriedengibt. Der Vorwurf wird verstärkt durch den

Hinweis auf die eigene globale Suche. »Für jeden Dampfer nach Thule hab ich Karten«, das heißt: deinetwegen bin ich bereit, ans äußerste Nordland der Welt zu fahren, von heute aus gesehen also nach Norwegen, für den griechischen Geographen: sechs Tagesfahrten nördlich von Britannien.

Der Sänger, der Künstler hatte es in der Hand, Eurydike aus der Schattenwelt zu erlösen und damit einen einzigartigen Präzedenzfall zu schaffen: die Lebenden und die Toten hätten hoffen dürfen. Er setzte sich über das Verbot hinweg, er schaute sich nach Eurydike um, bevor sie das Tageslicht erreichten. Zweifelte er womöglich an der Wirkung seiner Kunst? Oder war es tatsächlich nur pure Ungeduld? Enttäuscht über sich selbst, macht sich der Künstler nach der verlorenen Chance seines Lebens auf eine neue Suche, eine Scheinsuche.

Auch wenn er sich nach allen Frauen der Erde umsieht: Eurydike wird er nicht wiederfinden. Er muß sich damit abfinden, daß es durch Kunst keine Rettung gibt. Er löst das Problem poetisch und setzt seiner beispiellosen Enttäuschung ein Denkmal.

NELLY SACHS
VÖLKER DER ERDE

ihr, die ihr euch mit der Kraft der unbekannten
Gestirne umwickelt wie Garnrollen,
die ihr näht und wieder auftrennt das Genähte,
die ihr in die Sprachverwirrung steigt
wie in Bienenkörbe,
um im Süßen zu stechen
und gestochen zu werden –

Völker der Erde,
zerstöret nicht das Weltall der Worte,
zerschneidet nicht mit den Messern des Hasses
den Laut, der mit dem Atem zugleich geboren wurde.
Völker der Erde,
O daß nicht Einer Tod meine, wenn er Leben sagt –
und nicht Einer Blut, wenn er Wiege spricht –

Völker der Erde,
lasset die Worte an ihrer Quelle,
denn sie sind es, die die Horizonte
in die wahren Himmel rücken können
und mit ihrer abgewandten Seite
wie eine Maske dahinter die Nacht gähnt
die Sterne gebären helfen –

HILDE DOMIN
ZERSTÖRET NICHT DAS WELTALL DER WORTE

Dies ist ein Aufruf, wie ich keinen zweiten sehe im lyrischen Werk der Nelly Sachs. Trotz ihrer vielen »Du«, »Ihr«, »Wir«, die die »O Mensch«-Rufe der »Menschheitsdämmerer« an Hoffnungs- und Verzweiflungspathos weit zurücklassen. Man muß sich klarmachen, daß Nelly Sachs fast eine genaue Altersgenossin Werfels ist, Bechers, Golls und Heynickes (1890/91). Dabei aber von ihnen unabhängig: eine Stimme, die am Ende des Zweiten Weltkriegs sich erhebt, wie die der »sehnsüchtigen Verdammten« (Pinthus) am Ende des Ersten. Sie war es, die das erste »Ihr« in einem Atem mit dem »Wir« sprach, in ihrem »Chor der Geretteten« (»Wohnungen des Todes«, Aufbau Verlag 1946, herausgegeben von Becher und Huchel). »Sternverdunkelung«, ihr zweiter Band (1949), mußte mangels Interesses eingestampft werden, ganz wie Celans »Sand aus den Urnen« (1948), der bereits die »Todesfuge« enthielt. Heute wissen wir also, daß die deutsche Nachkriegslyrik mitnichten »weltfern und idyllisch« anfing, »einzige Ausnahme Günter Eich«, wie immer noch behauptet wird.

»Völker der Erde« gehört in den Umkreis von »Sternverdunkelung«, wurde etwa gleichzeitig geschrieben wie, in New York, Adornos fataler Satz: »nach Auschwitz ein Gedicht zu schreiben, ist barbarisch« und »unmöglich«. Grau ist doch die Theorie. Erstaunlich bleibt, daß es Adorno nie gelang, dies Fehlurteil auszulöschen, das immer noch umläuft und uns auch anno 77 von einem stimmführenden Germanisten pünktlich serviert wurde. »Daß es noch Gedichte gibt nach Auschwitz, beweist nur, daß die Welt nach Auschwitz Auschwitz vergessen hat«, befand Peter Wapnewski. Das Verkehrteste, was wohl je zur Verteidigung dieser abgeleierten und unhaltbaren These vorgebracht wurde, die 1951 ihren Siegeszug antrat: genau ein Jahr, bevor Celan mit »Mohn und Gedächtnis« in Deutschland unüberhörbar wurde.

»Völker der Erde« ist einer der wenigen Aufrufe der Nelly Sachs, der sich an alle wendet. Die Völker der Erde sind aufgerufen, hier, jetzt, und in alle Zukunft. Es ist auch das einzige Gedicht von ihr, das sich ausschließlich mit der Sorge um die Sprache befaßt. Das Wort, wie der Atem (das »Pneuma«), ist das Leben selbst: der die Schöpfung in Gang setzende Logos. »Das atemverteilende Weltall« wird es daher auch genannt.

Aufgerufen wird zur Enthaltung von Haß: Haß, das Messer, das Atmen und Sprechen zugleich abschneidet. Und sofort wird zur Wahrhaftigkeit aufgerufen. Aber in umgekehrter Folge, als wir es gewöhnt sind. Gewöhnt sind wir an: »Du sagst Frieden, aber du meinst ihn nicht. Sag doch gleich, wie schlecht du es meinst!« Diese Art Forderung will den andern auf seine bösen Absichten festnageln, ihn überführen. Nelly Sachs dagegen verlangt: »Plane nichts Böses, wenn du Gutes sprichst!«

Es geht hier weniger um die nachzuweisende Diskrepanz von Wort und Wirklichkeit. Vielmehr soll das Wort den, der es spricht, auf sich verpflichten. Denn das Wort ist, seiner Natur nach, Wort des Lebens. »Lasset die Worte an ihrer Quelle.« Diese »Quelle« ist die Sehnsucht: Sehnsucht nach Liebe und nach Heil. Dies sind »die wahren

Himmel«, in die die – nicht mißbrauchten – Worte »die Horizonte rücken können«. »Mit ihrer abgekehrten Seite«, die Geheimnis bleibt, helfen die Worte »die Sterne gebären« (eine mehrfach benutzte Metapher). Von den Gestirnen heißt es in einem vergleichbaren Kontext, fast hölderlinisch: »die kreisten unsichtbar, und nur von Sehnsucht angezündet«. So fließen die Worte aus der Sehnsucht und entzünden die großen Lichter, von woher sie wiederum Kräfte beziehen, in ewiger Wechselwirkung.
Jetzt verstehen wir den Anfang: von den »Völkern der Erde«, die Spulen sind für unbekannte Sehnsüchte (»mit der Kraft der unbekannten / Gestirne umwickelt wie Garnrollen«). Und die aus der Kraft dieser Sehnsüchte Beschlüsse fassen und verwerfen, »die ihr näht und wieder auftrennt das Genähte«. Völkerverträge zum Beispiel oder die Menschenrechte. Von der summenden »Sprachverwirrung«, dem aktiven und passiven Wortbetrug (»stechen und gestochen« werden, wobei noch hinzugesetzt ist »im Süßen«, also Betrug mit Honigworten), kommt Nelly Sachs dann in die großen und erregenden Imperative: den Appell an die Völker, die Sprache heilig zu halten wie das Leben selbst.
»O daß nicht Einer Tod meine, wenn er Leben sagt – und nicht Einer Blut, wenn er Wiege spricht –«. Ruft das nicht jeder von uns, wenn er morgens die Zeitung öffnet, wenn er abends den Fernsehknopf drückt!

NELLY SACHS
WENN NICHT DEIN BRUNNEN

Wenn nicht dein Brunnen, Melusine,
aller Märchen zweiten Ausgang
im Herzeweh hätte,
längst wären wir
in die versteinerte Auferstehung
einer Osterinsel eingegangen –

Aber wenn dein Echoangesicht,
mit der Müdigkeiten Akelei bestreut,
Sterben übt im Sabbatgold,
trinkt unser Blut Erinnerung
in einer Landschaft,
die schon da gewesen,
und in der schlummerleichten Vorgeburt
der Seele –

DORIS RUNGE
SEHNSUCHT, FLUCHT, HERZEWEH

Seele ist das letzte Wort des Melusinen-Gedichtes, dann bricht es ab, mit einem Gedankenstrich, der stummen Linie in die Vergangenheit (Adorno). Hier endet das Sagbare. Das Senkblei der Worte vermag die Tiefe nicht auszuloten, aus der die Wurzeln dieser Dichtung ihre Nahrung ziehen. Im Raum der Erinnerung, im Brunnen der Melusine ist die stumme Linie der Zeit enthoben. So tief hinab, so weit vor muß stoßen, wer ins Herz dieser Dichtung dringen will: zum Erinnerungsort, der *Landschaft,/ die schon dagewesen,/ und in der schlummerleichten Vorgeburt/ der Seele –*.
Der Weg des Gedichtes beginnt mit Flucht und endet mit Verwandlung. Flucht aber heißt in der Metaphorik von Nelly Sachs, im Zustand der Sehnsucht zu sein. Sehnsucht ist die Trieb-Feder, die die Fluchtbahnen schreibt, die Kraft zur Verwandlung verleiht, und die Dichterin, die ihr Stockholmer Exil kaum verließ, unterwegs sein ließ, von Gedicht zu Gedicht, von Zeile zu Zeile. Wir lesen die chiffrierte Botschaft dieser Verse: Melusine.
Aber ist Melusine, die unerlöste Seele, die Gestalt gewordene Sehnsucht nicht ein Relikt der Romantik, ist Sehnsucht nicht das verdächtige, das längst entthronte Königswort, ein Wort für Tagediebe, ein Wort des Versagens an der Wirklichkeit? Nelly Sachs entreißt den Träumern das Wort, macht es zum energetischen Feld ihrer Poesie. Am Anfang, drei Zeilen lang, bedient sie die romantische Kla-

viatur: Sehnsucht, Flucht, Herzeweh: Das alte Lied, die Melusinen-Klage ist angestimmt. Wir sind eingestimmt, lesen das Märchen noch einmal – aber anders, von seinem *zweiten Ausgang* her.

Wenn nicht dein Brunnen: die Erinnerung, wenn nicht das *Herzeweh*: die Klage, das Gewesene beschwörend, zum lebendigen Schmerz machte, was gäbe es, um das geschehene Leid dem Vergessen, dem Schweigen, der Versteinerung zu entreißen? Unerlöst wie im Märchen bliebe das erstarrte Leben, von dem der Stein noch Zeugnis ablegt, rätselhaftes Monument der Vergangenheit, nicht eingelöste Verheißung: *längst wären wir/ in die versteinerte Auferstehung/ einer Osterinsel eingegangen.*

Wir? Sind das die Schatten der Verstorbenen? Melusine ist Sehnsucht, ist *Herzeweh*, Leben, Verwandlung, ewige Wiederkehr. Melusine ist das lebenbewahrende Wort: Dichtung, wie Nelly Sachs sie verstand. *Aber wenn dein Echoangesicht*, wenn das »Wehe«, das die verschmähte Nymphe Echo dem unerreichbaren Geliebten Narkissos zurückwirft, in unendlichen Brechungen widerhallt, wird ihre Klage zur Stimme der verstummten Kreatur. Nelly Sachs gab dem sprachlosen Entsetzen der jüdischen Opfer ihre Stimme. *Echoangesicht* – ein Wort verwandelt Melusine in die klagende Nymphe, von der die alles verzehrende Liebe zu Narkissos nur noch Stimme und Gebein ließ. Ein Wort, *Sabbatgold*, läßt das von *Müdigkeiten* gezeichnete, das alte Antlitz Israels, von dem die Stimme, das Wort blieb, die Heilige Schrift, hinter der griechischen Mythengestalt aufschimmern.

Melusines Bild steht nun für Verwandlung und Auferstehung. Sonnabends im Bade kehrt sie in ihr Element zurück, nimmt Abschied vom Zeichen ihrer Herkunft, übt sterben, um zu werden, um als Sterbliche Unsterblichkeit zu erlangen. Immer wieder muß der Leser die Spiegelschrift aus den Scherben von Mythos und Märchen deuten. Immer wieder entzieht sie sich durch Verwandlung. Erst im Schlußvers wird das Symbol für Auferstehung offenbar: *trinkt unser Blut Erinnerung.* So sagt es das Gedicht, durch die Assoziation an die Widderblut trinkenden Schatten im Hades, denen nach dem Opferblut »das Andenken an die obere Welt« (Erwin Rohde) wieder zuströmt. Die Sehnsüchtigen stillen ihre Sehnsucht mit Brunnenwasser: trinken Erinnerung – Leben also, das ihnen allein durch das erinnernde Wort verliehen werden kann.

Ist am Ende das Werk der Leib, der auferstehen soll? Erfüllt von Echobildern ist die *Landschaft,/ die schon da gewesen, /und in der schlummerleichten Vorgeburt/ der Seele* –. Das Gedächtnis, das Wort, wird imaginiert zum archaischen Bild einer Landschaft, das alle Bilder in sich vereint – auch das neu zu findende Urbild, das die Verse beschwören: die Sehnsucht nach Bewußtsein und Seele – nach Menschwerdung.

NELLY SACHS
WER ABER LEERTE DEN SAND AUS EUREN SCHUHEN?

Wer aber leerte den Sand aus euren Schuhen,
Als ihr zum Sterben aufstehen mußtet?
Den Sand, den Israel heimholte,
Seinen Wandersand?
Brennenden Sinaisand,
Mit den Kehlen von Nachtigallen vermischt,
Mit den Fügeln des Schmetterlings vermischt,
Mit dem Sehnsuchtsstaub der Schlangen vermischt,
Mit allem was abfiel von der Weisheit Salomos vermischt,
Mit dem Bitteren aus des Wermuts Geheimnis vermischt –

O ihr Finger,
Die ihr den Sand aus Totenschuhen leertet,
Morgen schon werdet ihr Staub sein
In den Schuhen Kommender!

ROLF SCHNEIDER
AUS STAUB GEMACHT

Wer aufstehen muß zum Sterben, dessen Tod kommt nicht unverhofft. Wer angesichts des Sterbens seine Schuhe abstreift, hat den Tod unausweichlich vor Augen. Die in den ausgekachelten Giftkammern sich nackt unter Düsen drängten, aus denen statt Wasser Zyklon B fiel, mochten den zuvor gehörten Auskünften, sie würden bloß einer Desinfektionsbehandlung unterzogen, geglaubt haben oder nicht. Vielleicht hatten Gerüchte oder der schaurige Krematoriumsgeruch über den Lagern sie zuvor gewarnt. Wir wissen es nicht. Wir können sie nicht mehr fragen.

Die jüdisch-deutsche Schriftstellerin Nelly Sachs war für dieses Ende vorbestimmt; sie konnte ihm entkommen. In der gewiß äußersten Privilegierung, die jemals ein Verfertiger von schöner Literatur erfahren hat, durfte sie noch im Kriegsjahr 1940, da ihre berühmte schwedische Briefpartnerin Selma Lagerlöf ihretwegen interveniert hatte, nach Stockholm fahren und derart überleben.

Sie hat dieses Überleben als unbegreifliche Gnade empfunden und als unbegreifliche Schuld. Das Gefühl der Schuld hat ihr die Lippen geöffnet. Sie hat das von ihr nicht erlittene Sterben bezeugt, immer wieder; es ist dies das Thema ihrer Lyrik, wie es der Inhalt ihres Überlebens war.

Schuldbewußtsein erzeugt Deformationen. Seit ihrer Flucht, seit ihrer zweiten Buchveröffentlichung, die ein

Vierteljahrhundert erfolgte nach ihrer ersten, ist Nelly Sachs ein Mensch außer Sinnen gewesen. Die – seltenen – Augenblicke des Glücksempfindens äußern sich bei ihr als Verzückung. Traurigkeit evoziert sie als einen Schmerz, für den die überkommene Sprache nirgends auszureichen scheint. Metaphern und Bilder brechen auseinander. Die Bruchstücke werden zu anderen Bildern zusammengefügt, die surreal sind und rätselhaft.

So werden Zeilen niedergeschrieben, die vom »Sehnsuchtsstaub der Schlangen« erzählen: ein sonderbares Gleichnis, dessen Verbindungen zu den Wirklichkeiten der Natur wie verdorrt sind, dem sich einzig ablesen läßt, daß es Schmerz verbirgt. Es gibt Gedichte von Nelly Sachs, in denen eine unwirkliche Chiffre auf die andere folgt, suggestiv und dunkel. Wer dann viele Gedichte von ihr kennt, entdeckt ein paar immer wiederkehrende Symbole; eines davon ist der Schmetterling, den sie einmal »aller Wesen gute Nacht« nennt, da in den Staub seiner Flügel das »schöne Jenseits« gezeichnet sei: auch der Schmetterling liefert nur eine Umschreibung des Todes.

»Wer aber leerte den Sand aus euren Schuhen« ist eine Paraphrase auf das Bibelwort, daß wir aus Staub gemacht sind und wieder zu Staub zerfallen. Es ist eine jüdische Paraphrase, in Erinnerung daran, daß die Bibel ein Buch der Judenheit ist; das Leben zwischen Staub und Staub ist die ständige Flucht, deren Archetypus der Zug der Kinder Israel durch den Sinai war, aufgehellt bloß von ein wenig Vogelgesang, von den gläubigen Einsichten des Predigers Salomo, der niemals vergaß, wenn er von Weisheit sprach, auch die Narren zu erwähnen.

Der Sand des Sinai wird bis nach Galizien getragen. Die Glut über der Wüste setzt sich fort in den Flammen der

Todesöfen. Was zurückbleibt, sind die Schuhe. In Auschwitz liegen sie noch heute, in kleinen Gebirgen, hinter Glas, die Schuhe der Opfer, die Schuhe der zu Staub Verbrannten, sie liegen neben anderen Vitrinen, in denen die künstlichen Gebirge der Koffer liegen, die abgelegten Krückstöcke, die künstlichen Gliedmaßen. In den Versen der Nelly Sachs wird Auschwitz zu einem Menschheitsgleichnis und der Tod der Juden dort zu unser aller Schuld, zu unser aller Sterben.

WERNER BERGENGRUEN
DER ENGEL SPRICHT

Gehorche. Was für ein Lohn dir bereitet?
Ich habe dir keine Verheißung zu sagen.
Dir zu Füßen ist Meer gebreitet.
Unberaten und unbegleitet
mußt du das Wagnis des Petrus wagen.
Ob dich die Wellen wie Hände tragen,
ob der Herr dir entgegenschreitet –
ich weiß es nicht, und du darfst mich nicht fragen.

KLARA OBERMÜLLER
BLINDER GEHORSAM

»Gehorche«: Ein Gedichtanfang wie ein Paukenschlag und kein sehr angenehmer Befehl, wenn man bedenkt, daß das Gedicht nur gerade zwei Jahre, bevor in Deutschland das totale Gehorchen seinen Anfang nahm, entstanden ist. Bergengruen hat nicht zu den braunen Horden gehört. 1937 haben sie ihn mit der Begründung, er sei »nicht geeignet, durch schriftstellerische Veröffentlichungen am Aufbau der deutschen Kultur mitzuarbeiten«, aus der Reichsschrifttumskammer ausgeschlossen. Im gleichen Jahr ist der protestantische Deutsch-Balte zum Katholizismus übergetreten. Das Gedicht mit dem martialischen Auftakt versteht sich als Ausdruck gläubigen Vertrauens in das Wirken eines Gottes, dessen Absichten für den Menschen im dunkeln liegen.
Dem religiösen Leser dürfte das von Anfang an klar sein. Es ist ein Engel, der vom Menschen jenen Gehorsam einfordert, der nicht nach Gründen fragt und keinen Lohn verlangt: »Ich habe dir keine Verheißung zu sagen ... / Unberaten und unbegleitet / mußt du das Wagnis des Petrus wagen.« Eine Garantie fürs Gelingen wird nicht in Aussicht gestellt. »Ich weiß es nicht«, sagt der Engel, »und du darfst mich nicht fragen.« So haben zwei Jahre später auch die Führer in Deutschland gesprochen. Ob religiöser Gehorsam, wie Bergengruen ihn hier besingt, jenem anderen Gehorsam Vorschub leistet? Ganz von der Hand zu weisen ist es nicht.

Ein Leser, der Bergengruens Glaubensgewißheit nicht teilt, wird daher wohl mit Staunen, wenn nicht gar mit Befremden vor dem ausdrucksstarken kleinen Gedicht aus dem Jahr 1931 verharren. Er wird seine klassische Form, die lakonische Klarheit seiner Sprache bewundern, seine Botschaft erschließt sich ihm nicht. Wie kann ein Autor, der vier Jahre später mit »Der Großtyrann und das Gericht« einen so großartigen Roman über die Verführbarkeit des Menschen vorlegen sollte, einen Glauben preisen, der blind gehorcht, wie die Gefahr nicht erkennen, die in der totalen Preisgabe vernünftiger Begründungen liegt, auch und gerade, wenn es um Fragen des Glaubens geht?

Der Zwiespalt bleibt unauflösbar. Bergengruen selbst hätte den Zusammenhang von religiösem und politischem Gehorsam mit Sicherheit und, was ihn selbst betrifft, auch zu Recht weit von sich gewiesen. Ihn nicht mitzulesen in diesem Gedicht fällt jedoch, zumindest von heute aus gesehen, schwer. Und nur schwer nachvollziehbar bleibt auch, wie Bergengruen diesen Glauben durch alle Anfechtungen hindurch aufrechterhalten und eine Welt weiterhin als »heil« preisen konnte, die sich doch alle Mühe gab, ihn vom Gegenteil zu überzeugen. Man hat ihm das später oft zum Vorwurf gemacht, hat den entsprechenden Titel seiner Gedichtsammlung als naiv, wenn nicht gar als zynisch empfunden und nicht verstehen können, wie einer noch im Jahr 1944 Verse wie diese zu schreiben vermochte (aus dem Gedicht »Die heile Welt«): »Wisse, wenn in Schmerzensstunden / dir das Blut vom Herzen spritzt: / Niemand kann die Welt verwunden / nur die Schale wird geritzt.«

1942 ist Werner Bergengruens Haus in Solln von einer Luftmine zerstört worden. Er wußte also wohl, daß eine

Welt, in der solches und noch ganz anderes geschah, nicht mehr »heil« zu nennen war. Wenn er sie trotzdem so nannte, dann aus einem Glauben heraus, der keiner Argumente bedarf, weder solcher, die für, noch solcher, die gegen ihn sprechen. Bergengruens Glaube ließ sich vom Augenschein nicht beirren. Er war blind im wahrsten Sinne des Wortes. Blind wie der Gehorsam, den sein Engel dem Menschen abverlangt. Und wie dieser läuft er Gefahr, die guten Gründe der Vernunft außer acht zu lassen; wie dieser ist er bereit, um seiner selbst willen über das konkrete Grauen hinwegzusehen, das ein angeblich allmächtiger und allgütiger Vater auf Erden geschehen läßt.

Was hier dem Menschen abverlangt wird, ist ein Sprung ins Irrationale, ein Glaube *quia absurdum*, wie Kierkegaard ihn verstanden und Pascal ihn im Sinn hatte, als er von jener »Wette« sprach, die der Mensch eingeht, ohne zu wissen, ob er sie gewinnen oder verlieren wird. Bergengruen hat sie »das Wagnis des Petrus« genannt. Er hat es auf sich genommen, nicht aus Naivität, sondern aus einem Vertrauen heraus, das sich aus freien Stücken weiterer Fragen begibt.

WERNER BERGENGRUEN
DIE FLÖTE

Weil es Abend wird,
gib mir deine Hand.
Eine Flöte irrt
fern im Weideland.

Da die Herde schon
sich ins Graue zieht,
bläst mit gleichem Ton
noch der Hirt sein Lied.

Hat den Flötenschaft
sich vom Strauch geschnitzt,
als der junge Saft
durch das Holz gespritzt.

Saft, der aufwärts drang
aus dem Wurzelhaus!
Und so spricht der Klang
alle Erde aus.

Durch den Abend weit
aus der Flöte schallt's,
schwer von Süßigkeit
und von Tränensalz.

Keine Lippe hat
unser Los erfragt.
Eine schmale Statt
ward uns zugesagt.

Drängt sich Tier an Tier
und die Wolken wehn –
sprich, wie wollen wir
diese Nacht bestehn?

Und nun schweigt der Hirt
fern im falben Land.
Weil es Abend wird,
gib mir deine Hand.

DOMINIK JOST
FLÖTENSPIELER TOD

Werner Bergengruen hat das Gedicht »Die Flöte« 1937 geschrieben. Zum erstenmal wurde es 1938 gedruckt, in der Reinhold Schneider gewidmeten Sammlung »Die verborgene Frucht«. Im gleichen Jahr 1937 wurde der inzwischen zum Katholizismus konvertierte Autor aus der Reichsschrifttumskammer ausgeschlossen; trotzdem hat er 1940 noch den Roman »Am Himmel wie auf Erden« mit Sondergenehmigung publizieren können. Dessen Leitwort lautet: »Fürchtet euch nicht«.
Wer die religiöse Wurzel dieses Leitworts außer acht läßt und seine vom Glauben des Christen strukturierte Wertwelt nicht zu ehren versteht, kann Bergengruen typisierend als »Dichter einer neuen Geborgenheit« (Otto Friedrich Bollnow) mißverstehen. Benn hat in seinem Vortrag »Probleme der Lyrik« polemisch auf Bergengruens »seraphischen Ton« angespielt, und Adorno hat »Die heile Welt«, den Titel eines Gedichtbands von 1950, zur Formel für einen in Wahrheit verruchten Optimismus umgeprägt.
Dichten hieß für Bergengruen nicht, mit Wortmaterial zu arbeiten, sondern metaphorisch zu sprechen. Wie die Wörter Zeichen der Dinge sind, gelten ihm die Dinge als Zeichen und Träger von Sinn. In unserem Gedicht, das vom Abend redet und von der Nacht, von der Angst und vom Tod, ist die Flöte der Mund der Erde und der Mund des Lebens. In der Alten Welt war die Lyra dem Apoll, der

Aulos (die Flöte also) dem Dionysos zugeordnet. Die Flöte (»Aulos« heißt auch »Blutstrahl«) betört nach dem Verständnis der Alten zu den Schauern von Wildheit, Chaos, Rausch. Sie gehört der vitalen Erfahrung an, dem irdischen Leben, dessen zwei Aspekte Bergengruen hier mit »Süßigkeit« und »Tränensalz« bezeichnet.

Die Töne der Flöte evozieren vorerst die freudige Stimme des steigenden Lebens; ihr Klang »spricht« (jetzt mit dem Gewicht und Schall von Glocken) »alle Erde aus«. Die ziehende Herde hat den Landschaftsraum, den Abendraum geöffnet; das immer gleiche Lied der Flöte schafft Weite, ja Unendlichkeit. Der Mensch indessen bleibt sich das unveränderte Rätsel, das er immer war, sein Los ist ein Geheimnis, nicht zu erfragen, nicht zu Ende zu fragen. Einzige Gewißheit: das zugeschaufelte Grab. Hier herrscht eine andere Nacht, die der Mensch zu bestehen, durchzustehen hat.

Der Hirt ist nicht mehr zu hören aus der fahlgelblichen Ferne, er ist mit der Herde ins Graue gezogen. Mitzudenken: ins Grauen? Ist er etwa der Totentänzer, der Flötenspieler Tod? Ist eine Verkleidung gefallen? Der Mitmensch vermag vielleicht, für kurze Frist, die Sterbensangst zu dämpfen. Die Bitte, das Vertrauen anzunehmen und die Hand zu geben, wird wiederholt, wohl dringlicher, vielleicht mit veränderter Bedeutung: als Bitte des Christen in der Todesstunde.

Bergengruens »Fürchtet euch nicht« gehört ausschließlich der religiösen Erfahrung an. Ihr steht entgegen seine kreatürliche Erfahrung. Im Gedicht »Die Flöte« ist sie Wort geworden. Der drängende Rhythmus dieser acht Strophen mit ihren einsilbigen Endreimen ist ihr Pulsschlag. »Die Flöte« ist ein Lebenslied aus der Fähigkeit zu trauern, aber auch ein Liebesgedicht. Es spricht ja davon, was der Mensch dem Menschen zu sein vermöchte.

WERNER BERGENGRUEN
DIE LÜGE

Wo ist das Volk, das dies schadlos an seiner Seele ertrüge?
Jahre und Jahre war unsre tägliche Nahrung die Lüge.
Festlich hoben sie an, bekränzten Maschinen und Pflüge,
sprachen von Freiheit und Brot, und alles, alles war Lüge.
Borgten von heldischer Vorzeit aufrauschende
Adlerflüge,
rühmten in Vätern sich selbst, und alles, alles war Lüge.
Durch die Straßen marschierten die endlosen Fahnenzüge,
Glocken dröhnten dazu, und alles, alles war Lüge.
Nicht nach totem Gesetz bemaßen sie Lobspruch
und Rüge,
Leben riefen sie an, und alles, alles war Lüge.
Dürres sollte erblühn! Sie wußten sich keine Genüge
in der Verheißung des Heils, und alles, alles war Lüge.
Noch das Blut an den Händen, umflorten sie
Aschenkrüge,
sangen der Toten Ruhm, und alles, alles war Lüge.
Lüge atmeten wir. Bis ins innerste Herzgefüge
sickerte, Tropfen für Tropfen, der giftige Nebel der Lüge.
Und wir schrieen zur Hölle, gewürgt, erstickt von
der Lüge,
daß im Strahl der Vernichtung die Wahrheit
herniederschlüge.

HANSPETER BRODE
DEUTSCHE TRAGÖDIE

»Die Wahrheit«, von der sich Werner Bergengruen wünscht, daß sie »herniederschlüge« – in diesen hämmernden Versen von 1945 steht sie nackt und brutal vor uns. Ohnmacht, Wut und Verzweiflung artikulieren sich in Reimen, die mechanisch niederzutrampeln scheinen, was sich bitterster Einsicht etwa noch entziehen möchte. Im Nachhall einer katastrophal zu Ende gegangenen Epoche klingt alles mit »Lüge« zusammen.

Bergengruen treibt die Versform fast gewaltsam ins Chaos, indem er für seine unerbittliche Rechenschaft den Hexameter wählt, den ehrwürdigen Erzählvers Homers, Vergils, Goethes. Noch einmal ist das epische Gerüst abendländischer Kultur beschworen, aber nur, um den entsetzlichen Traditionsbruch um so entschiedener zu markieren. Das Zertrümmern europäischer Überlieferung durch die Nazigewalt bildet sich im Zerdrücken des Verses mittels hart zuschnappender Repetitionen und Klapperreime ab.

Ein kleines Nazi-Epos also, gegen den Strich der großen Formschule gebürstet: Zuerst der Kampf gegen Not und Arbeitslosigkeit unterm wahnhaften Signum von »Freiheit und Brot«. Dann »heldische Vorzeit« und »Adlerflüge«, das Umfälschen von Historie und mythischer Vorzeit im Sinne einer primitiven Lebensraum- und Rassenpropaganda. Der kollektive Taumel, die »Fahnenzüge« und die willfährigen Kirchen mit ihren »Glocken«. Hernach die Abschaffung des Rechtsstaates im Namen von »Leben« und gesundem Volksempfinden. Zuletzt, bereits mit »Blut an den Händen«, der Totenkult, dem immer die besondere Neigung der Nazis gegolten hatte und der zu Zeiten von Stalingrad und zivilem Massensterben ins Hysterische umschlug.

Die letzten Zeilen schreiben den Kern der deutschen Tragödie auf: Die eigene »Vernichtung« mußte man wünschen, um zur »Wahrheit« zu gelangen, Deutschlands Untergang herbeirufen, um die braune Tyrannei abzuschütteln.

Warum ergreift, erschüttert dieses Gedicht, heute erst recht? Vielleicht nicht einmal so sehr deshalb, weil es bekannte Tatsachen in Erinnerung bringt. Sondern vor allem dadurch, daß diese Verse aus der Zeit unmittelbar nach Kriegsende noch kraß beim Namen nennen, was später der Verdrängung zum Opfer fiel und unter der Anspannung von Aufbau und Wirtschaftswunder ausgeblendet und beiseite gewälzt wurde. Bergengruens Verse offenbaren aus heutiger Sicht deutsche Sozialpathologie in zweifacher Hinsicht: zum einen, indem sie an den traumatischen Teil unserer Geschichte rühren. Zum anderen aber auch, weil sie eine Spontaneität des Fühlens, eine moralische Schärfe des Gewissens schockartig bezeugen, die später verschüttet wurde. Bergengruens Gedicht hätte in den fünfziger Jahren gar nicht mehr entstehen können. Dies mag beim Wiederlesen ein retrospektives Erschrecken bewirken.

»Die Lüge« steht an der Spitze eines Gedichtzyklus von Werner Bergengruen mit dem Titel »Dies irae«. Eine Lektüre dieser poetischen Sammlung sei all jenen ans Herz gelegt, die schon wieder dabei sind, Nazigeschichte zu relativieren, zu verkleinern, einzuebnen. Wer immer hier mittut, auf Bergengruen, den altkonservativen Dichter, darf er sich nicht berufen.

GEORGE GROSZ
GESANG AN DIE WELT I

Ach knallige Welt, du Lunapark,
Du seliges Abnormitätenkabinett,
Paß auf! Hier kommt Grosz,
der traurigste Mensch in Europa,
»Ein Phänomen an Trauer«.
Steifen Hut im Genick,
Kein schlapper Hund!!!!
Niggersongs im Schädel,
Bunt wie Hyazinthenfelder,
Oder turbulente D-Züge,
Über rasselnde Brücken knatternd –
Ragtimetänzer,
Am Staketenzaun wartend mit der Menge
Auf Rob. E. Lee.
– – – – –
Horido!
Beim Bart des Oberlehrers Wotan –
Nachmittags verbrämte Kloaken,
Überpinselte Fäulnis,
Parfümierter Gestank –
Grosz witterts.
Parbleu! Hier riecht's nach gebratenen Kindern.

PETER RÜHMKORF
SHOWFREAK UND LYRISCHES ICH

Am Anfang war ein Bild, hübsch wahnsinnsbunt und perspektivisch verschroben. »Ach, knallige Welt, du seliges Abnormitätenkabinett«, das schien von Titel und Vorwurf her noch für einige weitere Überraschungen gut. In dem zwei Jahre später in der Zeitschrift »1918. Neue Blätter für Kunst und Dichtung« veröffentlichten »Gesang an die Welt« haben wir dann die Bescherung. Vom Rande des Bildes her (wo es bislang ein fahlgelbes Schattendasein führte) begibt sich das Ich persönlich in die Mitte des Geschehens und schwingt sich namentlich auf die Bretter einer Abstrusitätenbühne, die die neue Welt bedeutet.

Dabei meint knallig selbstverständlich zweierlei. Das Wort heißt soviel wie »knallbunt« und signalisiert gleichzeitig, daß die Welt ganz offensichtlich einen »Knall« hat. Und wer auf diesem Rummelplatz ein Individuum leuchten lassen will, der muß sich schon als Showfreak unter anderen zur Schau stellen.

Auf der Welt sein, heißt also ohne jede Beschönigung, über den Markt müssen; und eine eigene Position bestimmen, seinen Schmerz wie eine unerhörte Jahrmarktsensation hinausposaunen: »Der traurigste Mensch in Europa.« Ja, um zu zeigen, daß man eine wirkliche Spitzennummer anzubieten hat, werden auf den traurigen Narren noch anderthalbe gesetzt und die Selbstanpreisung mit einem Waschzettel-Extra beflaggt: »Ein Phänomen an Trauer«,

da soll mal jemand kommen und ein nennenswertes Konkurrenzprodukt dagegenstellen.
Der Unterschied zum guten alten Verelendungs-Expressionismus wird dabei augenblicklich evident. »Und seine Traurigkeit ist dionysisch/schwarzer Champagner seiner Klage«, besang die große Else Sappho-Schüler den geschätzten George Grosz etwa um die gleiche Zeit – nur, das war in gewisser Hinsicht immer noch alte Schule und um einen bestimmten kritischen Wahrnehmungswinkel an der neuen Wirklichkeit vorbei.
Wo sie ihre Verse öffentlich im glitzernden Artistenfummel vortrug, trat Grosz in die Rolle des eisgekühlten Snob und des nach dem letzten Businesslook gekleideten Geschäftsmannes. Wo die meisten Künstlerkollegen immer noch den Anschein von Boheme bevorzugten, setzte er auf die in jeder Hinsicht aus dem Rahmen fallende Mimikry. »Ja, er war ganz und gar ein Herr. Wie aus einer Modezeitschrift ausgeschnitten sah er aus«, beschreibt der Freund und Mitdadaist Wieland Herzfelde das durch den Schein der Anpassung besonders befremdliche »Phänomen«, und er malt uns das Bild einer in der Tat verstörenden Extravaganz vom »Scheitel, so scharf wie eine Bügelfalte« bis zu »den neuen, allzu reich mit Lochornamenten verzierten dicksohligen schwarzen Halbschuhen«. Der »steife Hut im Genick« ist also alles andere als ein bloß poetisches Versatzstück. Wem das auf Anhieb einging, war übrigens der junge Brecht. Der war angeblich freundlich zu den Leuten und setzte sich »einen steifen Hut auf nach ihrem Brauch«. Es tut ihm wohl keinen Abbruch, wenn wir der Gerechtigkeit halber erwähnen, daß *er,* der alle beerbte, auch bei Grosz seine Anleihen machte und neben der Bürgermelone gleich noch dessen bunte Amerikaträume mitgehen ließ.

Über die amerikanischen Phantasien im Kopf des jungen George Grosz ist viel gerätselt worden, und wir können die bunten Vexierbilder hier gewiß nicht im einzelnen auflösen. Rechnen wir neben den »Niggersongs« aber auch noch die »turbulenten D-Züge« und die »rasselnden Brücken« und den »Ragtime« mit unters Schädel-Inventar, dann offenbart sich der Traum wohl recht deutlich als musikalisch-akustische Simultanvorstellung, in der Raum und Zeit durcheinandergehen und ein Robert E. Lee gleichzeitig ein längst verblichener Bürgerkriegsgeneral, ein nach ihm benannter Mississippidampfer und ein musikalischer Refrainmacher (»Waiting on the Levée/ Waiting for the Robert E. Lee«) sein darf.
Nach einer gestrichelten Leerzeile – eine Stakkato-Notierung, die George Grosz beim Vortrag durch Stepschritte auszufüllen pflegte – ruft sich der ins Rasen geratene Kopf gewissermaßen wieder zur Ordnung, beziehungsweise rückt er sich die heimatliche Welt noch einmal ins rechte Lot, und, »horrido«, neben der Lunaparkkulisse oder hinter ihr tut sich noch einmal eine zweite Wahnsinnsbühne auf, die heißt: Lazarett statt »Abnormitätenkabinett« und (warum nicht so hoch gegriffen?) Schädelstätte statt Freak-and-Monster-Show. Da kann man sich auf die unvermeidliche Frage nach dem »Positiven« denn wohl nur noch für die eine oder für die andere Verirrung entscheiden.

HANS LEIP
LILI MARLEEN

Vor der Kaserne,
vor dem großen Tor
stand eine Laterne.
Und steht sie noch davor,
so wolln wir uns da wiedersehn,
bei der Laterne wolln wir stehn
wie einst, Lili Marleen.

Unsre beiden Schatten
sahn wie einer aus.
Daß wir so lieb uns hatten,
das sah man gleich daraus.
Und alle Leute solln es sehn,
wenn wir bei der Laterne stehn
wie einst, Lili Marleen.

Schon rief der Posten:
Sie blasen Zapfenstreich.
Es kann drei Tage kosten!
Kamerad, ich komm ja gleich.
Da sagten wir auf Wiedersehn,
wie gerne wollt ich mit dir gehn,
mit dir, Lili Marleen.

Deine Schritte kennt sie,
deinen zieren Gang,

alle Abend brennt sie,
doch mich vergaß sie lang.
Und sollte mir ein Leids geschehn,
wer wird bei der Laterne stehn
mit dir, Lili Marleen?

Aus dem stillen Raume,
aus der Erde Grund
hebt mich wie im Traume
dein verliebter Mund.
Wenn sich die späten Nebel drehn,
werd ich bei der Laterne stehn
wie einst, Lili Marleen.

RUDOLF WALTER LEONHARDT
KEINE SCHNULZE

Was an diesem Lied bedarf einer Interpretation? Was, um Himmels willen, rechtfertigt es, dieses Lied in eine illustre Anthologie aufzunehmen?
Es gibt keinen poetischen Text, der zu seiner Zeit einer ähnlich großen Zahl von Menschen derart bekannt gewesen wäre. Die Zahl der Zeitgenossen, die Shakespeares »Hamlet« kannten oder Goethes »Werther«, ist groß (geschätzt etwa 100000). Sie ist nichts, verglichen mit der Zahl derer, die Hans Leips »Lili Marleen« kannten und noch kennen (geschätzt: etwa 100 Millionen).
Ist aber nicht die Zahl derer, die jede Schnulze der Hit-Paraden kennen, noch größer? Erstens nein: denn die meisten Schnulzen von heute sind morgen vergessen, dieses Liebeslied aber ist 63 Jahre alt. Und schon deswegen ist es, zweitens, keine Schnulze.
Es hat mit einem Schlager freilich gemeinsam, daß es weltberühmt erst wurde, nachdem es die richtige Musik und dazu die richtige Stimme gefunden hatte. Der Komponist Norbert Schultze war ein talentierter Eklektiker, der leider auch die Melodie für »Bomben auf Engelland« geschrieben hat. Die Sängerin, die der unvergessenen Lili Marleen ihre Stimme gab, hieß (mit ihrem Künstlernamen) Lale Andersen.
Lale Andersen hatte Respekt vor dem Lied und seinem Dichter. Das kommt ihrem Vortrag ebenso zugute wie die spröde Erotik ihrer Stimme. Besonders deutlich wird das,

wenn man ihre Version mit der der berühmtesten Interpretin vergleicht. Marlene Dietrichs Lied wirkt im Vergleich wie eine Salonversion. Sie hatte auch zu wenig Respekt vor dem Text. Die schöne erste Strophe, die stärkste des ganzen Liedes, verdrehte sie zu Unsinn.

Dem hatte freilich der Komponist Vorschub geleistet, indem er seine Fermate nicht hinter den dritten Vers setzte (stand eine Laterne), wo sie hingehört, sondern hinter den vierten, wo sie nun den Nebensatz (und steht sie noch davor) von seinem nachfolgenden Hauptsatz trennt (so wolln wir uns da wiedersehn). Also singt Marlene:

»Vor der Kaserne, / vor dem großen Tor, / steht »ne Laterne, / und steht sie noch davor.«

Damit wird Hans Leip, dem wo nicht Kühlen, so doch Klaren aus dem Norden, größeres Unrecht angetan als mit der Parodie von Robert Neumann, die ihn so überflüssigerweise gekränkt hat. Nonsens-Verse schrieb er nicht. Und er dachte gar nicht daran, irrtümlich zu behaupten, daß die Laterne da noch *steht*.

Eben nicht. Das ist doch ein Lied, das die Vergänglichkeit besingt, die durch Erinnerung noch eine Weile gebannt werden kann. An die Stelle von Wirklichkeit treten Träume. Joseph Goebbels wußte schon, warum er dieses Lied nicht mochte und seine Sängerin verfolgte. Zwar vertrat es für Millionen in aller Welt von 1941 bis 1945 das Nachtgebet, wenn es zum Sendeschluß vom Soldatensender Belgrad ausgestrahlt wurde; aber die Moral einer Truppe, die kämpfen und siegen sollte, wurde dadurch nicht gefestigt im Sinne der Machthaber.

Die ersten drei Strophen hatte Hans Leip 1914 geschrieben, kurz ehe er selber von Berlin an die Front ausrücken mußte. Ein persönliches Erlebnis lag zugrunde. Die beiden letzten, schwächeren, schrieb er 1915 dazu. Ein großes lyrisches Gedicht ist das wohl nicht. Allzu unterschiedlich ist die poetische Intensität der einzelnen Strophen, von der überwältigenden ersten bis zur schwachen fünften.

Aber wenn die »Lili Marleen« *das* Lied des Zweiten Weltkrieges werden konnte, in alle europäischen Sprachen übersetzt, wie kein anderes immer wieder variiert, auch parodiert, dann sollten wir den Anteil des Autors an diesem Welterlebnis nicht gering einschätzen.

ERNST TOLLER
GEMEINSAME HAFT

Gepfercht in einen schmalen Käfiggang,
Gleich Tieren, die an Gitterstäben wund sich biegen,
Und die vor Heimweh krank am Boden liegen
Und fast erschrecken vor der eignen Stimme Klang,
Dorren sie hin und träge wird ihr Blut,
Nur Giftstrom bricht aus ihrem Munde,
Der sucht und ätzt des Nachbarn Wunde –
Die eingesperrten Menschen sind nicht gut,
Sie werden taub und stumm und blind,
Sie hassen sich, weil sie so einsam sind.

THOMAS RIETZSCHEL
EIN AUFSCHREI

In der Not erst hat er Verse geschrieben, im Krieg und dann wieder im Gefängnis, immer wenn ihm »seelische Verödung und Leere« drohte, wenn er sich selbst zu verlieren fürchtete. »Man spürt in seinen Gedichten«, schrieb ein Kritiker ehedem, »den leidenden und mitleidenden Menschen Toller; man spürt vielfach den Dichter, seltener – den Künstler.« Und in der Tat, der ergreifende galt dem Dramatiker mehr als der schöne Vers. Wie ein rhythmisches Sichaussprechen nur muten etwa die letzten Zeilen unseres Gedichts an. Der Affekt lebt kräftig auf. Zorn und Verzweiflung verbinden sich im hingeworfenen Satz. Man glaubt Gefangene zu sehen, lauernd, wie sie hinter Mauern den engen Raum mit unruhigem Schritt ausmessen.
Und wer es kennt, der erinnert sich an ein Foto des Dichters aus der Festungshaftanstalt Niederschönenfeld, wo Ernst Toller fünf Jahre verbüßen mußte, weil er der Münchner Räterepublik verbunden war. Die Aufnahme zeigt den Gefangenen in aufrechter Haltung, den Kopf energisch erhoben, das Gesicht verschlossen. Ein Einsamer im umbauten Hof, der weiß, daß er sich selbst zu fürchten hat, wenn er »gepfercht« in der Zelle leben muß, nur dem fremden Klang der eigenen Stimme noch ausgeliefert.
Die Verse, die er hinter Gittern schrieb, seine »Gedichte der Gefangenen«, klangen den Zeitgenossen wie ein Aufschrei, als sie 1921 erstmals erschienen. Nicht die Form,

die Erlebnisnähe zeichnete diese Lyrik aus. Hier war einer auf die Bühne getreten, dem das eigene Leid gebot, für die Ausgegrenzten zu sprechen, für die Verstoßenen, an deren Seite man sich damals, im Expressionismus, gern sah. Seine Gedichte sollten, schrieb Toller an Romain Rolland, »mehr als Verse sein, Briefe, Rufe und Aufrufe an Menschen, die sich verantwortlich fühlen und die vorbeigehen an den vergitterten Häusern ihrer Städte, ohne zu ahnen, welche Schuld sie auf sich laden durch ihre Gleichgültigkeit.«

Mochten andere Autoren schönere Bilder finden, keiner konnte das Elend lebendiger fassen, von der »Gemeinsamen Haft« erzählen, in der einer den anderen quält, nur damit er überhaupt noch wahrgenommen werde. Nichts Heroisches ist der Festung bei Toller geblieben. Sie stiftet keine Solidargemeinschaft in der Not. Im Gegenteil, die Trennung auf engstem Raum erzeugt ohnmächtige Wut; allein im Haß kann sie sich noch entladen. Feindseligkeit nur bleibt als menschliche Regung. Opfer sind die vermeintlichen Täter, zu Bösem verdammt, zum »Dorren« verurteilt. Um nicht selbst zu erlöschen, »ätzen« sie »des Nachbarn Wunde« in einem Strafvollzug, der alle Werte aufhebt, wo er doch bessern sollte. Das Gefängnis aber ist keine Exklave, kein geschützter Ort; die Häftlinge sind verurteilt zu ertragen, was der freie Mann im Trubel zu vergessen sucht: die Isolation in der Menge.

Für Ernst Toller war die »gemeinsame Haft« auch ein Zustand des Daseins schlechthin. Als Sohn eines deutschen Juden unter Polen geboren, 1893 in Samotschhin, hat er früh erfahren, was es bedeutet, ausgeschlossen zu sein. Zeitlebens ist er auf der Flucht gewesen vor der Einsamkeit. Entkommen sollte er ihr niemals, mit keinem Gedicht und in keinem der Stücke, die er schrieb. Seine letzte Zelle war das schmale, hohe Zimmer eines New Yorker Hotels, in dem sich der Emigrant 1939 erhängte.

PETER GAN
EISBLUME

Winter wurde. Glas auf Glas
blüh' ich greisenalt.
Sterne ohne Unterlaß
zwinkern klar und kalt.

Weißer Winter. Klar und kalt
glüh' ich, Glas in Glas,
Sterne singen grillenalt
Ohne Unterlaß.

Kränze blühen Glas in Glas,
Kreisen greisenalt,
glühen ohne Unterlaß:
Stille, starr und kalt.

KARL KORN
WIE EIN CHINESISCHES TUSCHBLATT

Wer schreibt heute ein solches Gedicht? Der es schrieb, nannte sich Peter Gan und ist 1974 achtzigjährig gestorben. Er ist fast vergessen. Sollte das artistische Gebild »Eisblume« eine Mystifikation sein, ein unbekannter Rückert oder Platen? Richard Moering, wie Gan mit seinem bürgerlichen Namen hieß, war bei aller Neigung zum philosophisch-spekulativen Hintersinn keineswegs ein unmoderner Mensch. Er hat den nach dem Zöllner Rousseau interessantesten Naiven der französischen Malerei, Vivin, entdeckt.

Als Lyriker hat er mit den alten Formen bis zurück ins Barock auf durchaus moderne Weise virtuos gespielt. Das erste Gedicht seiner ersten 1935 erschienenen Sammlung, »Die Windrose« betitelt, galt unter Kennern alsbald als Kostbarkeit. Es war das »Preislied auf eine Seifenblase« und begann so:

Seifenblase, himmelwärts verloren
aus Entzücken an der Welt geboren
und aus eines Kindes Vaterhand
in den Wind auf Wanderschaft gesandt.

»Eisblume«, eines seiner letzten Gedichte, ist diesem Erstling nicht nur thematisch verwandt. Seifenblase und Eisblume haben das Gläserne, Diaphane, Stofflich-Überstoffliche gemeinsam und sind dem Dichter so etwas wie metaphysische Metaphern für die Nahtstelle zum Übersinnlichen. Das kristalline, nur aus Wortwiederholungen

und Variationen bestehende Sprachmaterial des Gedichts ist mit dem Innern des merkwürdig gläsernen, glühenden, greisenalten Gebildes Eisblume so identisch, daß das Nächtliche, Eisige, Astrale welthaft wird.
Das Gedicht in drei, durch wiederkehrende Reime nach Art des Ghasels verschränkten Strophen verwendet nur einen aufs äußerste reduzierten Wortschatz, nicht unähnlich chinesischen Tuschblättern, auf denen der Bambus auf ein paar sicher gesetzte Pinselstriche reduziert ist. Die Wortmaterialien, aus denen das Gebild gemacht ist, sind Glas auf Glas, Glas in Glas, Sterne, klar und kalt, sie zwinkern, singen, glühen, greisenalt, grillenalt und wieder greisenalt. Im genau umgrenzten Sprachraum dieser Wörter verändern die Varianten die Motive mit nur leichten Abweichungen. Das Silbern-Diaphane der Eisblume am winterlichen Fenster wird mit asketischen sprachlichen Mitteln in Empfindungsqualitäten übersetzt, die mit eleganter Penetranz das Winterlich-Greisenhaft-Kalte und zugleich sein üppig sternenhaftes Blühen und Glühen bezeichnen.
Die Variationen dieser auf die Spitze getriebenen Artistik sind so eng gefaßt, daß gerade und nur in der ersten Zeile der dritten Strophe an die Stelle der Sterne Kränze treten dürfen, die die Rotation der Kristalle in der Eisblume ausdrücken. Das Glashaft-Winterlich-Astrale der kristallinen Konfiguration Eisblume wird nicht mehr, wie es für den frühen und mittleren Peter Gan charakteristisch war, gedanklich umkreist oder allegorisch ausgeweitet. Das Altersgedicht verzichtet auf die Spekulation, es ist alterskalt wie das Gebild. Das Konkrete fällt mit dem Abstrakten in eins.
In der Strophenfolge sind Steigerungen wahrzunehmen.

Die kristallinen Sterne zwinkern, in der zweiten Strophe singen sie wie Grillen, schließlich verbinden sie sich wie Sternenbilder zu Kränzen. Das Blühen wird ein kaltes Glühen, schließlich ein Kreisen, das dann in das starre, stille Glühen zurückfällt. Jede Strophe wiederholt mit erschreckender Monotonie, daß das Flimmern, Kreisen, Glühen und Blühen »ohne Unterlaß« geschehe. Solche fast umgangsprachliche Formel ist so »unpoetisch« (in einem antiquierten Sinne), wie sie modern ist.
Die Adäquatheit der kristallinen Sprachform und der Reimwiederholungen, in denen eine auffällige »A«-Monotonie wahrzunehmen ist, zu Wesen und Erscheinungsbild Eisblume gibt den Strophen den Rang des kosmischen Dinggedichts, freilich eines thematisch und formal greisenalten Gedichts und ist darum vermutlich nicht nach jedermanns Geschmack.

PETER GAN
SPRACHE

Sprache weiß alles,
bis man ihr's sagt.
Nun kann sie alles:
Dürre, dann Dalles.
Ein Käuzchen klagt.

Was sie vermochte,
sie mag's nicht mehr,
die Ausgekochte
häuft an, läuft leer:

läufige Sanduhr,
laufendes Band
Standläufer fand nur
Knochen im Sand.

KARL KROLOW
SANDUHR UND ZAUBERGLAS

Er nannte sich Peter Gan und hieß eigentlich Richard Moering. Der gebürtige Hamburger wäre in diesem Jahr neunzig Jahre alt geworden. Vor zehn Jahren starb er. Man konnte ihn sich eher in Paris als in Norddeutschland lebend vorstellen. In Paris traf ich ihn während der späten fünfziger Jahre: einen Herrn, einen Juristen, der Gedichte und Essays schrieb, der übersetzte, der sich in den Sprachen auskannte und vom Leben der Sprache und auch von ihren Grenzen wußte. Dies war eigentlich ein Hauptthema seiner vielen Gedichte. Seine distinguierte Klugheit verband sich mit hanseatischer Weltläufigkeit. Paris war für ihn die rechte Wahlheimat, so schien es. Er nahm die Sprache, drehte und wendete sie spielerisch-elegant wie einer, der Bescheid weiß, dem man nichts vormachen kann.
Mit der Sprache verfuhr er immer so, wie es virtuos Kenntnisreiche tun: leicht und ironisch. Es geschah präzis, wirkte aber gelegentlich fast lässig. Man könnte sagen: er entlockte der Sprache die Sprachfähigkeit, so daß sie – wie in diesem Gedicht, das ihr gewidmet ist – »alles« konnte und zugleich Sprachelend und Sprachübermut (»Dürre und Dalles«) zeigte. Dem »Nun kann sie alles« wird ein »Sie mag's nicht mehr« entgegengehalten, die Misere beim Namen genannt. Das geschieht kurz und bündig, ohne Bedauern und so knapp wie möglich: »Die Ausgekochte/häuft an, läuft leer:/läufige Sanduhr, laufen-

des Band.« Vergänglichkeit, Sprachvergehen, wie das Vergehen von Hören und Sehen, bleibt Peter Gans Thema. Anhäufung wird vom Leerlauf abgelöst. Beides bedingt einander, während das *Perpetuum mobile* Sprache (»laufendes Band«) nicht zu sein aufhört.

Einer seiner letzten Gedichtbände nannte sich »Soliloquia« (1970): der Autor schien mit seinem »Spielzeug«, der Sprache, oft allein, und was er schrieb, hatte nicht selten den Charakter von Selbstgesprächen, Selbstbefragungen – auf die leichteste Art und Weise, geschwind und gescheit und immer höchst kunstvoll verschränkt. Es war eine »gebildete« Lyrik, voller Anspielungen. Und wie dies beim Spielen mit der Sprache ist: dem Spieler wird mitgespielt. Er weiß, wie wenig und wie viel zugleich ihm in die Hand gegeben ist. Vor vielen Jahren hat der Schweizer Max Rychner Gans Gedichte charakterisiert und auf die »zauberische« Leichtigkeit wie auf die dunkle Kehrseite verwiesen, das »Clair-obscur« dieser Verse, ihre schillernde Schönheit, ihre Klarheit und ihre kühle Einsicht.

Gans Gedichte sind – wie das nebenstehend abgedruckte auch – oft Übungen zur Sprache, zuweilen mit einer gewissen trockenen Pedanterie, die aber stets fähig zur distanzierenden Ironie bleibt und nicht allein in spielerischer Gelehrsamkeit ihr Vergnügen findet. Mit zwei Zeilen umschreibt Gan einmal seine Situation: »Spottend spielt Dein leichter Reim/auf den schwierigsten Registern.« Er konnte übermütig und ein Spottvogel sein. Die französische Literatur zog ihn wohl aus diesem Grund besonders an. Er war »ganz bewußt und ganz befangen«, und er kostete Bewußtheit und Befangenheit in der mitunter federleichten Diktion aus, die ihm eigen war. Er überspielte auf diese Art und Weise die leise Resignation und

Melancholie: beides funkelte wie in einem Zauberglas klar. Darin ist noch das Unterschiedlichste in scharfen Umrissen zu erkennen und in Ruhe zu betrachten, während die »läufige Sanduhr« das Vergehen der Zeit nur beschleunigt.

GERTRUD KOLMAR
DIE FAHRENDE

Alle Eisenbahnen dampfen in meine Hände,
Alle großen Häfen schaukeln Schiffe für mich,
Alle Wanderstraßen stürzen fort ins Gelände,
Nehmen Abschied hier; denn am andern Ende,
Fröhlich sie zu grüßen, lächelnd stehe ich.

Könnt ich einen Zipfel dieser Welt erst packen,
Fänd ich auch die drei andern, knotete das Tuch,
Hängt es auf einen Stecken, trügs an meinem Nacken,
Drin die Erdenkugel mit geröteten Backen,
Mit den braunen Kernen und Kalvillgeruch.

Schwere eherne Gitter rasseln fern meinen Namen,
Meine Schritte bespitzelt lauernd ein buckliges Haus;
Weit verirrte Bilder kehren rück in den Rahmen,
Und des Blinden Sehnsucht und die Wünsche des Lahmen
Schöpft mein Reisebecher, trinke ich durstig aus.

Nackte, kämpfende Arme pflüg ich durch tiefe Seen,
In mein leuchtendes Auge zieh ich den Himmel ein.
Irgendwann wird es Zeit, still am Weiser zu stehen,
Schmalen Vorrat zu sichten, zögernd heimzugehen,
Nichts als Sand in den Schuhen Kommender zu sein.

KLAUS JEZIORKOWSKI
IM UNSCHEINBAREN VERSTECKTE ENERGIE

Gertrud Kolmar hat ein Schicksal, ist ein Schicksal. Wo ihre schreibenden jüdischen Mitschwestern – Else Lasker-Schüler, Nelly Sachs – mit der Zeit ihren Ruhm etablieren konnten, bewahrheitete sich an ihr die letzte Zeile des Gedichts auf schreckliche Weise: nichts als Sand in den Schuhen Kommender. Sie, die neben Walter Benjamin in derselben großbürgerlichen Schicht Berlins aufgewachsen war, bekam von den Nazis den gelben Stern aufgeheftet und hatte Zwangsarbeit in einer Berliner Kartonagenfabrik zu leisten. 1943 verschleppte man sie, wie vorher schon ihren achtzigjährigen Vater, in ein Konzentrationslager, und sie blieb verschwunden.

Viel mehr als Asche sind uns ihre Gedichte nicht geworden. Es sind Gedichte, von denen die meisten – ich setze mich in alle verfügbaren Nesseln mit der Behauptung – die Lyrik der Lasker-Schüler und der Sachs an Qualität überflügeln. Die Kolmar ist der noch nicht gehobene Schatz der jüdischen Kultur Europas.

Der Mythos des ewigen Juden wurde hier zum Mythos der ewigen Jüdin, und zwar nicht plaziert in eine ferne mythische Agrarwelt. Die Fahrende geht um mit den Spielsachen ihrer Zeit, den Eisenbahnen, Häfen und Schiffen. *Dort* spielt sich jüdisches Schicksal ab, nicht allein im Alten Testament, wohin wir es so gerne einsperren, wenn wir von ihm in Ruhe gelassen sein wollen. Die Kolmar spricht für die Emigranten, die noch heute auf Jets und

Schiffen zwischen ihren verschiedenen Nichtheimaten unterwegs sind.

Nun ist dieses Gedicht nicht klagend, sondern zupackend. Hier identifiziert sich eine aktiv mit dem, was ihrem Volk an mehrtausendjähriger Geschichte von anderen zugeteilt wurde. Sie setzt das Erleiden des Ahasver-Schicksals um in eine Titanengeste – der wahnsinnige Mut einer »Courage« am Ende der Verzweiflung, könnte man sagen: Ich bin denen voraus, wenn ich das anpacke und überflügle, was die andern mir als Qual zugedacht haben, ich, die Kämpfende – ein Topos in den Gedichten der Kolmar, ein noch oder nachexpressionistischer Topos, wie auch die gesamte Szenerie, das Bühnenbild des Gedichts (es muß zwischen 1925 und 1934 geschrieben worden sein) so aussieht, als sei es aus einem der noch expressionistischen Filme der zwanziger und frühen dreißiger Jahre herausgeschnitten: »Meine Schritte bespitzelt lauernd ein buckliges Haus« – das ist Caligari-Szenerie und jüdisches Schicksal zugleich in jenen Jahren, als die Häuser und Wände anfingen, Ohren zu bekommen, und die Ohren mancher Juden-Nachbarn sichtbar länger wuchsen.

Das Gedicht ist in Metrum, Vers, Reim und Strophe eher konventionell, von klassizistischer Architektur und darin charakteristisch nicht nur für den größeren Teil der Kolmar-Gedichte, sondern auch für die Tradition der Rilke und George, der Gedichte Georg Heyms etwa und für die spätere Tradition der Lyrik Loerkes und Lehmanns. Und doch ist es in den Bildern und der Szenerie im Unscheinbaren versteckte Energie.

Ein solches Gedicht übersteigt den jüdischen Horizont. Wer von uns allen wäre sicher, daß er nicht Fahrender ist oder war oder sein könnte. Wer wäre gewiß, daß er nicht eines schönen Tages – oder noch vorher eines schrecklichen – Robinson oder Ahasver spielen müßte. Wer dann mit der Welt so umgehen könnte wie »Die Fahrende«, hätte denen, die von einer unseligen Ideologie an Blut und Ackerscholle festgeklebt werden, ungeheuer viel voraus, freilich auch nur »schmalen Vorrat«, leichten Ballast mit sich zu tragen – der größte Vorteil all derer, die ihren Fuß nur leicht aufsetzen und auf irgendwelchen Stationen »Flüchtlingsgespräche« halten, sei es mit sich allein. Jene *Fahrenden* sind das Salz der Erde.

GERTRUD KOLMAR
DIE VERLASSENE

An K. J.

Du irrst dich. Glaubst du, daß du fern bist
Und daß ich dürste und dich nicht mehr finden kann?
Ich fasse dich mit meinen Augen an,
Mit diesen Augen, deren jedes finster und ein Stern ist.

Ich zieh dich unter dieses Lid
Und schließ es zu und du bist ganz darinnen.
Wie willst du gehn aus meinen Sinnen,
Dem Jägergarn, dem nie ein Wild entflieht?

Du läßt mich nicht aus deiner Hand mehr fallen
Wie einen welken Strauß,
Der auf die Straße niederweht, vorm Haus
Zertreten und bestäubt von allen.

Ich hab dich liebgehabt. So lieb.
Ich habe so geweint ... mit heißen Bitten ...
Und liebe dich noch mehr, weil ich um dich gelitten,
Als deine Feder keinen Brief, mir keinen Brief mehr schrieb.
Ich nannte Freund und Herr und Leuchtturmwächter
Auf schmalem Inselstrich,
Den Gärtner meines Früchtegartens dich,
Und waren tausend weiser, keiner war gerechter.

Ich spürte kaum, daß mir der Hafen brach,
Der meine Jugend hielt – und kleine Sonnen,
Daß sie vertropft, in Sand verronnen.
Ich stand und sah dir nach.

Dein Durchgang blieb in meinen Tagen,
Wie Wohlgeruch in einem Kleide hängt,
Den es nicht kennt, nicht rechnet, nur empfängt,
Um immer ihn zu tragen.

ULLA HAHN
IN FRIEDEN GELASSEN

Noch einmal schreibt die Verlassene an den Geliebten. Die Schmerzen sind vorüber, brennen nicht mehr. Worte stehen wieder bereit. Fast aggressiv trumpfen die drei ersten Strophen auf mit nahezu gewalttätigen Bildern. Nicht als Bettlerin, die sich erbärmlich macht, um Erbarmen zu erzwingen, tritt die Verlassene auf; sie ist die Jägerin, der Geliebte die Beute.
Nicht die wartende, winselnde Dulderin spricht, die alles in Kauf nimmt, wenn er nur wiederkommt. Die Verlassene hofft nicht, aber sie verzweifelt auch nicht länger. Sie kämpft nicht mehr, sie hat gesiegt: indem sie ihr Gefühl, ihre Liebe vorbehaltlos annahm. Denn: Verlassen sein heißt auch »In Ruhe gelassen sein«, heißt auch, nicht immer aufs neue Enttäuschungen und Demütigungen ertragen zu müssen – »Du läßt mich nicht aus deiner Hand mehr fallen« – heißt, sich nicht mehr behandeln zu lassen, sondern zu handeln.
Bestimmt, aber ohne Groll, nimmt die Verlassene den Verlorenen in Besitz. Erst im Verlust ist er ganz ihr eigen. Indem die Verlassene ihr Leiden abschreibt, sucht sie sich den Geliebten wieder zuzuschreiben. Das Erinnern wird sanft beschwichtigt, das Vergangene verklärt und überhöht. Leid wird in Liebe verkehrt, Liebe durch Leid vermehrt. (»Und liebe dich noch mehr, weil ich um dich gelitten«).
Doch kaum versucht die Verlassene sich im Gedicht des

Vergangenen zu versichern, wird die gefaßte Haltung der Eingangsstrophen aufgegeben. Neben das vergoldete Bild des Geliebten tritt ein zwar poetisch formuliertes, dennoch nüchternes Resümee. Über Liebe und Liebesleid ist die Zeit der Jugend vergangen: der Geliebte verließ eine alternde Frau. In der letzten Strophe ist diese Frau dann wieder die demütig Empfangende, die der Vergangenheit Ergebene, Erlegene. Die Geste der Ergebenheit ist in vielen Gedichten Gertrud Kolmars anzutreffen. Dennoch bleibt ein zwiespältiger Eindruck. Fest steht: Diese Frau erwartet nichts mehr. Aber ist die Verlassene, allein Gelassene, wirklich gelassen? Ist sie wirklich zufrieden, in Frieden gelassen zu werden? Oder soll nicht vielmehr der Poesie gelingen, was der Frau im Leben fehlschlug: den Geliebten zurückzugewinnen?

Wir wissen, daß Gertrud Kolmars Liebesgedichte von privatem Erleben ausgehen. Glücklich waren ihre Beziehungen nie. Und in ihrer Not, in Worte zu fassen, was sie im Leben nicht festhalten konnte, bürdete sie in ihren Gedichten der Sprache mit einem Übermaß an Metaphern und Bildern mitunter zu viel auf. Dieser Versuchung erliegt sie in diesem Gedicht nicht. Für mich ist es eines ihrer schönsten.

ALBIN ZOLLINGER
STILLE DES HERBSTES

Im Herbste kommen der Wiese die Herbstzeitlosen
und mir die Lieder,
Die lieben Kinder der Melancholie,
die dämmernden Lampen im Nebel blühn wieder.
Sanft dunkelt das tiefe Zuhause gebrochener Lüfte,
die Landschaft am Lethe,
Der Sommer verwelkt, und Verträumung
füllt Gärten des Himmels, balsamische Beete.

Wie einer, der heimkehrt, nachdenksam verweilt
sich das Jahr in den Räumen der Stunden,
In diesem Meer, dieser Stille von Schilf
voller Weite, in der sich die Wasser gefunden.
Strömt alles zurück? kommt die Kindheit noch einmal mit
Abend, mit Ängsten, mit ahnenden Wonnen
Von Regen des Nachts? Du bist da, trübes Herz,
an des Herbstes melodischem Bronnen!

ADOLF MUSCHG
EIN SCHUTZBEDÜRFTIGES GEDICHT

Es gibt Autoren und Werke, die zu »verlieren« man sich weigert, die man gegen das eigene kritisch gewordene Urteil in Schutz nimmt. Hier ist ein Gedicht, das diesen Schutz wohl verlangt. Der Zürcher Lyriker und Erzähler Albin Zollinger hat es vor bald vierzig Jahren geschrieben. Es beginnt mit einer Kunstfigur, die in der Rhetorik als Zeugma bekannt ist: Wiese und Autor, Herbstzeitlose und Lieder fließen über das gleiche Verb in eine salopp scheinende Analogie zusammen und geraten lyrisch in Fahrt – die erst in der fünften Zeile zwischen »sanft« und »dunkelt« einem Widerstand begegnet, einem gegenrhythmischen Anspruch, den die gebrochene Zeilenordnung noch nicht wirklich wahrgemacht hatte.

Von da an aber hält diese Hemmung den Leser in Atem, in Unsicherheit über die Schwere der Betonungen, die Richtung des Gefühlsablaufs. Die lyrischen Kennworte schwanken unter der Belastung durch Pathos; belastet sind sie freilich auch durch Schiefgewordenes in ihrer Verwendung. Die reichen Adjektive und Adverbien, die klassisch-literarischen Reminiszenzen müssen, wie die gedehnten »Atemgruppen«, der Beglaubigung und Beteuerung dienen; auf so zweifelhaften Stützen erscheint der rhythmische Überschwang als eine Form des Zusammenbruchs.
Die erste Strophe dieses Gedichts habe ich als Sechzehn-

jähriger geliebt ohne Mißtrauen gegen ihren Ton; daß die zweite Strophe zum Erbarmen ist, mit ihrem Wiederholungsversuch die Wirkung der ersten angreift, hat mich schon damals gestört; heute ist »stören« nicht mehr das richtige Wort dafür. Denn die ästhetische Verletzbarkeit des ganzen Gedichts ist mehr als eine Geschmackssache. »Stille des Herbstes« gab einem Bändchen den Titel, das 1939 im Morgarten-Verlag, Zürich und Leipzig, erschien – und schon diese Daten bezeichnen eine Situation, gegen die ein »literarisches Gelingen« nicht aufkam und wenig besagte. »Blut und Boden« im Dritten Reich, »geistige Landesverteidigung« in der belagerten Schweiz – die äußerlich verfeindeten Komplexe waren untergründig im Bunde gegen die Literatur und machten einem Schweizer Autor den Weg in die »Heimat« ebenso schwer wie den in die »Welt«. Schon Gottfried Keller hatte gewußt, daß es eine schweizerische Nationalliteratur nicht geben kann; 1939 war das Reich der falschen Töne fast undurchdringlich geworden. Der gebrochene Ton, den Zollinger dagegenzusetzen hatte, mag für die Literaturgeschichte unterdessen ebenfalls »überwunden« sein. Für mich behält er das Gewicht eines moralischen Zeugnisses.

Durch örtliches Lob, wie es Emil Staiger den Zeilen 5-8 unseres Gedichts gespendet hat, dürfte es also wohl nicht zu »retten« sein: »Wie sind in solchen unfaßbaren Rhythmen alle Formprobleme gelöst oder gar nicht mehr vorhanden, die der um neue Wege ängstlich bemühten Wortkunst unserer Tage sonst so große Sorgen bereiten!« Immerhin hat Zollinger für jüngere Schweizer Autoren eine Bedeutung behalten, an der die Zensuren des Kunstrichters völlig vorbeigehen: die des geschichtlichen Opfers.

Der Rückstand, zu dem Zollingers Werk verurteilt war,

ist keinem Defizit an Empfindlichkeit oder ehrlicher Zeitgenossenschaft zuzuschreiben, ganz im Gegenteil. 1941 ist er, im Schulamt aufgerieben, durch die private und patriotische Misere überfordert, noch nicht 46jährig gestorben. Kindlers vielbändiges Literaturlexikon kennt seinen Namen nicht. Der Leser von »Bin oder die Reise nach Peking« mag wenigstens (wohl ahnungslos) seinem Vornamen begegnet sein oder der Atmosphäre seines Werks in den Zürcher Landschaften des »Stiller«.

Max Frisch ist der greifbarste – wenn auch kritische – Zeuge für Zollingers Gegenwart in der deutschen Literatur. »Vielleicht lieben wir ihn nicht zuletzt darum, weil wir seinen Mangel als familiär empfinden«, sagt er im Vorwort zu einer Neuausgabe von Zollingers gesammelten Werken im Atlantis-Verlag. Die Probe sei gemacht, ob dieses schweizerisch gedachte »wir« von deutschen Lesern nachgesprochen werden kann.

HEIMITO VON DODERER AUF DIE STRUDLHOFSTIEGE ZU WIEN

Wenn die Blätter auf den Stufen liegen
herbstlich atmet aus den alten Stiegen
was vor Zeiten über sie gegangen.
Mond darin sich zweie dicht umfangen
hielten, leichte Schuh und schwere Tritte,
die bemooste Vase in der Mitte
überdauert Jahre zwischen Kriegen.

Viel ist hin gesunken uns zur Trauer
und das Schöne zeigt die kleinste Dauer.

GERHARD KAISER
DAS SCHÖNE ZEIGT DIE KLEINSTE DAUER

Die Strudlhofstiege im 9. Bezirk von Wien, eine 1910 errichtete Fußgängerverbindung zwischen der Strudlhofgasse und der tiefgelegenen Liechtensteinstraße, ist in einem spröden Jugendstil elegant und dekorativ. Ist nicht dieses Gedicht, eingemeißelt in eine Tafel auf einem Treppenabsatz und dem gleichnamigen Roman Doderers 1951 als Prolog vorangestellt, »Art Déco«, konventionell in den Motiven, raffiniert im Kunsthandwerklichen? Herbst und Trauer, Blätterfall und Hinfälligkeit, Moos und Mond sind wohlvertraute Versatzstücke gepflegter Innerlichkeit seit der Gräberromantik des 18. Jahrhunderts.

Gewiß sind die Verse ebensowenig avantgardistisch wie Doderers Epik. Beide sind »herbstlich«, aber auch »herbstlich atmend« in einem lebendigen Rhythmus gegenläufiger Bewegungen. Eine Treppe führt hinauf und hinab. Die fallende Sprache, dem langsamen Hinabschreiten auf flachen Stufen entsprechend, kommt im Überspielen der Satzgrenze durch den Reim, der Versgrenze durch den Satz und durch die folgende Parenthese – »leichte Schuh und schwere Tritte« – zu einer Schwebe des Tons, der die Auflösung des Satzbaus entspricht. Leicht schwimmt das schwere Trauergedicht syntaktisch. Der Satz festigt sich erst, indem er vom Überdauern der Vase spricht. Doch indem er das tut, schwingt er melodisch vom tiefsten Punkt der Sprachtreppe zum höchsten zu-

rück, denn die reimlose letzte Zeile reimt sich mit der ersten Zeile der Strophe.
In welcher Mitte steht die Vase? In der Mitte der Stiege, in der Mitte der flüchtigen Zeit, in der Mitte des Bildes, in dem das Vergangene des menschlichen Umrisses und das Gegenwärtige der Dinge zusammenkommen und wieder auseinandertreten. Sie bezeichnet damit den Ort der Erinnerung, in der sich Außen und Innen, Imagination und Realität, Menschen und Gegenstände, Einst und Jetzt vermitteln und umfangen, fest und flüchtig wie vorzeiten die Umarmung der Liebenden war.
Auch Vorstellungs- und Sinneinheiten sind untergründig aufeinander zu und voneinander weg bewegt. Von den alten Stiegen zielt der Sinn zu Schuh und Tritten, aber die Vorstellung »Mond« kommt dazwischen. Zum schweren gehört der leichte Tritt, doch das Dingliche, der Schuh, schiebt sich vor. Die Treppe, nicht die Schreitenden; der Mond, nicht die Liebenden; die Vase, nicht was hinging in den Jahren zwischen den Kriegen, bestimmen die Topographie dieses Hades. Gegenstände und Atmosphäre, menschliche Bewegungen und Gebärden, Augenblick und Epoche sind zum fließenden Ornament verschlungen, in dem der Mensch die flüchtigste Spur ist.
So scheint im fraglosen Vorhandensein der Vase das Gedicht zur Ruhe zu kommen. Um die bemooste Urne schweben die Schatten; in ihrem zerbrechlichen Überdauern ist die Vase das Gefäß, das die Erinnerung sammelt. Als dieses gegenständliche Sammelbecken des Menschlichen ist sie das Schöne: die Vollkommenheit als Konstellation von Mensch und Welt, die flüchtiger ist als alles: »und das Schöne zeigt die *kleinste Dauer*.«
Doch widerspricht das nicht der Erhaltung der Vase im

Zentrum des Gedichts? Der logische Sprung deutet auf den geheimen Gegensinn der Aussage, durch den sich das Vermittelnde, Treppenhafte, Atmende des Gedichts bis in die Sentenz durchhält. Das Schöne ist am vergänglichsten und das Vergänglichste ist am schönsten. Es wird als Vergänglichstes am tiefsten erinnert. Darin aber ist das Schöne das Unverlierbare, Zeichen und Erscheinung noch der kleinsten, unscheinbarsten Momente von Dauer: »und das Schöne *zeigt* die kleinste Dauer.« Die Erinnerung haftet an den Dingen, aber die Dinge leben durch Erinnerung, und durch sie ist denn doch der Mensch mit seiner Rede die Mitte und nicht das Anhängsel der Dinge.

Das Gedicht macht vor, was es sagt: Das Schöne ist Verewigung des Verfließenden, ja des Verfließens. Deshalb ist zuletzt das Gedicht die Vase, von der es spricht.

WERNER KRAFT
LIED

Der Mandelbaum blüht,
Vom Wetter geschwächt
Steht er verfrüht
In seinem Recht.

Ich aber blühe
In schwarzen Wettern
Ganz ohne Frühe
Mit gelben Blättern.

GÜNTER BLÖCKER
EIN BOTE KOMMENDER HERRLICHKEITEN

Ende Januar, Anfang Februar – es ist unwirtlich auch noch im milden Süden. Nur der Mandelbaum blüht schon und wirft ein Gespinst aus rosa Blüten über das kahle Land. Werner Kraft gibt diesem Vorgang eine zarte Wendung ins Animistische. Sein Mandelbaum erscheint als ein beseeltes Wesen, das dem Herrschaftsanspruch der unfreundlichen Jahreszeit trotzt und auf seinem Recht besteht, ein früher, ja ein verfrühter Bote kommender Herrlichkeiten zu sein.

Vier schlichte, jedoch metrisch streng gearbeitete Zeilen, die mit ihrem jeweils männlichen Ausgang ein Gefühl von Festigkeit und Selbstbehauptung vermitteln. Auch der Reim trägt zu diesem Eindruck bei. Er ist nicht bloß tönende Schmuckfigur, sondern Klang gewordene Argumentation. Das kraftvoll-sinnliche »blüht« des ersten Verses ist stark genug, um das schwächlich-begriffliche »verfrüht« des dritten zum Schweigen zu bringen. Es überstrahlt, was sich als Einwand regen möchte. Ebenso wie das beinahe drohend aufgereckte »Recht« am Schluß der Strophe über das ein wenig bängliche »geschwächt« triumphiert.

Ganz anders die zweite Strophe. Sie handelt – metaphorisch – vom Menschen und seiner Preisgegebenheit. Nicht von der zwar strengen, aber auch wieder tröstlichen Regelhaftigkeit eines Naturprozesses ist da die Rede, sondern von der tragischen Unbestimmtheit des Menschenloses. Das Ich, das sich in diesem Abgesang schmerzlich vernehmen läßt, »blüht« auch. Doch das fraglose Aufgehobensein im Naturgesetz, das »Recht«, auf das die erste Strophe so selbstbewußt verweist, ist ihm verwehrt. Sein Teil sind die »schwarzen Wetter«, die den Sprecher vor der Zeit und »ganz ohne Frühe« alt und welk werden lassen.

Keine Frage, daß in diesen poetischen Chiffren ein Stück Autobiographie verschlüsselt ist. Werner Kraft, der hochbetagt in Jerusalem lebende Dichter, mußte Deutschland 1933 verlassen, zu einem Zeitpunkt, wo (so hat er selbst es einmal formuliert) »ein Leben mit normalem Glück und normalem Unglück hätte beginnen können«. Statt dessen kam »das wahrhaft Andere«, ein Leben jenseits aller Normalität, das dennoch bestanden werden mußte, wenn auch – in der Sprache des Gedichts – »mit gelben Blättern«.

Bezeichnenderweise sind in dieser zweiten Strophe alle Zeilenausgänge unbetont (weiblich), und der Rhythmus ist trotz der Kürze der Verse eher weich und schwermütig. Das Gedicht wird, wie der Titel es will, zum Lied, zu einem Lied allerdings, das sich asketisch jedem breiten Ausschwingen verweigert. Wie sein gesamtes dichterisches und essayistisches Werk, so hat der Autor auch dieses »Lied« unter das Gesetz einer Sachlichkeit gestellt, die nur das »wahre Ding« gelten läßt und alles Rankenwerk tilgt. So entstehen Verse, die in ihrer rigorosen Komprimiertheit einen trügerischen Eindruck von Einfachheit erwecken. In Wahrheit sind sie Ausdruck einer höchst anspruchsvollen Kunstgesinnung, eines Kunstwillens, der seine Befriedigung allein im kompromißlosen Rückgriff auf die Substanz findet.

ERICH JANSEN
ANNETTES KUTSCHE AUF RÜSCHHAUS

Wie graue Seide, Rosenrauch,
die Kutsche innen mit der hohen Lehne.
Die Polster träumen noch.
Nicht einer hat davon geschrieben:
wenn sich das Fräulein rückwärts lehnte,
und von Resedenbackwerk
träumte,
gleich einer Puppe, die im Waggehäuse
den Sommernachmittag versäumt.

Im Rüschhaus waren dann die Bilder traurig,
im Garten wurden kaum die Bohnen reif,
und Jenny rief:
das aufgesparte Essen wird verderben.

Noch steht lebendig da die Kutsche
und wartet
wie ein abgedienter Gaul
hart unterhalb Annettes Kammer,
ob sich nicht doch
noch einmal
oben in der Wand
das kleine Fenster öffnet:
»*Jetzt*, stummer Wagen
fahren wir!«

»Nie!«
sprach der Sonnengott von draußen
auf der Tenne.
»Die Damen sind doch abgereist;
auch Jenny,
schon vor hundert Jahren!«

ECKART KLESSMANN
DAS KLEINE FENSTER

Das Rüschhaus bei Münster, das der Baumeister Johann Conrad Schlaun 1745/48 für sich als Landhaus errichtete, war von 1826 bis 1846 der bevorzugte Aufenthalt der Annette von Droste-Hülshoff. Sie teilte ihn mit ihrer Mutter, ihrer Amme und ihrer Schwester Jenny, die 1834 heiratete und nach Meersburg zog, wohin ihr die jüngere Schwester endgültig 1846 folgte. Im Rüschhaus, einem der schönsten deutschen Poetengehäuse, hat die Droste einen großen Teil ihres Werkes geschrieben, darunter »Die Judenbuche«.

Betritt man die Küche, so sieht man oben rechts ein Fenster; es gehört zum unverändert erhalten gebliebenen Arbeitszimmer der Dichterin, von ihr selbst »Schneckenhäuschen« genannt. Aus diesem Fenster konnte sie auch sehen, ob »das aufgesparte Essen« aufgetragen war. Diesem Fenster gegenüber ist die Tür zur Tenne, und dort, auf grobgepflastertem Boden, »steht lebendig da die Kutsche«; die erinnernde Phantasie des Dichters hat »das kleine Fenster« in die Wand der Tenne versetzt. Die Kutsche ist klein, schwarz und bescheiden. Kein Wagen für die wiederholten Reisen nach Bonn; mit diesem zierlichen Zweispänner fuhr man sonntags zur Messe oder ins nahe Münster. Heute sind es von der Kutsche bis zur Autobahnabfahrt Münster-Nord nur wenige hundert Meter, und das von dort kommende permanente Motorengeräusch läßt im »Schneckenhäuschen« das Fensterglas vibrieren, und wenn die Bilder dort je »traurig« waren, so sind sie es heute.

Erich Jansen, der 1968 verstorbene Apotheker aus Stadtlohn, ist erst wenige Jahre vor seinem Tode zu späten lyrischen Ehren gekommen. Sein 1963 erstmals veröffentlichtes Gedicht (es stand in einem Band, mit dem er, fünfundsechzig Jahre alt, als Lyriker sein Debüt gab) sieht die Kutsche als ein Symbol von Freiheit und Phantasie. Im Rüschhaus war die Einsamkeit groß. »Ich lebe hier sehr still für mich«, schrieb die Dichterin 1837. Ein andermal empfand sie sich so einsam und verlassen »wie ein armer Soldat, der sich auf dem Schlachtfelde verblutet«. So versetzt des Autors Imagination »das Fräulein« in den ausgespannten Wagen und läßt sie dort ins Weite träumen.

Was Jansen faszinierte, läßt sich noch heute im sommerlichen Rüschhaus nachempfinden: Draußen der warm duftende Sommertag, drinnen die schattige Kühle der Tenne. Wird noch einmal angeschirrt? Nein. »Die Damen sind doch abgereist«, wenngleich es uns im Rüschhaus scheinen möchte, sie wären auch wohl heimgekehrt hierher.

Ich glaube nicht, daß »im Waggehäuse« Annette »von Resedenbackwerk träumte«. Ihre Träume galten einer so unvorstellbaren wie ungehörigen Freiheit, die ihr auf vielfache Weise versagt bleiben mußte: Als Frau, als Katholikin, als Adlige, als chronisch Kranke, als in die Einsamkeit Verwiesene, als Dichterin. Dem Wunsch, ins unbestimmbar Weite hinauszufahren, sich selber gleichsam zu entgrenzen, hat damals schon der Sonnengott (und was sonst diesem Rang entsprach) sein »Nie!« entgegengesetzt.

Das im jambischen Rhythmus geschriebene Gedicht hält die glückliche Mitte zwischen dem Erzählen und einer wie schwebenden Beschwörung, zwischen dem Einst und dem Jetzt. Was war, kann wieder sein, auch wenn die Damen längst schon abgereist. Es öffnet sich ein kleines Fenster, das nicht da ist, scheinbar.

THEODOR KRAMER
DIE GAUNERZINKE

Die stillste Straße komm' ich her,
im Schluchtenfluß die Otter schreit.
Mein Schnappsack ist dem Bund zu leer,
Gehöfte stehen Meilen weit.
Im Kotter saß ich gestern noch
und tret ins Tor im Abendrot
und weiß im Janker Loch um Loch
und bitte nur ganz still um Brot.

Und dem, der hart mich weist ins Land,
dem mal ich an die Wand ein Haus –
und vor das Haus steil eine Hand;
die Hand wächst übers Haus hinaus.
Hier, seht, hier bat – und bat nur stumm,
– nach mir, ihr Brüder, – eine Hand.
Und Einer geht ums Haus herum
und Einer setzt's einst nachts in Brand.

HANS J. FRÖHLICH
AM RANDE DER SOZIETÄT

Diese Verse des 1958 – nach seiner Rückkehr aus zehnjährigem Londoner Exil – in einem Wiener Spital gestorbenen Theodor Kramer stehen in seinem 1929 veröffentlichten ersten Gedichtbuch »Die Gaunerzinke«. 36 Gedichte von Tagelöhnern, Häuslern, Ziegelbrennern, von Menschen am Rande der Sozietät. Zuckmayer, der ebenfalls Gedichte geschrieben hat, nannte Kramer »den stärksten Lyriker Österreichs seit Georg Trakl«. Beim Lesen des balladenhaften »Bericht vom Zimmerhändler Elias Spatz« oder der Moritat vom Selbstmörder Aron Lumpenspitz wird man eher an Brechts »Hauspostille« erinnert.

Das nebenstehende Gedicht hat zwei Doppelstrophen zu je acht Zeilen. Diese kontrahierende Notation anstelle der üblichen von vier Vierzeilern ist, wie man bald erkennt, strukturell wie inhaltlich bedingt.

Der hier monologisiert, ist ein aus dem »Kotter« (Dorfarrest) entweder Entlassener oder Geflohener, der sich auf Schleichwegen den »Meilen weit« voneinander entfernt liegenden Gehöften nähert, um (so erfährt man aus der ersten Strophe) »ganz still um Brot« zu bitten. Wer ihm diese Bitte abschlägt, dem wird er (droht er in der zweiten Strophe) eine Gaunerzinke an die Wand malen, damit sich unter den nachfolgenden »Brüdern« einer finde, der dem Geizhals das Haus anzündet.

Den zwei Wünschen (dem nach Brot und – wird ihm dies verweigert – dem nach Rache) entspricht die Zweiteiligkeit des Gedichts, wobei das in der zweiten Strophe beibehaltene Erzähltempus nur grammatisch ein Präsens ist. Die vermiedene Futur-Form legt nahe, das ganze Gedicht als Wunschvorstellung eines noch Inhaftierten zu deuten. Charakteristisch für Kramer ist der parataktische Satzbau. In der ersten Strophe besteht jede Zeile aus einem einfachen, nur durch Interpunktion oder ein »und« vom vorangehenden getrennten Aussagesatz, und jeder dieser Sätze bildet eine Station. In der zweiten Strophe, wo Reflexion oder Imagination in den Vordergrund treten, geraten die (gedachte) Bewegung und damit die Sätze ins Stocken, veranschaulicht durch Relativsätze, Parenthesen, vokativische und imperativische Einschübe.

Wie in fast jedem Kramer-Gedicht, bestimmt den formalen Aufbau auch in diesem der Reim. Vom Metrum abgesehen, ist die klassische Kreuzung (a b a b) indes das einzige traditionelle lyrische Element in diesem Gedicht, das im übrigen auf alle artistischen Raffinements verzichtet. Aber auch diese Reimpaare sind von beinahe ausgesuchter Kunstlosigkeit. Es sind Gebrauchsreime, abgewetzte und durch häufige Benützung handlich gewordene Wörter. Sie wollen nicht Harmonie und Einverständnis in der Sprache herstellen, wo diese realiter nicht vorhanden sind. In ihrer klappernden Einsilbigkeit (her-leer, wodurch die Leere noch potenziert wird, noch-Loch, Hand-Brand) dienen sie der leichteren Memorabilität und können zugleich auf Widersprüche (Haus-hinaus) aufmerksam machen.

Mehr als bei einem Prosatext stellt sich bei einem Gedicht die Frage: Was ist neu daran? – Auch die herben Fügungen, auch die knappen, metaphernfreien Sätze, auch die Verwendung von Rotwelsch und Regionalsprache (statt des lyrischen Formelvorrats). Vor allem aber ist es Kramers bevorzugtes »Milieu«, seine Motive und Themen: das Leben der Ausgesteuerten, denen er – sein eigenes Schicksal (das eines zur Flucht gezwungenen Sozialisten und Juden) gleichsam antizipierend – Stimme gab.

THEODOR KRAMER
LIED AM BAHNDAMM

Süß das schwarze Gleis entlang
duftet die Kamille;
Mückenschwall und Vogelsang
sind verstummt, die Grille
regt allein sich schrill im Sand,
und uns beide, Hand in Hand,
überkommt die Stille.

Rote Tropfen streut der Mohn
über Hand und Stätte,
auf dem Stockgleis der Waggon
ist heut unser Bette,
wo man uns zwei schlafen läßt,
und schon hält dein Haar mich fest,
als ob's Finger hätte.

In der Tür das Blau wird satt,
Sterne schaukeln trunken;
wenn auf Spelt und Schaufelblatt
sprühen jähe Funken,
und ein Zug vorüberfährt,
bleib ich ganz dir zugekehrt,
ganz in dich versunken.

BARBARA FRISCHMUTH
FUNKEN DER VERHEISSUNG

»Lied am Bahndamm« spricht von Glückserfahrung, einer im Werk Theodor Kramers eher selten angesprochenen Gemütslage. Wie schon Bruno Kreisky im Vorwort zu seinen »Gesammelten Gedichten« schrieb, »war Theodor Kramer der Dichter der armen Menschen unserer Zeit«. Und da die Armen bekanntlich wenig Glück erfahren, und schon gar nicht in der Zeit, in der Kramer die meisten seiner Verse schrieb, nämlich zwischen Mitte der zwanziger und Mitte der fünfziger Jahre (davon auch noch siebzehn als Vertriebener in England, bis man ihn schließlich 1957 zum Sterben heimholte), entspricht die Stimmung in seiner Lyrik dem selbst erlebten Elend.
Nicht aber in diesem Gedicht, in dem die Liebenden einander so sehr im Leib und in der Seele liegen, daß sogar die Sterne trunken ins Schaukeln geraten. Nicht ins Schunkeln, das hätte Kramers Zunge nicht hergegeben. Die war zwar zur Hereinnahme englischer Wörter bereit, die in manchen seiner Sätze wie Kiesel von einem fremden Strand herumliegen; im Deutschen aber war und blieb er Österreicher. Während sich in Wien erst nach dem Krieg Verlage für ihn fanden, und auch dann selten genug, erschienen seine früheren, in Deutschland herausgegebenen Bände jeweils mit einem Glossar.
Theodor Kramer, Sohn eines Landarztes in Niederhollabrunn (das heißt aus der Provinz gebürtig), war jüdischer Herkunft und hat am Ersten Weltkrieg als junger Offizier

der k.u.k. Armee teilgenommen. Dabei wurde er verwundet, schwer genug, um zeit seines Lebens und unbedankt an den Folgen zu kränkeln. Dennoch hat er sich in einer Treue zum Österreichischen geübt wie ansonsten vor allem Joseph Roth.

Kramer hatte zugelassen, daß seine Sprache sich in einer ganz bestimmten Gegend zwischen Waldviertel und Neusiedlersee, zwischen Weinviertel, Marchfeld und Wien auf all den zu Fuß oder per Rad unternommenen Reisen bildete – und das unwiderruflich. Als eine Sprache der Gegenstände, die von ihm nur benannt, selten beschrieben und so gut wie nie kommentiert wurden. Eine eher sachliche Vorgangsweise und doch von magischer Wirkung. Das treffende Wort, das sich mit seinem Gegenstand trifft, ihn in sich aufnimmt, um mit ihm eins zu werden – auch eine Glückserfahrung, eine, die Welt zeugt.

Schon der Titel »Lied am Bahndamm« stimmt in die Landschaft des Kargen ein, so als führe bereits von der Kamille eine Duftspur zu den Ausgesteuerten, den Unterstandslosen. Aber es wird auch eine Liebesgeschichte erzählt, eine, von der man nicht mehr erfährt, als daß sie sich erfüllt hat, in einem alten Waggon, der vielleicht Jahre an dieser Stelle stehenbleiben wird. Oder auch nicht. Wer könnte das von einem Waggon so genau sagen? Und von einer Liebesgeschichte? Auch niemand. Schon gar nicht in dieser ärmlichen Gegend, die aus unscheinbarem Bahndammbewuchs, ein paar Vogellauten, dem Zirpen von Grillen und einem Abstellgleis ersteht. Das einzig Prächtige, Zukunftsweisende, Funken der Verheißung Versprühende ist ein vorüberfahrender Zug, dessen Bedeutung man nur ermißt, wenn man weiß, welche Rolle die Eisenbahner als gesellschaftliche Kraft in der ersten Republik spielten und wie viele Eisenbahnergedichte Kramer geschrieben hat.

In diesem Augenblick der Liebe jedoch interessiert nicht einmal die Eisenbahn, es sei denn als auswaggonierte, die den Liebenden ein Nachtlager gewährt, was wohl so ziemlich alles über deren soziale Befindlichkeit sagt. An diesem Punkt des Ineinander-versunken-Seins gibt es auch kein Gesicht mehr, das zu beschreiben wäre, nur noch Haar, das den anderen umfängt. Lust ist ausdruckslos, besser gesagt, sie hält die Augen geschlossen.

Kramer schrieb vierzig Jahre lang beinah jeden Tag ein Gedicht. Zu seinen Lebzeiten sind davon, wie sein Herausgeber und Nachlaßverwalter Erwin Chvojka schreibt, nur etwa 650 in Buchform und weitere 450 in Zeitungen und Anthologien veröffentlicht worden, was einen Nachlaß von an die 12000 Stück ergibt. In seinen Gedichten finden sich Zeilen, die zum Anrührendsten gehören, was deutschsprachige Lyrik zu erbringen imstande war.

THEODOR KRAMER
WENN EIN PFRÜNDNER EINMAL WEIN WILL

Wenn ein Pfründner einmal Wein will,
sucht er im Gemeindehaus
eine Harke, eine Schlinge,
und dazu noch eine Schwinge
geht er auf den Anger aus.

Wo die Erde fett und frisch ist,
gräbt er schwarz dem Maulwurf nach.
Raben krächzen in den Kolken,
leise ziehen weiße Wolken
und die Gräser gilben brach.

Alle Gänge hebt der Pfründner
gründlich aus, die Zunge dick,
faßt die samtnen bei den Fellen,
schlägt die traurigen Gesellen
mit dem Schaft in das Genick.

Mittags mißt der Armenvater
ihm den Trunk zu trübem Rausch.
Faulig schmeckt der Wein, die Krallen
rosenroter Zehenballen
wachsen zart in seinen Rausch.

GERHARD KAISER
MAULWÜRFE

Ein Armenhäusler bricht »beschwingt« auf (Schwinge ist ein Mundartwort für den Tragkorb), um sich nach Lesebuchmoral sein Vergnügen durch Arbeit zu verdienen. Er macht sich nützlich für die Gemeinde, die ihm Unterhalt gewährt, und erreicht in der Gangart fast hüpfender Verse den Anger, einen alten Ort für Spiel und Tanz. Die Erde dort ist fett und frisch von vermodertem Leben. Die gilbenden Gräser, die krächzenden Raben – Unglücksboten – machen die weiß dahinziehenden Wolken verdächtig. Die Assoziation ›Schindanger‹ stellt sich ein. Das Geschäft des Dorfarmen ist nützlicher Mord. Schwarzen Wesen nachgrabend, die seinem Zugriff nicht, wie die Raben in den Kolken, entzogen sind, ist er selber der schwarze Mann.
Ein einziges Attribut, »die Zunge dick«, macht ihn häßlich vor Tötungsanstrengung, Durst und Bedürftigkeit. Den Maulwurf dagegen, den schädlichen Wühler, der mit seinen Erdaufhäufelungen die schöne Regelmäßigkeit und Brauchbarkeit des Dorfangers stört, trifft ein melancholisch-zärtlicher Blick. Der traurige Geselle ist sanft, samten, vom Paradies her dem Menschen zur Gesellung bestimmt. Doch der wendet Nahkampfmethoden an. Das Schlimmste stellt sich als Erinnerungsinhalt dar. Im Rausch kommen dem Pfründner seine Opfer immer näher, wachsen in das getrübte Bewußtsein hinein, werden von ihm ununterscheidbar. Das wuselnde Detail der

Maulwurfskörper ist verdinglichte Innerlichkeit, ein Ineinander von Krallen, Zehen, Zartheit, rosiger Nacktheit. Es ist gegenständlich, was eines der berühmtesten Gedichte der deutschen Lyrik in der gebildeten Seelensprache der gehobenen Stände das »Labyrinth der Brust« nennt.

Die Trunkenheit ist vom Faulgeschmack des schlechten Weins durchzogen, durch Mord erkauft, von Gärung und Verwesung geschwängert. Der Mörder schmeckt den Mord an den Mitgeschöpfen als eigenen Tod. Er schmeckt ihn mit einer Sinnlichkeit, die empfindlicher ist als sein Denken. Er ist selbst Opfer einer ihn entstellenden Armut und schmählichen Abhängigkeit, die seiner Existenz das Häßlich-Maulwurfsartige anheften, das die Tiere im Gedicht gerade nicht behalten. Blind wühlt er in der Erde nach seinem bißchen Lust, das doch nur armselige Hirntrübung sein kann und damit Vorwegnahme des eigenen Sterbens.

Der Armenvater, den Lohn zumessend, ist der Repräsentant der moralischen und sozialen Ordnung. Er ist gerecht im Dienst eines Systems, das als Rechtssystem auch fragwürdiges Herrschafts- und Besitzsystem ist. Eine sehr leichte Spur schwerer Verzweiflung geht von ihm zu jenem Vater, der über dem großen Armenhaus, Welt genannt, waltet. Er mißt aus dem Paradies gefallenen Pfründnern und Mördern gnadenlos ihre Belohnung zu.

In diesem Gedicht ist keine Spur von Häme und Denunziation. Auch keine antireligiöse Polemik. Nur Schmerz. Es erneuert in unserem Jahrhundert den Blick Georg Büchners auf seinen Woyzeck. Theodor Kramer lebte von 1897 bis 1958. Das Gedicht aus seiner 1929 erschienenen

»Gaunerzinke« liegt abseits von den Leitwegen der Lyrik der Epoche – auch das wohl ein Grund, weshalb nur der kranke Lyriker, nicht sein Werk aus der englischen Emigration zurückfand. Das ähnelt der Verdrängung der großen konkreten Maler während der Alleinherrschaft der Abstrakten aller Provenienz. Eine Entdeckung nicht nur für Insider steht an. Vor kurzem erschien der dritte Band einer Ausgabe von Kramers Gedichten.

THEODOR KRAMER
WER LÄUTET DRAUSSEN AN DER TÜR?

Wer läutet draußen an der Tür,
kaum daß es sich erhellt?
Ich geh schon, Schatz. Der Bub hat nur
die Semmeln hingestellt.

Wer läutet draußen an der Tür?
Bleib nur; ich geh, mein Kind.
Es war ein Mann, der fragte an
beim Nachbar, wer wir sind.

Wer läutet draußen an der Tür?
Laß ruhig die Wanne voll.
Die Post war da; der Brief ist nicht
dabei, der kommen soll.

Wer läutet draußen an der Tür?
Leg du die Betten aus.
Der Hausbesorger war's; wir solln
am Ersten aus dem Haus.

Wer läutet draußen an der Tür?
Die Fuchsien blühn so nah.
Pack, Liebste, mir mein Waschzeug ein
und wein nicht; sie sind da.

KURT KLINGER
DER LANGSAME TOD DER FREIHEIT

Die Freiheit eines Landes erlischt nicht über Nacht. Als Hitler sich am 15. März 1938 auf dem Heldenplatz in Wien von hysterischen Massen feiern ließ, hatte er das kleine Land zwar geschluckt, aber nicht verdaut. Das System brauchte Zeit, seine Totalität zu entfalten, den Umsturz der Verhältnisse in alle Landstriche, in jedes Haus, in die entlegensten Bezirke zu tragen. Das Netz hatte Lücken, es gab noch Fluchtwege frei. Zugleich festigte es sich bis zur Kristallnacht mit jeder Verfügung, lähmend und Angst verbreitend, rücksichtslos entschlossen, die Diktatur alltäglich zu machen.

Diese Monate der ausbrennenden Hoffnung sind im Gedicht Theodor Kramers »Wer läutet draußen an der Tür?« bedrückend gegenwärtig geblieben. Die Verse setzen sich im Gehör und im Herzen fest wie ein Volkslied, freilich wie eines, das nicht ins trällernde Repertoire unserer Heimatchöre paßt. Absichtslos ist der Volkston nicht. Die Nazis liebten die naiven Lieder, sie sangen sie mit Inbrunst, ohne zu fühlen, daß sie in ihrem Mund den Sinn veränderten. So muß Theodor Kramer das haarsträubend muntere »Horch, was kommt von draußen rein ...« als höhnischen Kontrast zur Lage des bedrohten Menschen empfunden haben, der beten mußte, daß die Schritte vor der Tür nicht haltmachten. »Geht vorbei und schaut nicht rein. Wird's wohl nicht gewesen sein.« Wer? Das Abholkommando? Wer auch immer – wer zu den Aussätzigen dieser Zeit ging, kam nicht in freundlicher Absicht, wenn er vorbeiging, kam er bestimmt zurück, und nicht allein.

Zunächst ist scheinbar alles noch in guter Ordnung. Nichts Dramatisches geschieht, als wäre man von der Macht gegen alle Wahrscheinlichkeit übersehen worden. Es klingelt, man fährt zusammen: es ist nur wie alle Tage der Junge mit dem frischen Brot. Dann erkundigt sich jemand, droht, stellt listige Fragen – Verdachtsmomente verknüpfen sich zum Beweis. Die Folge ist, daß der Brief, der alles wenden könnte, die Ausreisegenehmigung vielleicht oder die Bürgschaft von Freunden in Übersee, nicht eintrifft. Auch ein anderer Brief, der zu erwarten war, fehlt in der Post: die Vorladung unter harmlosem Vorwand, der man Folge leistet, um nicht mehr zurückzukommen. Die Knoten schürzen sich auch ohne ihn: Delogierung, Seelenmord genau nach gesetzlicher Kündigungsfrist, Deportierung, der Griff nach dem Leben, eines nach dem anderen ohne Übereilung. So einfach ist das.

Zwei Menschen teilen die Todesgefahr ohne Herumgerede, ohne Klage, ohne schwach zu werden, ohne irgendein Aufflackern von Egoismus oder Untreue. Entscheidend sind die Pausen zwischen den Strophen, immer knapper werdende Atem-Pausen. Die Verfolger bereiten eine neue Verschärfung, ein neues Druckmittel vor, die Opfer stellen sich darauf ein und antworten mit wachsender Gefaßtheit. Wenn es das letzte Mal an der Tür klingelt, ist der Mann bereit. Sein innerer Widerstand wird nicht zu brechen sein.

Kramer wußte, was ihm in einem »entjudeten« Wien bevorstand. Trotzdem zögerte er die Emigration bis zur letzten Minute hinaus. Keinem österreichischen Dichter scheint es damals so schwergefallen zu sein, sich loszureißen. Vielleicht hat Kramer dieses Gedicht als Warnung an sich selbst geschrieben, vielleicht hat es ihn besser als die Bitten seiner Freunde überredet, sich in Sicherheit zu bringen. Ihm könnte sein Volkslied vom langsamen Tod der Freiheit zu einem lebensrettenden Gedicht geworden sein. Wenn es heute den Dichter vor dem Vergessenwerden, uns vor der Vergeßlichkeit rettet, schenkt es die beste Hilfe, die Verse leisten können.

ALEXANDER LERNET-HOLENIA
DIE BILDER

Du über dem Spieltisch, über den silbernen
Leuchtern; du Halbversteckter im Schatten des
Vorhangs; du
Schöne, nahe der Uhr; du im weißen
Rocke! Herkunft und Ursprung! Verwandte! Ihr meines
Vaters
Väter, ihr Männer der Mütter! Ihr Hundert(und mehr)-
jähr'ge als Jünglinge, ihr um Jahrhunderte älter als Alte!
Bin ich denn wirklich, was ihr einst wart? Seid denn ihr,
was
ich bin, gewesen? Ich zwar, ich such' euch
noch mit den Blicken, mich selbst such ich in euch. Aber
ihr, auf
wen denn blickt ihr im Saale umher? Nicht auf mich.
Ach, vorbei
seid ihr und blickt mir vorüber. Näher als ich bin, der
Garten
ist's euch, auf welchen ihr blickt, wenn er im Mittag
ertönt.
Näher als ihr ist der Atem des Tags mir, ist mir der
Himmel,
ist mir der Schatten des Lichts, das flüsternde Laub und
der Ruf ist
eines Vogels mir näher, die Wiese beinahe mir Herkunft,
Herkunft ist mir das Weh'n, das den Garten bewegt.
All die Wurzeln des Grases, sie sind mir Ursprung, des
Bodens

Feuchte, der Sommerregen, die Blüte des Schneeballs,
all die zögernde Zeit des Lebens, alle die Stunden,
die erst, wenn man nicht mehr glaubt, sie vergingen,
vergehn ...

HILDE SPIEL
HERKUNFT UND URSPRUNG

Man hört ihn heraus, den Ton, man sieht sie vor sich, die wechselnd langen, hinübergezogenen Zeilen, die Alexander Lernet-Holenia von seinem großen Vorbild übernahm. Wie er sich in der Prosa, deren Bogen sich von der profunden Reflexion bis zur seichten Romanze spannt, an Kleist geschult hat, so in der Lyrik als junger Mann an Rilke, dann nur noch an Hölderlin. Aber ist nicht für den, der in seinen Versen nach erhabener Form strebt, nach antikischer Entrückung, Hölderlin die höchste Stufe, die letzte Mündung, die man erreichen kann?

So klingt Lernet-Holenias Gedicht »Die Bilder«, enthalten in dem Band »Die Trophäe«, etwa an jene zweite Fassung des »Mnemosyne« an, in der es heißt: »Und es tönet das Blatt und Eichbäume wehn dann neben / Den Firnen. Denn nicht vermögen / Die Himmlischen alles. Nämlich es reichen / Die Sterblichen eh an den Abgrund. Also wendet es sich, das Echo / Mit diesen.« Nicht anders spricht Alexander Lernet-Holenia vom »flüsternden Laub« und dem »Weh'n, das den Garten bewegt«, nicht anders stockt er am Ende einer Zeile unvermittelt im Satz, um ihn erst im nächsten Atemzug zu beenden: »und der Ruf ist / eines Vogels mir näher«. Gewiß aber hat er nicht diese oder jene Stelle Hölderlins nachempfunden, sondern sich die ganze Welt dessen lyrischer Sprache zu eigen gemacht.

Er schrieb diese Verse in einer bewegten Zeit, vermutlich nicht lange vor oder nach dem Ende des Krieges. Dennoch zeugen sie von der Distanz, in der Lernet-Holenia zu seiner Gegenwart stand. Er war großjährig geworden, als die Habsburgermonarchie zerfiel. Danach blieb er der Vergangenheit zugewandt, spürte ihr nach und denen, die vor ihm gewesen waren, suchte gleich Hamlet »beständig mit gesenkten Wimpern nach seinem edlen Vater in dem Staub«. Sein Vater war das österreichische Kaiserreich, das vor seinen Augen mit blutigen Bannern und geborstenen Emblemen in den Staub gesunken war, und dies um so mehr, als sein wirklicher Vater im Zwielicht lag – entweder der Marineleutnant Lernet war, der am Tage der Hochzeit seine Frau und den ungeborenen Sohn verlassen hatte, oder ein geheimnisumwitterter Fremder, dessen Identität sich ihm niemals mit Gewißheit erschloß.

Herkunft und Ursprung: nichts anderes hat ihn zeitlebens bewegt, kein Thema ihn so gefangengehalten wie das seines Ausgangs, des Erbes seiner Altvordern im eigenen Geist und Leib. In seinem Landhaus wie in den hohen und verwitterten Räumen seiner Stadtwohnung in der Hofburg war er umgeben von Ahnenbildern, und immer hängen sie dort noch an den Wänden, von denen er in diesen Versen spricht. Die »Schöne nahe der Uhr«, eine Dame mit weißgepuderter Frisur und zobelverbrämter Robe. Der »Halbversteckte im Schatten des Vorhangs«: ein Husar im pflaumenfarbigen Waffenkleid. Sie sind alle Vorfahren der Mutter, die – wie Rilke es sich nur wünschte – mit dem gesamten kärntnerischen Adel verwandt und verschwägert war. Nur der »im weißen Rocke« ist ein Lernetscher Stammherr, doch ebensowenig wie die mütterlichen Holenias blickt er den zweifelhaften Nachkommen an.

In diesem Gedicht ist Lernet-Holenias ganze vergebliche Sehnsucht nach den Ahnen enthalten, sein Schmerz über ihre Verweigerung und sein Trotz, der ihn die wahre Herkunft im Wind, den wahren Ursprung in den Wurzeln des Grases, der Feuchte des Bodens suchen läßt. In den zwei letzten Zeilen aber hat er prophetisch sein eigenes Ende vorweggenommen, das ihn nach vielen Jahrzehnten eines gleichförmigen, zögernd vergehenden Lebens plötzlich mit aller Schnelle aus dem Dasein riß.

ALEXANDER LERNET-HOLENIA
LINOS

Sind die Worte nicht zahllos, und was du im Haupte getragen,
war es nicht eine Welt, die du gerühmt und beklagt?
Nur was du wirklich gemeint hast, hast du nicht sagen
können! Und nichts ist gesagt.

Tust du nicht zahllose Dinge? Nur was du am meisten,
was du seit jeher gewollt, denn es hätte daran
alles gehangen, den wirklichen Auftrag hast du nicht leisten
können! Und nichts ist getan.

ARMIN AYREN
KUNST DER BAULEUTE

Linos, so Alexander Lernet-Holenia, sei der erste Dichter gewesen, von dem wir wissen. Er hätte sich demnach alles, was ein Gedicht formal zum Gedicht macht, Vers und Strophe, Metrum und Rhythmus, erst schaffen müssen. Auch Lernet-Holenia, der sich viel mit antiken Versmaßen beschäftigte, hat sich für dieses Gedicht eine eigene, ungewöhnliche Form geschaffen. Jede Strophe besteht aus zwei Distichen, doch ist das zweite Distichon jeweils stark verkürzt, und vollends auffallend sind bei solchen Versen Reim und Strophe.

Dieses Bemühen um eine möglichst kunstvolle, nicht Zusammengehöriges doch zusammenzwingende Form, die gleichwohl in den abgebrochenen Distichen wieder zerstört wird, entspricht dem Inhalt: Eine ganze Welt hat der Dichter im Haupte getragen, das absolut Vollkommene, das Eigentliche hat er sagen wollen, aber er ist daran gescheitert. Es macht die Spannung und wohl auch die besondere Schönheit des Gedichts aus, daß diese Form, die des Dichters Versagen ausdrücken soll, gerade nicht unvollkommen wirkt, sondern vollkommen. Lernet-Holenia hat, nach Expressionismus und Dada, zu zeigen gewagt, daß man nicht stammeln, nicht die Sprache zerstören muß, um Scheitern und Verzweiflung zum Inhalt eines Gedichts zu machen.

Linos hat also, wie nach ihm bis zu Hofmannsthals Lord Chandos so viele, die Ohnmacht der Worte erfahren. Daß er nicht verstummt, sondern eben dieser Ohnmacht so überzeugend Sprache verleiht – ist dies Goethes »... gab mir ein Gott zu sagen, was ich leide«? Danach sieht es zunächst nicht aus, sondern eher nach der Versuchung Fausts, an die Stelle des Worts die Tat zu setzen. Schluß mit unnützer Kunst; handeln statt reden. Aber dem steht nicht nur die Erfahrung entgegen, daß auch unser Tun immer Stückwerk bleiben muß. Linos ist Dichter, für ihn sind Sprechen und Handeln dasselbe, seine Flucht führt im Kreis herum; und die Versuchung, dieser Erkenntnis auszuweichen, muß ihn notwendig zum Ausgangspunkt zurückbringen.

Die zweite Strophe kann auch anders gelesen werden. Sie ist dann keine Wiederholung der ersten, sondern Ausweitung vom Privaten ins Allgemeine. Die Anrede »du«, in der ersten Strophe vom Dichter an sich selbst gerichtet, wendet sich nunmehr auch an den Leser, der vielleicht nicht rühmt und klagt wie Linos, aber auch immerzu zahllose Dinge tut und darüber das Eigentliche nicht leistet. So läuft es doch wohl auf Goethes Lösung hinaus: Bewältige den Schmerz, indem du ihn aussprichst. Bändige ihn durch die gebändigte Form. Linos stößt an die Grenze, die ihm wie uns allen gesetzt ist, und findet sich damit nicht ab. Aber wenn er auch das Nichtsagbare nicht sagen kann, so kann er doch sagen, daß er's nicht kann. Daß und wie er das kann – das ist schon viel. Es ist die Widerlegung seiner Klage: »Und nichts ist gesagt.«

Dieses Gedicht enthält, kaum verschlüsselt, die wahrscheinlich bitterste Erfahrung eines Autors, der zeitlebens darunter litt, daß man ihn wegen seiner Romane schätzte, an denen ihm wenig lag, nicht aber wegen seiner Gedichte. Er hat selbst zugegeben, daß er Kitsch produziert hat, leichte Ware für den Tag, und nie begreifen können, daß man ihm daraus in der wertenden Literaturkritik einen Strick drehte und seine Lyrik, die sich früh von Rilke-Nachahmung löste und einen eigenen, absoluten Rang erreichte, nicht mehr zur Kenntnis nahm, daß niemand sah, wie ihm in diesem und einigen anderen lyrischen Versuchen »das Höchste, das Gedicht, gelungen« war (Hölderlin). So verzweifelte er schließlich am Wert seiner Lyrik, schrieb Romane und tat zahllose andere Dinge, glaubte den wirklichen Auftrag nicht leisten zu können, weil ihm niemand sagte: Doch, du kannst.

Dieser durch die falschen Bücher bekannt gewordene und seitdem stets falsch bewertete Dichter ist als Lyriker noch zu entdecken. Vielleicht können seine Gedichte auch lehren, daß die Befreiung des modernen Gedichts von der überlieferten Form nicht unbedingt in jedem Fall ein Fortschritt gewesen ist. Ein Gedicht wie »Linos« ist nicht epigonal, denn es ahmt nicht schon Erreichtes nach, sondern spricht vom Unerreichbaren und nähert sich ihm so weit wie möglich. Aber auch wer den Turm zu Babel baut, kann nicht auf die Kunst der Bauleute verzichten.

BERTOLT BRECHT
ALS ICH IN WEISSEM KRANKENZIMMER DER CHARITÉ

Als ich in weißem Krankenzimmer der Charité
Aufwachte gegen Morgen zu
Und die Amsel hörte, wußte ich
Es besser. Schon seit geraumer Zeit
Hatte ich keine Todesfurcht mehr. Da ja nichts
Mir je fehlen kann, vorausgesetzt
Ich selber fehle. Jetzt
Gelang es mir, mich zu freuen
Alles Amselgesangs nach mir auch.

MICHAEL HAMBURGER
DIE LETZTE SACHLICHKEIT

Dieses späte Gedicht von Brecht zu seinem eigenen Tod springt keineswegs aus dem Rahmen seines lyrischen Gesamtwerks. Die Stimmung ist scheinbar kühl, die Aussage schlicht und scheinbar eindeutig, der Rhythmus – wie meistens im Spätwerk – fast ein Prosarhythmus, die wenigen Bilder dienen der Information, nicht der Steigerung eines Gefühls oder der Erweckung eines Gefühls im Leser durch Rhetorik.

Auch darin, daß man dieses Gedicht als Erlebnislyrik oder als Lehrgedicht lesen kann, unterscheidet es sich nicht von vielen anderen Gedichten Brechts. Jahrzehnte lang hatte er sich bemüht, das Private und Individuelle weder auszuschließen noch zu verdrängen, seine persönlichen Bedürfnisse und Vergnügungen an den gesellschaftlichen Zielen zu messen, denen sein Engagement galt; aber auch umgekehrt, in einer fortwährenden Dialektik.

Selbst daß es zuletzt der Amselgesang war, um den es Brecht ging, kann nur jemanden erstaunen, der noch nicht gemerkt hat, wie schwer es Brecht immer gefallen war, kein »Naturlyriker« zu sein, also keine Gespräche über Bäume in Gedichten zu führen, wenn es um dringendere Angelegenheiten ging. Angesichts des eigenen Todes ging es aber Brecht nicht um dringendere Angelegenheiten. Diesen Tod als gesellschaftliches, kollektives Ereignis zu behandeln, wäre auch unbescheiden gewesen.

Brecht konnte anmaßend oder arrogant sein, ganz besonders in Fragen der Freiheit und Autorität der Intellektuellen (wie in dem viel früheren Gedicht »Ich benötige keinen Grabstein«). Das gehörte zu seinem Engagement, nicht zu seinem Selbstbewußtsein. Durch die Jahrzehnte währende Bemühung, dem subjektiven Gefühl nicht unbedingt der Gesellschaft gegenüber recht zu geben, wie es in der Romantik und Nachromantik üblich geworden war, hatte Brecht sich angewöhnt, auch das private Ich wie jeden anderen Gegenstand in Gedichten darzustellen als etwas, das zu seiner Erfahrung und seinem Wissen gehörte. Ein solches Verfahren beruht auf Bescheidenheit – auf der Bescheidenheit solcher, die gelernt haben, ihre Einzigartigkeit nicht zu überschätzen.

Zuletzt, angesichts des eigenen Todes, geht es Brecht um den Verlust seiner Vergnügungen. Die höchste dieser Vergnügungen ist die Beziehung zur Umwelt; jetzt aber nicht mehr zur menschlichen Umwelt, sondern zu jener, die alle gesellschaftlichen Systeme überdauert hat. Also Amselgesang. Zuletzt wird auch noch diese private Vergnügung den anderen überlassen (oder auch vermacht). Ein Rückfall in die Naturromantik oder gar in die Transzendenz? Ich glaube, nicht. Der Amselgesang, den man selbst in manchen Großstädten hört, ist ja nicht weniger wirklich als das weiße Krankenzimmer in der Charité.

Wenn das Gedicht etwas in Frage stellt oder transzendiert, ist es die Subjektivität, die zum Solipsismus neigt, die aber ohnehin durch den Tod aufgehoben wird. Ganz sachlich, auf materialistischer Basis, streift Brecht den Rest Subjektivität ab, der ihn daran hindern würde, sich noch angesichts des Todes zu freuen. Daß dieses letzte Bedürfnis, diese letzte Vergnügung, selbstlos sein muß, liegt in der Natur der Dinge. Damit hat Brecht auch eine begründete Subjektivität von einer falschen unterschieden, also noch ein Lehrgedicht geschrieben.

BERTOLT BRECHT
AN DEN SCHWANKENDEN

Du sagst:
Es steht schlecht um unsere Sache.
Die Finsternis nimmt zu. Die Kräfte nehmen ab.
Jetzt, nachdem wir so viele Jahre gearbeitet haben
Sind wir in schwierigerer Lage als am Anfang.

Der Feind aber steht stärker da denn jemals.
Seine Kräfte scheinen gewachsen. Er hat ein unbesiegliches Aussehen angenommen.
Wir haben Fehler gemacht, es ist nicht zu leugnen.
Unsere Zahl schwindet hin.
Unsere Parolen sind in Unordnung. Einen Teil unserer Wörter
Hat der Feind verdreht bis zur Unkenntlichkeit.

Was ist jetzt falsch von dem, was wir gesagt haben
Einiges oder alles?
Auf wen rechnen wir noch? Sind wir Übriggebliebene, herausgeschleudert
Aus dem lebendigen Fluß? Werden wir zurückbleiben
Keinen mehr verstehend und von keinem verstanden?

Müssen wir Glück haben?

So fragst du. Erwarte
Keine andere Antwort als die deine!

JOST HERMAND
EINE NEUE LESART

Als ich selber aufhörte, Gedichte zu schreiben (so um die 21 herum), habe ich von Gedichten nicht mehr viel gehalten. Ein solches Abrücken von der Welt der Rhythmen und Reime schien mir damals eine »gereiftere« Haltung zu verbürgen. War nicht angesichts der Dringlichkeit bestimmter politischer und gesellschaftlicher Probleme ein in Verse gebrachtes »holdes Ungefähr« von vornherein etwas höchst Unwichtiges, ja geradezu Sentimentales? Doch schon kurze Zeit später erkannte ich, daß diese Aversion gegen Gereimtes nur daher rührte, weil man mich auf der Schule und Universität vornehmlich mit ominöser Lyrik, aber nicht mit wirklichen Gedichten trätiert hatte. Und diesen neuen Maßstab setzten – wie für manche meiner Freunde – um 1955 die »Hundert Gedichte« Brechts.
Diese Gedichte – spruchhafte balladeske, parabelhafte – enthielten Verse, die man ernst nehmen konnte, die zur Sache sprachen. (Daß sie auch andere Reize – sinnliche, ästhetische, metaphorische – aufwiesen, sollte ich erst später entdecken.) Es waren daher nicht die frühen Gedichte Brechts, die mich zuerst anzogen, sondern eher die mittleren und späten, die mit den »kärglich reinen Worten«, den »sorgsam gewählten Gesten« und den »reimlosen, unregelmäßigen Rhythmen« – also Gedichte, die in meiner Jugend gar nicht als »Gedichte« gegolten hätten. Sie forderten nicht einfach zum Einfühlen, zum emotionalen Mitschwimmen oder zumindest Angemutetsein auf (wie ich

damals dachte); sie mußte man sehr sorgfältig – fast buchstabierend – lesen.
Eins dieser Gedichte, das mich zu jener Zeit (und auch später noch) besonders beeindruckte, war das Exil-Gedicht »An den Schwankenden« aus der Mitte der dreißiger Jahre. Damals (gegen Ende der Fünfziger) las ich dieses Gedicht selbstverständlich noch historisch, das heißt nicht auf meine Erfahrung bezogen, sondern als etwas im guten Sinne Objektiviertes, aus der Zeit der Nazi-Barbarei Stammendes. Damals sah ich darin ein moralisch motiviertes Memento, nämlich auch in Zeiten des allgemeinen Rückgangs bei der »dritten Sache« auszuharren und sich nicht einfach vom dreckig-braunen »Fluß der Dinge« mitreißen zu lassen. Damals hatte also das Ganze für mich noch den Charakter des Vorbildlichen, wenn auch höchst Abstrakt-Vorbildlichen. Damals erschien mir dieses Gedicht wie eine Hommage an jenen großen Einzelnen, jenen Lehrer, Dichter oder gar Sehenden, der selbst in Zeiten der »Großen Unordnung« stets die richtige, von seinem eigenen untrüglichen Gewissen diktierte Antwort weiß.
Heute dagegen – im Lichte unserer/meiner Erfahrungen der letzten fünfzehn Jahre – liest sich dieses Gedicht natürlich anders. Heute verstehe ich die Schlußzeilen »Erwarte / Keine andere Antwort als die deine!« plötzlich genau umgekehrt. Heute nämlich frage ich mich immer weniger, was denn »meine« Antwort auf bestimmte politische Fragen, sondern was die »richtige«, weil kollektive Antwort auf solche Fragen wäre. Heute sagt mir die Erfahrung, daß es nur Fragen wie die nach dem »Glück« oder dem »lebendigen Fluß« einer Bewegung, also falsch gestellte Fragen sind, die sich noch subjektiv (oder religiös) beantworten

lassen. Heute weiß ich, daß es in Zeiten der allgemeinen Orientierungslosigkeit vor allem, wenn nicht ausschließlich auf jene Antworten ankommt, die bis zu den Grundwidersprüchen unseres Zeitalters herabreichen. Heute glaube ich, Brecht besser verstanden zu haben.

BERTOLT BRECHT
AUF EINEN CHINESISCHEN THEEWURZELLÖWEN

Die Schlechten fürchten deine Klaue.
Die Guten freuen sich deiner Grazie.
Derlei
Hörte ich gern
Von meinem Vers.

WULF SEGEBRECHT
SIND LYRIKFREUNDE BESSERE MENSCHEN?

Wer fürchtet sich vor Bertolt Brecht? Früher mag das ja mal vorgekommen sein, hier und da, aber heute? Heute gibt es allenfalls ein paar Unentwegte, die seine Verse immer noch mögen und sich, nach wie vor, ihrer »Grazie« freuen; Brechts »Klaue« aber ängstigt heutzutage im Ernst niemanden mehr, sie hat, wie es scheint, ihre Gefährlichkeit verloren. Demnach müßten (folgt man dem Wortlaut des Gedichts) die »Schlechten«, die seinerzeit offenbar allen Grund hatten, die »Klaue« der Poesie Brechts zu fürchten, inzwischen ganz und gar ausgestorben und nur die »Guten« übriggeblieben sein, die sich an der »Grazie« seiner Gedichte freuen. Ist es so? Das wäre denn doch zu schön, um wahr zu sein.
Es ist ein Programmgedicht: An exponierter Stelle, auf Mittelachse gesetzt, konnte man es auf der Schutzumschlag-Rückseite des von Brechts Freunden Wieland Herzfeld und dessen Bruder John Heartfield gestalteten Bandes der »Hundert Gedichte« lesen, mit denen der Dichter 1951 zum ersten Mal seit der »Hauspostille« (1927) in Deutschland (genauer: in der DDR) wieder als Lyriker vorgestellt wurde. Dort findet sich auch die Anmerkung, die darüber aufklärt, was es mit dem »Theewurzellöwen« auf sich hat: »Figur aus Wurzeln des Theestrauches, im alten China als Glückstier betrachtet und um so höher bewertet, je weniger Schnitzarbeit sie aufwies.« Und die Vorderseite des Umschlags zeigt eine Fotografie

dieser Wurzel: Ein struppiges, vierbeiniges Wesen mit deutlich erkennbaren Krallen an den Füßen, mit glühendem Auge und hochgestelltem, staksigem Schweif tritt dem Leser da entgegen, halb tapsig, halb bedrohlich.
Der so beschriebene und im Bild vorgezeigte »Theewurzellöwe« besitzt sicher Eigenschaften, die Brecht seinem Vers nur wünschen konnte. Er war im besten Fall ein Naturprodukt mit Kunstcharakter: So natürlich, daß ihm die Spuren seiner kunstvollen Bearbeitung nicht anzusehen waren, und so artifiziell, daß man es für vollkommen natürlich halten mußte. Eine solche Übereinstimmung von Natur und Kunst hielt Brecht als Lyriker wohl für erstrebenswert: »Derlei / Hörte ich gern / Von meinem Vers.«
Hat Brecht das jemals zu hören bekommen? Hat er, wenigstens gelegentlich, jene schöne Übereinstimmung von Natur und Kunst erreicht, die den »Theewurzellöwen« im alten China auszeichnete und der er seine erstaunliche Wirkungskraft, die Verbreitung von Furcht und Freude, verdankte? In den »Hundert Gedichten« selbst steht das Gedicht im »Exil«-Kapitel, obwohl es allem Anschein nach erst nach der Rückkehr Brechts aus dem Exil, vermutlich sogar eigens für diesen Band geschrieben wurde. Versteht man das Exil Brechts als seine »antifaschistische Kampfzeit«, so ließe sich das Gedicht als eine Erinnerung an die Zeit lesen, in der seine Verse tatsächlich als gefährliche, nämlich die Nazis entlarvende, und als erfreuliche, nämlich die Nazi-Gegner ermutigende Botschaften galten.
Doch: Wer las damals schon Gedichte Brechts? Wer konnte sie lesen, da sie kaum gedruckt wurden? Und: Können Kampfgedichte überhaupt jene Harmonie von

Natur und Kunst erreichen, die den »Theewurzellöwen« auszeichnet? Verzerrt nicht auch, um mit Brecht zu sprechen, der Haß auf die Niedrigkeit die Züge?
Wie gern würden die Freunde des Lyrikers Brecht ihm bescheinigen, was er selbst gern gehört hätte. Doch sie haben begründete Zweifel daran, daß Verse überhaupt solche Wirkungen zeigen können. Läßt sich etwa an ihren Folgen ablesen, wer böse und wer gut ist? Was kümmert die »Schlechten« schon die Poesie! Und sind, andererseits, Lyrikfreunde vielleicht bessere Menschen? Wer wollte das wirklich glauben! Brecht selbst kann das nicht geglaubt haben, und er konnte nicht erwarten, es je zu hören. Aber das schließt weder für ihn noch für seine Leser aus, einen solchen Zustand trotzdem für wünschenswert zu halten, auch wenn sie zugeben müssen, daß die Lyrik nicht das geeignete Mittel ist, ihn herbeizuführen. Denn die Guten und die Schlechten gibt es nun einmal, unabhängig von aller Poesie.
Es ist ein schlichtes, aber äußerst raffiniertes, dialektisches Gedicht. Es geht aus von der Beschreibung der Wirkungen eines naturähnlichen (nicht naturgleichen) Gegenstands und stellt dann fest, daß es der Lyrik versagt ist, solche gleichsam natürlichen Wirkungen zu haben. Das führt zu der Folgerung, daß dann wenigstens ein solcher Zustand imaginiert werden kann, in dem solche Wirkungen eintreten. Das Gedicht, das diesen utopischen Zustand, in dem Lyrik konkrete Wirkungen haben kann, als nicht vorhanden und auch nicht durch sich selbst erreichbar voraussetzt, ist dennoch damit beschäftigt, diese schöne Vorstellung am Leben zu erhalten. Indem es seine eigene Wirkungslosigkeit formuliert, wirkt es daran mit, sie aufzuheben.

BERTOLT BRECHT
DAS LIED VON DER MOLDAU

Am Grunde der Moldau wandern die Steine
Es liegen drei Kaiser begraben in Prag.
Das Große bleibt groß nicht und klein nicht das Kleine.
Die Nacht hat zwölf Stunden, dann kommt schon der Tag.

Es wechseln die Zeiten. Die riesigen Pläne
Der Mächtigen kommen am Ende zum Halt.
Und gehn sie einher auch wie blutige Hähne
Es wechseln die Zeiten, da hilft kein Gewalt.

Am Grunde der Moldau wandern die Steine
Es liegen drei Kaiser begraben in Prag.
Das Große bleibt groß nicht und klein nicht das Kleine.
Die Nacht hat zwölf Stunden, dann kommt schon der Tag.

ELISABETH BORCHERS
EIN TROSTLIED, EIN WIEGENLIED

Es ist das Lied der Frau Kopecka, der Wirtin des Wirtshauses »Zum Kelch« in Prag aus dem Stück »Schweyk im Zweiten Weltkrieg«. Wie die Seeräuber-Jenny, als sie ihren kleinen persönlichen rachegelüstenden Traum hatte, singt Frau Kopecka »Das Lied von der Moldau« und spült ihre Gläser dazu.

Wie ein Wiegenlied hebt es an: einfach, still, behutsam. Es fließt, es bewegt sich. Auch die Bewegung der Steine ist einfach, still, behutsam. Sie wandern. Da ist nichts Eiliges, was zur Zeit ankommen muß. Als hätte Brecht gewußt, daß nirgendwo sonst auf der Welt die Steine so wandern können wie hier, daß nirgendwo sonst sich ein Name finden läßt, so weich, so vergessen wie dieses Mol, dieses dau.

Beides, das Fließen und Bleiben des Wassers und der Steine, die die Strömung fortbewegt, ist ohne Ende und Ziel und ohne Bedeutung für die abertausendjährige Geschichte eines Flusses. Ein kleiner beunruhigender Schauder kommt hinzu, denn die Steine sind nicht zu sehen, man muß es schon glauben, daß es sie gibt. Sie wandern dort, wo die Dunkelheit am tiefsten ist. Und tief im Dunkeln sind sie ein Rest; wie die Kaiser, die tief im Dunkeln begraben liegen, seit Jahrhunderten nur noch ein Rest sind von etwas, das einmal groß und mächtig war und dann verging.

Wie kein anderer in der Geschichte des Gedichts – es sei

denn, man hörte auf die Sprache, die das Volk dichtete und sang – erfaßt Brecht Vorgänge mit einem kaum wahrzunehmenden Aufwand der Sprache. Wie hier das dialektische Bild der fortdauernden Vergänglichkeit oder der vergänglichen Dauer. Unerträglich ist die Dauer für die, die in Not geraten sind und auf Veränderung warten – denn ewig wandern schon die Steine, fließt der Fluß, ruhen die Kaiser.

Doch dann, in der dritten Zeile der ersten Strophe, macht Brecht diesem Ewigkeitsgedanken ein Ende und zeigt: die Steine und die Kaiser sind gerade der Beweis dafür, daß nichts Bestand hat. Das Große bleibt nicht groß. Also bleibt auch das Kleine nicht klein. Und, als rechnete Brecht angesichts solcher Logik mit der Kleingläubigkeit der Betroffenen und mit ihrer Ungeduld, tritt er nicht nur den Beweis für diese Behauptung an, er rafft auch die Zeit dieses unmenschlichen, von keinem menschlichen Hirn auszuhaltenden Prozesses eines sich unendlich langsam hinziehenden Vergehens mit kleiner atemberaubender Geste zusammen: »Die Nacht hat zwölf Stunden, dann kommt schon der Tag.«

Wie in allen seinen Werken, so denkt Brecht auch hier historisch und betont »das Moment des Werdens und Vergehens«: »Es wechseln die Zeiten.« Mit dieser Feststellung beginnt die erste Zeile der zweiten Strophe. »Die riesigen Pläne / Der Mächtigen kommen am Ende zum Halt.« Brecht wird nun deutlicher, doch nicht allzu deutlich. Es ist Krieg, die deutschen Truppen haben Prag und nicht nur Prag besetzt. Vertreter des tausendjährigen Reichs kommen und gehen im Wirtshaus »Zum Kelch«. Frau Kopecka sieht und hört, daß die Mächtigen »wie blutige Hähne« einhergehen, ohne Verstand, wie im Rausch.

Aber es hilft nichts, das Lied gibt es ihr ein: »Es wechseln die Zeiten, da hilft kein Gewalt.« Die Geschichte hat es bewiesen, und sie wird es auch diesmal wieder beweisen, Gewalt hilft da nicht, und mögen auch noch so viele untergehen, Menschen wie Städte. Erst muß die Nacht vorbei sein, »dann kommt schon der Tag«. Und nach Art des Volksliedes kehrt das Lied zum Anfang zurück, wiederholt die erste der drei Strophen.

Das »Lied von der Moldau« hat nicht seinesgleichen – es macht geborgen wie ein Wiegenlied, es ist ermutigend wie ein Trostlied, es ist verständlich wie die einfachen großen Gefühle.

BERTOLT BRECHT
DAS SCHIFF

1
Durch die klaren Wasser schwimmend vieler Meere
Löst ich schaukelnd mich von Ziel und Schwere
Mit den Haien ziehend unter rotem Mond.
Seit mein Holz fault und die Segel schlissen
Seit die Seile modern, die am Strand mich rissen
Ist entfernter mir und bleicher auch mein Horizont.

2
Und seit jener hinblich und mich diesen
Wassern die entfernten Himmel ließen
Fühl ich tief, daß ich vergehen soll.
Seit ich wußte, ohne mich zu wehren
Daß ich untergehen soll in diesen Meeren
Ließ ich mich den Wassern ohne Groll.

3
Und die Wasser kamen, und sie schwemmten
Viele Tiere in mich, und in fremden
Wänden freundeten sich Tier und Tier.
Einst fiel Himmel durch die morsche Decke
Und sie kannten sich in jeder Ecke
Und die Haie blieben gut in mir.

4
Und im vierten Monde schwammen Algen
In mein Holz und grünten in den Balken:

Mein Gesicht ward anders noch einmal.
Grün und wehend in den Eingeweiden
Fuhr ich langsam, ohne viel zu leiden
Schwer mit Mond und Pflanze, Hai und Wal.

5
Möw' und Algen war ich Ruhestätte
Schuldlos immer, daß ich sie nicht rette.
Wenn ich sinke, bin ich schwer und voll.
Jetzt, im achten Monde, rinnen Wasser
Häufiger in mich. Mein Gesicht wird blasser.
Und ich bitte, daß es enden soll.

6
Fremde Fischer sagten aus: sie sahen
Etwas nahen, das verschwamm beim Nahen.
Eine Insel? Ein verkommnes Floß?
Etwas fuhr, schimmernd von Möwenkoten
Voll von Alge, Wasser, Mond und Totem
Stumm und dick auf den erbleichten Himmel los.

SIEGFRIED MELCHINGER
SPRACHE IM ÜBERFLUSS

Vielleicht ist er damals, als das Gedicht entstand, ich denke um 1924, noch nie auf einem Schiff gefahren, sicherlich nicht auf den Meeren, deren größtes er dann auf der Flucht überqueren sollte, »öfter als die Schuhe die Länder wechselnd«, und doch wußte er alles darüber, er hatte »Das trunkene Schiff« gelesen. Vielleicht ist das Ganze ein Plagiat, und ein Dissertant findet eines Tages die »Quelle«; 1924 – das war die Zeit, als er die erste Schwierigkeit mit seiner »bekannten Laxheit in Fragen des geistigen Eigentums« hatte, lange bevor Kerr die Villon-Verse in der »Dreigroschenoper« entdeckte, »gestohlen« aus der Übertragung von K. L. Ammer. (Ihn habe ich 1941 in Wien kennengelernt, er hieß Klammer und war k.u.k. Oberst a.D., er sah aus wie Brechts Antityp, jeder Zoll ein Seigneur, und er versicherte mir, daß er stets auf der Seite Brechts – und Karl Kraus' – gestanden sei; von ihm waren auch die Verse Rimbauds übersetzt, deren Plagiat 1924 im »Dickicht der Städte« gefunden und bloßgestellt worden war.)
Das Gedicht steht in der »Hauspostille«, und da muß ich noch einmal autobiographisch werden. Sie ist 1927 erschienen: Freunde der Lyrik, Altersgenossen, Zeitgenossen – welch ein Jahr! Ich war mit der halbfertigen Doktorarbeit (»Sturm und Drang«, natürlich) aus München nach Tübingen zurückgekehrt, und im Gepäck waren die drei Bändchen dieses Jahres: Klabunds »Harfenjule«, Kästners

»Herz auf Taille« und die »Hauspostille«. Klabunds Kaschemmenpoesie – auch Brecht nannte seine frühen Stücke gern Kaschemmentheater (wo geraucht werden darf, daher auch »Rauchtheater«), Kästners verschämte Schnoddrigkeit und Bürgerschreck, Brechts unziemliche »Lektionen«. Niemals wurden durchlässigere Masken getragen; die Masken sollten schockieren, aber die Gefühle liefen den Schockern davon.

»Das Schiff« gehört zur ersten »Lektion«, auch »Bittgang« genannt, »wendet sich direkt an das Gefühl des Lesers«. Worum »Das Schiff« bittet, ist schwer zu sagen, aber das Gefühl, an das es sich wendet, ist sehr allgemein. Ein Topos der Lyrik? Was ist denn Lyrik? Mit Rimbaud sollte man antworten: Imagination und Vokale bedürfen der Worte, die imaginieren, was als i oder e oder o klingt. Strophe 2 zum Beispiel: »hinblich«, »mich diesen«, »Himmel ließen«, »fühl ich tief«. Und dazu immer wieder »Himmel«, »Meere«, »die Wasser«, »Tiere«, »Algen« und der »Mond«. Fast zu deutlich steht das Leitmotiv des Topos in der zweiten Zeile: gelöst von »Ziel und Schwere«, Lust am Untergang, Sinken, Verfall.

Beim Stichwort Verfall taucht einer auf, der 1914 umkam: Trakl. Aber Brecht hatte nichts von seiner Schwermut. Das Schiff sagt es offen: »ohne Groll«, »ohne mich zu wehren«, »ohne doch zu leiden«. Untergang ist auch recht, und schön zu dichten. Eine Elegie.

Sollte man dem Anarchisten dieses spanische Korsett zutrauen, das er als Form bestimmte: je zweimal a + a + b, a weiblich, b männlich? Und die Logik der von Strophe zu Strophe fortschreitenden Zeit: der vierte Mond, der achte Mond, das letzte wie eine Flaschenpost, die aus der Zeit herausschwimmt?

Übersehen wir nicht, daß es sich wohl nur um eine Etüde handelt. Nicht weit davon steht, auf ganz anderem Papier geschrieben, der Vierzeiler: »Von der Erde voller altem Wind / Geht ihr all bedeckt mit Schorf und Grind. / Fast ein jeder hat die Welt geliebt / Wenn man ihm zwei Hände Erde gibt.« Und wieviel andere Töne sonst noch in dieser »Hauspostille«! Wenn man alles ineinander dividiert – was kommt heraus? Nun, das: »Vom armen b.b.«

Kein großes Gedicht. Aber es hätte nichts zu sagen, wenn es ein Plagiat wäre: ist unsere Einbildungskraft nicht voller Plagiate? Es wäre auch dann noch: Sprache in reinem Fluß, im Überfluß. Und Musik mit Hintersinn, Poesie. Laßt uns sagen: es hat Schönheit.

BERTOLT BRECHT
DAS ZEHNTE SONETT

Am liebsten aber nenne ich dich Muck
Weil du mir, wenn du aufmuckst, so gefällst
Wenn du den Klassiker zur Rede stellst
Sei's, daß du Seiten ordnest für den Druck
Sei's, daß er dich schnell anlangt an den Beinen.

Sogleich bestreitest du, daß du mich kennst
Und was wir tun, mit meinem Worte nennst
Wie kann ich Tölpel sowas von dir meinen?

Zornig und fremd sitzt du mir gegenüber
»Was wagt der Mensch, er ist mir unbekannt!«

Und mein Erstaunen ist noch nicht vorüber
Wenn in dir sichtlich eine Freude wächst
Und streng noch schreibst du hin den neuen Text
und plötzlich holst du dir dann meine Hand.

WERNER FULD
VERFÜHRUNG DURCH ARBEIT

Brecht liebte maßlos und vernünftig, meist sogar beides gleichzeitig. In seinem Leben gab es keine Frau, die nicht das Angenehme mit dem Nützlichen für ihn verband oder wenigstens das Unerfreuliche durch ihre Notwendigkeit ausgleichen konnte. Seine Frauen haben ihn zum Klassiker gemacht, die im Leben und die in der Literatur, Polly Peachum und das Küchenmädchen Grusche ebenso wie Helene Weigel oder Margarete Steffin. Nur deshalb funktionierte das Kollektiv Brecht, weil es bei ihm keine Trennung von Erotik und Arbeit geben konnte.

Der ureigene Anteil der Frauen an Brechts Werk sind seine Liebesgedichte; einige der schönsten gehören Margarete Steffin. Sie hatte den Dichter 1932 bei den Proben zu seinem Stück »Die Mutter« kennengelernt. Bald wurde sie seine Geliebte und wichtigste Mitarbeiterin. Sie war vierundzwanzig Jahre alt, stammte aus einer Berliner Arbeiterfamilie, leistete seit ihrer Schulzeit der Kommunistischen Partei Deutschlands treue Dienste und glaubte nun in Brecht den großen Erzieher des Proletariats gefunden zu haben. Daß Brecht kein linientreuer Kommunist war, sondern ein Salonproletarier, der sich bei Gelegenheit sorgfältig den Dreck unter die Fingernägel schob, übersah die Liebende.

Brecht schätzte ihre geradlinige Meinung, mit der sie alles, was er schrieb, auf die politische Nützlichkeit hin überprüfte. Das »Zehnte Sonett« hält solch eine Arbeitssituation fest. Margarete Steffin war im April 1933 aus Berlin nach Paris geflohen; einen Monat später besuchte sie dort Brecht und arbeitete mit ihr unter großem Zeitdruck am Text für das Ballett »Die sieben Todsünden«. Sie treffen sich in Steffins engem Hotelzimmer, sitzen einander an einem schmalen Tisch gegenüber.

Auf Fragen und Einwände reagiert der »Klassiker« mit amüsiertem Wohlwollen, so als nähme ein Souverän zur Kenntnis, daß ein Untertan »aufmuckt«. Steffins Ernsthaftigkeit bei der Arbeit übte einen erotischen Reiz auf Brecht aus, dem sie in diesem Augenblick verständnislos begegnete: Die Hand unterm Tisch war plötzlich die eines Fremden. Ihr ging es um die beste Formulierung, nicht um den Mann, den sie dann aber, wenn er als Autor seine Arbeit zu ihrer Zufriedenheit getan hatte, zärtlich zu sich holte.

Es ist ein liebevolles, aber auch ein listiges Gedicht, denn es sollte eine taktische Aufgabe erfüllen. Brecht schickte es aus Skovsbostrand an die in Paris gebliebene Geliebte. Er hatte inzwischen ein Haus gekauft und mußte sie nun überreden, zu ihm zu ziehen. Das Gedicht ist also einerseits die Beschreibung einer Arbeits- und Liebesidylle, aber mit solcher Darstellung zugleich und vor allem eine Einladung. Seine letzte Zeile meint ja nicht nur eine sexuelle Geste, sondern ist auch als fast imperative Aufforderung an die geliebte Mitarbeiterin zu verstehen, ihr weiteres Leben in Brechts Hand zu legen.

Als die schon schwerkranke Steffin dieser Einladung im Dezember 1933 nach Dänemark folgte, bedeutete es die endgültige Aufgabe des eigenen Lebens. Sie lernte Dänisch, später Schwedisch, um für Brecht zu verhandeln, aber seit Ruth Berlau ins Haus kam, war sie kaum noch

Geliebte. Auf ihre Krankheit nahm Brecht keine Rücksicht; einen Arzt beschied er schroff: »Jetzt kann sie nicht im Krankenhaus liegen, denn ich brauche sie.« An der russischen Grenze rettet sie, die als einzige die Sprache beherrscht, noch seine Manuskripte, dann bricht sie zusammen. Brecht läßt sie in einem Moskauer Spital zurück; auf dem Weg von Moskau nach Los Angeles erfährt er wenig später von ihrem Tod.

BERTOLT BRECHT
DER BLUMENGARTEN

Am See, tief zwischen Tann und Silberpappel
Beschirmt von Mauer und Gesträuch ein Garten
So weise angelegt mit monatlichen Blumen
Daß er vom März bis zum Oktober blüht.

Hier, in der Früh, nicht allzu häufig, sitz ich
Und wünsche mir, auch ich mög allezeit
In den verschiedenen Wettern, guten, schlechten
Dies oder jenes Angenehme zeigen.

WULF SEGEBRECHT
DIE ANNEHMLICHKEIT DER BLUMEN

Brechts Gedicht erschien 1953. Damals faszinierten mich die »feucht verwirrten« Blumengärten Benns; in seinen lyrischen Beschwörungsformeln waren die Gärten Orte traumhafter Erinnerung und schwermütiger Rauscherwartung. Brechts Garten ist von ganz anderer Art: Geplant und in weiser Voraussicht berechnet ist, was er zu bieten hat. Die »monatlichen Blumen« sind das Ergebnis eines spezifisch menschlichen Umgangs mit der Natur.
Zunächst findet man nur eine Lagebeschreibung und -bewertung: Die Anlage (abgeschirmt und weise geplant) hat ihren Wert, weil sie von Menschen für Menschen gemacht wurde. Sie bietet ihrem Benutzer die Möglichkeit, sich zurückzuziehen und Einsichten zu gewinnen über die Weisheit der Planung. Er scheint sich des Privilegs, das er genießt, bewußt zu sein: »in der Früh«, also vor der Tagesarbeit, und »nicht allzu häufig« nimmt er es wahr. Und dann wünscht er sich, selbst im vergleichbaren Sinn so angenehm zu sein wie der Blumengarten. Sein Vorrecht wird ihm zur Verpflichtung. Auf seine Weise möchte er den Menschen zurückgeben, was er ihnen verdankt: die Möglichkeit, Erkenntnisse zu gewinnen und Angenehmes zu genießen.
Daß es um Erkenntnis geht und Genuß, nicht um Nutzung und Konsum, sagen die Blumen. Hätte Brecht die »Nutzung der Produktivität des Gartens und somit die Erfüllung seines Zwecks« propagieren wollen (so hat man

das Gedicht gedeutet), dann hätte er besser von Radieschen, Tomaten und Salat gesprochen, nicht aber von Blumen. Der »Gebrauchswert« von Blumen ist ihre Schönheit, nicht aber ihre Nützlichkeit. Von der Schönheit ist die Rede, vom Angenehmen als einer ästhetischen Qualität. Wie der Blumengarten schön ist, weil er von und für Menschen angelegt wurde, so versteht sich auch der Dichter: Von den Menschen angenommen und für sie bestimmt. Von ihnen hat er seinen Auftrag, für sie ist er da, um ihnen Genuß und Erkenntnis zu ermöglichen.

Das Gedicht setzt, wie man sieht, ein gutes Verhältnis der Wechselseitigkeit des Genießens voraus, das zwischen dem Dichter und der Gesellschaft besteht: Dem Genuß des Angenehmen, das die Gesellschaft dem Dichter gewährt, entspricht der Genuß des Angenehmen, das der Dichter für die Gesellschaft hervorbringt. Und wenn dieser sich wünscht, das Angenehme »allezeit« vorweisen zu können, so erhofft er sich zugleich den Fortbestand dieser Wechselseitigkeit von Geben und Nehmen, unabhängig von äußeren Umständen, die einmal mehr, einmal weniger günstig sein können.

Waren diese Umstände 1953 günstig? Brecht hatte (als Privilegierter) im Jahr zuvor in der Märkischen Schweiz »auf schönem Grundstück am Wasser des Scharmützelsees unter alten großen Bäumen« ein Haus erworben; hier schrieb er die »Buckower Elegien«, zu denen »Der Blumengarten« gehört. Die Gedichtsammlung reflektiert auf hintergründige Weise die geschichtlichen Ereignisse des Jahres 1953, also vor allem den Arbeiteraufstand vom 17. Juni und Stalins Tod. Zu beiden Ereignissen hatte Brecht mit anscheinend unkritischen Sympathieerklärungen Stellung bezogen. Die veröffentlichten Fassungen dieser Äußerungen mußten diejenigen irritieren, die selbst Hoffnungen an diese Ereignisse geknüpft hatten. »Der 17. Juni hat die ganze Existenz verfremdet«, notierte Brecht damals. Unter solchen Umständen muß auch der Blumengarten seine Schönheit verlieren. See, Silberpappel und Blumen werden fremd und häßlich. So erscheinen sie in dem Gedicht »Böser Morgen«, das die Konsequenz der »Verfremdung«, gleichsam die Kehrseite des schönen Blumengartens, vorführt. Wenn das Verhältnis der Wechselseitigkeit gestört ist, können Dichter und Leser nicht mehr genießen, was sie einander verdanken, und nicht mehr produzieren, was sie einander zu geben haben. Wer den ästhetischen Genuß, die Annehmlichkeit der Blumen, als verpflichtendes Privileg begreift, der ist – als Autor wie als Leser – im Glück der Erkenntnis, das er erfährt und zurückgibt, »allezeit« auch riskanten Mißverständnissen ausgesetzt. Das einfach schöne Gedicht »Der Blumengarten« gibt das zu bedenken, auch in einer Zeit der allgemeinen Abkehr von Brecht.

BERTOLT BRECHT
DER GAST

Sie fragt ihn viel, wiewohl es draußen nachtet
An sieben Jahre gibt er eilends aus
Und hört: im Hofe wird ein Huhn geschlachtet
Und weiß: es ist kein zweites mehr im Haus.

Er wird vom Fleische wenig essen morgen.
Sie sagt: Greif zu; er sagt: Ich bin noch satt.
Wo warst du gestern, vor du kamst? – Geborgen!
Und woher kommst du? – Aus der nächsten Stadt!

Nun steht er eilends auf, die Zeit entflieht!
Er sagt ihr lächelnd: Lebe wohl! – Und du?
Zögernd entfällt ihr seine Hand: sie sieht
Ihr unbekannten Staub auf seinem Schuh.

WOLFGANG ROTHE
FLÜCHTIGE EINKEHR

Ein Flüchtlingsgedicht aus dem Exil? Weit gefehlt. Die Strophen stammen aus den späteren zwanziger Jahren und nehmen sich neben dem damals von Brecht neusachlich Gedichteten ziemlich verloren aus. Die drei »Volksliedstrophen« gehören zu den Funden, die sich noch immer unverhofft bei diesem großen Lyriker machen lassen.
Wer ist dieser »er«, und vor allem: wer ist »sie«, bei der er nach siebenjährigem Fortsein einkehrt? Ist sie die Mutter? Die Schwester? Die verlassene Frau, einstige Geliebte? Eine Freundin, Genossin aus früheren, vielleicht schöneren Tagen? Der Dichter sagt es nicht, macht nicht die geringste Andeutung. Ebensowenig erfährt man, um wen es sich bei diesem Mann handelt, welcher Klasse oder welchem Stand er angehört, wes Geistes Kind er ist, noch warum er unterwegs ist und weshalb er kurz vorbeikommt. Man kann in ihm einen Flüchtling, Verfolgten vermuten, doch auch einen Vagabunden à la Baal, also den expressionistischen *homo viator*, ewigen Wanderer über die Landstraßen der Welt – einen Flüchtigen in anderem Sinne als dem gebräuchlichen, politischen.
Alles bleibt offen, der Phantasie des Lesers anheimgestellt. Sogar die Tatsache der Liebe bleibt unausgesprochen. Sind die zwei oder waren sie einst Liebende? Kein Wort über die eine Nacht, die der Besucher unter dem Dach der Frau weilt, sie liegt verhehlt zwischen dem 5. und 6. Vers. Und dennoch kündet das Poem in buchstäblich jeder Zeile von

zartester Zuneigung, einer scheuen Rücksichtnahme, die nichts mehr fürchtet, als dem anderen wehezutun oder ihn zu berauben; sie zwingt den Gast zu lauter frommen Lügen. Nichts sonst als Sozialität und Sympathetik stellt der Inhalt des kargen Dutzends Zeilen dar, eine ständige seelische Bewegung, ein pausenloses Hin und Her zwischen den zwei Menschen. Sie ist unendlich mehr als Brechts oftzitierte »Freundlichkeit«.

Man ist versucht, auf die seinerzeit aktuelle »personalistische« Theorie des Menschen als eines fragenden und antwortenden Wesens, einer dialogischen Existenz, eines das Ich erst begründenden Du hinzuweisen. Denn Brechts Gedicht, über dem ein Märchenhauch (sieben Jahre!) liegt, strömt reine Menschlichkeit aus. Aber gerade diese gibt einen bevorzugten Gegenstand des Spottes marxistischer Schriftsteller ab, ihr gilt der ganze Hohn ideologiekritischer Germanisten, die » bürgerliche« Positionen entlarven wollen, sie steht als »abstrakt«, als dubiose »Innerlichkeit« in Verruf, ist abgestempelt als nur scheinbar unpolitischer »Humanitarismus«.

Vergänglichkeit war das geheime Hauptthema des jungen B. B. Das verbindet diese Verse mit anderen aus seiner Feder. Nirgendwo jedoch ist Brechts frühes Wissen vom Transistorischen, Zeitweiligen, Flüchtigen des »Menschentieres« derart in feinste Wehmut gehüllt wie in diesem Bericht einer kurzen Einkehr. Die Episode offenbart mit liedhaftem Melos die bittere Wahrheit, daß wir für eine kurze Weile »nur Gast auf Erden« sind.

BERTOLT BRECHT
DER KIRSCHDIEB

An einem frühen Morgen, lange vor Hahnenschrei,
Wurde ich geweckt durch ein Pfeifen und ging zum
Fenster.
Auf meinem Kirschbaum – Dämmerung füllte den
Garten –
Saß ein junger Mann mit geflickter Hose
Und pflückte lustig meine Kirschen. Mich sehend
Nickte er mir zu, mit beiden Händen
Holte er die Kirschen von den Zweigen in seine Taschen.
Noch eine ganze Zeitlang, als ich wieder in meiner
Bettstatt lag
Hörte ich ihn sein lustiges kleines Lied pfeifen.

WERNER ROSS
MIT JEDERMANN GUT KIRSCHEN ESSEN

Als ich das kleine Gedicht zum erstenmal las, hielt ich es für ein Lehrstück, eine Parabel zu Nutz und Frommen der Genossen. Macht euch frei – hätte die Botschaft gelautet – von dem »mein« vor den Gütern der Welt. Nicht Kirschenpflücken ist Diebstahl, sondern Eigentum. Halte dem Kirschendieb, der den vorgeblich dir gehörenden Baum plündert, die andere Wange hin.

Der Genosse mit der geflickten Hose könnte seinerseits schon dem neuen Zeitalter jenseits von Mein und Dein angehören, so selbstverständlich nimmt er seinen Besitzanspruch wahr. Seine Geste ist entwaffnend: augenzwinkernd versteht er sich mit dem Besitzer über Teilhaberschaft am gemeinsamen Produktionsbetrieb. »Wollen Sie nicht auch ein paar von unseren Kirschen?« könnte er fragen.

Wenn dies der Sinn, die Lektion wäre, so würde eines stören: das Ich. Wohl oder übel, dieser Prediger des sanften Kirschverzichts oder des vergnügten Kirschenraubs hieße Brecht, empfähle sich der geneigten Gemeinde als Mustermarxist. Das Beispiel für vorbildliches Verhalten angesichts von Gartenplünderern würde Maß nehmen an ihm, dem Bahnbrecher der Kirschen-Umverteilung, dem Pionier einer neuen Gartenmoral. Derlei ist aber bei dem listigen, betont untugendhaften Brecht nicht zu erwarten, und erst recht nicht, daß das Ich allgemein für einen Prediger der neuen Heilslehre stünde.

Ist das Ich aber Brecht, Bürger und Baumbesitzer, wie anzunehmen, dann muß die Frage lauten: Warum ärgert er sich nicht? Da fällt erstens eine nächtliche Schlafstörung vor. Wie früh es ist, wird in den wenigen Versen dreimal mitgeteilt. Zweitens: dieser Bursche in den Kirschbaumzweigen nippt und nascht nicht nur, sondern füllt sich die Taschen. Drittens: er nickt dem aufgestörten Schläfer, dem verschlafenen Fenstersteher auch noch zu, statt wenigstens stillschweigend und ertappt zu verschwinden. Er setzt ein Einvernehmen voraus, das keineswegs in der Lektüre einschlägiger Brecht-Werke wurzelt. Verblüffenderweise werden die Reaktionen des gestörten Schläfers im Gedicht ausgespart, kein Wort davon. Hat er zurückgenickt? Hat er sich stillschweigend abgefunden? Der nächste Vers zeigt ihn wieder in seiner, diesmal unumstritten *seiner* Bettstatt, während der Bursche draußen weiterpfeift und weiterpflückt. Lustig pflückt und lustig pfeift. Wir kommen zur Hauptsache. Die Ausdauer des jungen Mannes im Pfeifen ist ebenso groß wie die im Pflücken. Er pfeift sein Lied wie einst in einer anderen Parabel Johann der muntere Seifensieder, der erst zu pfeifen aufhörte, als er einen Schatz hüten mußte. Der Dieb, der dem Besitzer zunickt, provoziert ihn nicht, warte nur, bald bist du an der Reihe, sondern erinnert ihn an goldene Zeiten, als die Welt voller Kirschbäume und der Himmel voller Geigen war. Vor allem Eigentum gab es einmal den Naturzustand, so Rousseau, oder das Paradies, so die Bibel, viel Unterschied ist zwischen beiden nicht.

Heute können nur noch die geflügelten Kirschdiebe, die Amseln, die von Brecht geliebten, beides: das Stehlen und das Pfeifen, in aller Unschuld und Unverschämtheit. Ein solcher Typ ist der junge Mann im Baum; ihm ist nicht nur alles zuzutrauen, sondern alles zu verzeihen. Kein Proletarier, der dem Vitaminmangel durch Zufuhr von frischen Früchten abhilft, sondern ein Hans-im-Glück oder Taugenichts, ein Gottes-Schelm, ein Elf oder Engel. Der bringt ins Morgengrauen (vor dem tröstenden Trompetensignal des Hahnenschreis), in die dumpfen Träume und Ängste des Schläfers in seiner Bettstatt seine Fröhlichkeit, seine Zuversicht, sein Zutrauen, daß die Welt schon morgens um vier in Ordnung ist.

Ist man an diesem Punkt angelangt, so wird der wahre Charakter des Gedichts deutlich. Es ist ein Märchen, zwischen Schlaf und Wachen.

BERTOLT BRECHT
DER RADWECHSEL

Ich sitze am Straßenrand
Der Fahrer wechselt das Rad.
Ich bin nicht gern, wo ich herkomme.
Ich bin nicht gern, wo ich hinfahre.
Warum sehe ich den Radwechsel
Mit Ungeduld?

GABRIELE WOHMANN
DER LANGE TAG IM KURZEN LEBEN

Mein Blick fällt auf einen unscheinbaren Vorgang. Vom unerheblichen Zwischenfall aufgehalten, läßt der Berichtende an seiner allumfassenden Lustlosigkeit keinen Zweifel. Die Panne behebt der Fahrer, dessen Arbeit er nicht schildert, weil sie ihn nicht interessiert. Wartend am Straßenrand prüft er seine Empfindung. Unumwunden gibt er die bittere Information: über die ungeliebte Herkunft, das genauso ungeliebte Ziel. Hat er nur einen schlechten Tag? Auf den ersten Blick, vorerst nur bis zum Ende der vierten Zeile, scheint die Lage aussichtslos.

Beim Weiterlesen erfahre ich allerdings, daß ich es mit einem gar nicht apathischen Passagier zu tun habe. Ungeduldig ist er. Obwohl ihn die Weiterfahrt nicht reizt? Hier spricht kein fröhlicher Tourist, den der erzwungene Aufenthalt nur deshalb stört, weil er ihm Zeit für sein neugieriges Vergnügen an der nächsten Station stiehlt. Muntere Leute würden ihn einen Spielverderber nennen. Sag *ja* zu deiner Reise, verdirb uns nicht die Laune, wir möchten bleiben, wie wir sind, aus Gedankenlosigkeit reiselustig.

Ich sehe die Straße und den defekten Wagen, den Fahrer mit dem Rad, den Wartenden vor mir, die ganze Kulisse, das ziemlich öde Bild. Brechts Geheimnis: Wortkarg liefert er zu der Diagnose einer Gemütsverfassung das Portrait des Reisenden in der Landschaft mit. »Ich bin nicht gern ...«: Das klingt viel unwiderruflicher traurig als,

ohne die ernste Zurückhaltung, etwa: »Ich hasse, ich verabscheue ...« Wut könnte vorübergehend sein und wäre therapiefähig. Brechts Feststellung kündet von Unheilbarkeit, der Seinsbefund ist endgültig. Erschiene da nicht dieser Lichtblick, paradoxerweise durch das unbequeme, unbekömmliche Gefühl der Ungeduld. Etwas muß es geben, das der nostalgische, noch vorwärtsstrebende Reisende doch erwartet.
Woher diese Unruhe? Das Gedicht gehört in den Zusammenhang der »Buckower Elegien« und könnte vermutlich autobiographisch, politisch gedeutet werden. Ich nehme die Ungeduld lieber aus allem möglichen Bescheidwissen (oder Mutmaßen, Unterstellen) heraus und erkenne in ihr eine Lebensnervosität. Die kleine Reise von da nach dort steht für die Strecke von allerdings unbekanntem Maß, die wir Menschen von unserem Anfang bis zu unserem Ende zurücklegen.
Der kurze Aufenthalt ist dem Ungeduldigen zu lang. Wie leichtsinnig wünschen wir sehr oft – denn Lebenszeit läuft ab –, wir hätten, im kurzen Leben, den langen Tag schon hinter uns. Oder tröstet nicht gerade solches Weitersehnen? Das Gedicht verweist auf ein Verlangen, das dem Menschen einwohnt und für das es keinen irdischen Platz gibt. Man muß nicht gläubig sein – obgleich das angenehmer wäre –, um sich seiner Unerlöstheit bewußt zu werden und die innere Ungeduld als Todeshoffnung zu empfinden. Im Verschweigen ewigkeitssüchtiger Gefühle, im Weglassen aller Hinweise auf die Parabelhaftigkeit des Vorgangs Radwechsel offenbart sich Brechts Kunstinstinkt, und indem er nichts erklärt, kommt es zum bewundernswürdigen Gelingen dieser paar Zeilen.
Alles, was wir Menschen zu Lebzeiten ganz und gar nicht

verstehen können, es steckt in der Frage, mit der uns der geschickte Brecht auch noch nach der letzten Zeile nicht eigentlich entläßt: »Warum sehe ich den Radwechsel/Mit Ungeduld?« Und für die, denen der Wegweiser fehlt: Weil Brecht keine Antwort gibt, verliert das Gedicht seine Bodenhaftung. Nur weil die Frage offenbleibt, läßt es die Erdschwere hinter sich.

BERTOLT BRECHT
DER RAUCH

Das kleine Haus unter Bäumen am See.
Vom Dach steigt Rauch.
Fehlte er
Wie trostlos dann wären
Haus, Bäume und See.

GABRIELE WOHMANN
TROST

Fünf Zeilen beschwören das kleine schmucklose Bild herauf, anschaulich und komplett. Ich muß an die Häuser mit Landschaftszugabe denken, die ich gemalt habe, als ich ein Kind war. Auch bei mir hat nie der Rauch aus dem Schornstein gefehlt. Ging es mir dabei um den letzten Schliff und, wie im Gedicht, um Trost? Mein Gedicht über meine Häuser hätte der Einbildungskraft den Spielraum genommen und alles erzählt, die Zufahrt und den Gartenzaun nicht weggelassen und auch nicht die drei oder vier Personen, die ich in die Gegend stellte und von denen Brecht gar nicht erst reden muß, denn daß sie da sind, sagt er im Titel, und in der zweiten Zeile: »Vom Dach steigt Rauch«. Schriftsteller der Mittelklasse hätten sich darum bemüht, in der letzten Zeile nicht die Substantive der ersten Zeile zu wiederholen. Bei Nichtgelingen: Dekoration mit Adjektiven.
Ein Kindervertrauen äußert sich im Bedürfnis, mit dem qualmenden Schornstein das Bild zu vervollständigen und gleichzeitig zu signalisieren: Das Haus ist nicht verlassen, es steht nicht nutzlos herum. Kindliches Vertrauen bei mir von damals, als ich beim Malen vielleicht unbewußt an meine mit sich selber glückliche Familie dachte, und ebenso beim erwachsenen Bert Brecht, dem es doch nach Erfahrungen mit Menschen schon erheblich schwerer fallen mußte, von der Nutzanwendung des kleinen Hauses, die der Rauch verheißt, auf gutartige Bewohner zu schlie-

ßen. Brecht muß ein Optimist gewesen sein. Einer, der die gesamte Szenerie als »trostlos« empfände ohne Leute, die sie beleben. »Trostlos«, wenn hier nicht geheizt würde, der Kamin, der Herd in der Küche: Hier kann man sich aufwärmen, hier gibt es was zu essen. Hier kann man einkehren, denkt nach langem Ritt der Western-Held. Brecht rechnet, beim Trost durch Rauch, nicht mit Zank und Streit. Ihm werden Bäume und See erst zum Gewinn, wenn jemand vom kleinen Haus aus sie anblickt und genießt.

Ein Pessimist sähe das Haus lieber unbewohnt. Einer, der auf Immobiliensuche ist – reizvolle Gegend offenbar –, erst recht. Ein Naturpurist ließe das kleine Haus lieber überhaupt abreißen. Mit Öko-Blick hat Brecht auch noch nicht geschaut: Ein Grün-Freak würde den schadstoffhaltigen Rauch verfluchen. Aber, optimistischer Menschenfreund oder nicht, vor allem ist Brecht ein Dichter. Und den muß die Anwesenheit von Menschen interessieren, schon als Schreibstoff. Erst der Rauch verwandelt die Genre-Idylle zum Schauplatz, der Schnappschuß ist nur mehr ein Standbild aus einem Spielfilm. Fast egal, wer da drin Feuer macht: Selbst unfriedfertige Bewohner sind dem, der über Menschen schreibt, lieber als gar keine Bewohner.

Beim Gedichteschreiben – ausgenommen Lehrgedichte, »Unterweisungen« – sperrt Brecht mich nicht in eine Schulbank. Eine Aussage aber lasse ich mir gern gefallen, und in diesem Gedicht fällt sie eindeutig aus, geradezu altmodisch verständlich. Ich weiß, woran ich bin. Trotzdem bleibt ein Geheimnisrest, das Nicht-zu-Ende-Erklärbare, dessen ein gutes Gedicht bedarf. Der Schreibende selber scheint »trostlos« zu sein. Aller schönen Wörter überdrüssig. Er nimmt die ruhige Gangart der Prosa, seine karge Sprechweise paßt sich der Schlichtheit des Sujets an. Es sei kein Gedicht: von einem, den nicht der Verfasser verraten würde, höre ich diesen Einwand. Das Fehlen jeder Chiffriertheit, die üblichen Verrätselungen, an die Lyrikleser sich gewöhnt haben, als liebten sie es, sich mit dem prätentiösen Unzugänglichen abzuquälen, es würde vermißt.

Aber was einfach scheint, ist am schwersten zu bewerkstelligen. Es glückt dem Dichter, den sinnlichen Eindruck mit der Erfahrung der Verlassenheit zusammenzubringen. Hinter der Verschwiegenheit des kleinen Geniestücks gibt es alles zu erraten. Ich habe es vorhin ausprobiert und bin an einem kleinen Haus unter Bäumen – ein See war so schnell nicht zu haben – vorbeigegangen. Kein Rauch stieg aus dem Schornstein. Ich habe es, fast, trostlos gefunden und zum Glück nicht genau gewußt, warum.

BERTOLT BRECHT
DIE GUTE NACHT

Der Tag, vor dem der große Christ
Zur Welt geboren worden ist
War hart und wüst und ohne Vernunft.
Seine Eltern, ohne Unterkunft
Fürchteten sich vor seiner Geburt
Die gegen Abend erwartet wurd.
Denn seine Geburt fiel in die kalte Zeit.
Aber sie verlief zur Zufriedenheit.
Der Stall, den sie doch noch gefunden hatten
War warm und mit Moos zwischen seinen Latten
Und mit Kreide war auf die Tür gemalt
Daß der Stall bewohnt war und bezahlt.
So wurde es doch noch eine gute Nacht
Auch das Heu war wärmer, als sie gedacht.
Ochs und Esel waren dabei
Damit alles in der Ordnung sei.
Eine Krippe gab einen kleinen Tisch
Und der Hausknecht brachte ihnen heimlich einen Fisch.
(Denn es mußte bei der Geburt des großen Christ
Alles heimlich gehen und mit List.)
Doch der Fisch war ausgezeichnet und reichte durchaus
Und Maria lachte ihren Mann wegen seiner Besorgnis aus
Denn am Abend legte sich sogar der Wind
Und war nicht mehr so kalt, wie die Winde sonst sind.
Aber bei Nacht war er fast wie ein Föhn.
Und der Stall war warm und das Kind war sehr schön.

Und es fehlte schon fast gar nichts mehr
Da kamen auch noch die Dreikönig daher!
Maria und Joseph waren zufrieden sehr.
Sie legten sich sehr zufrieden zum Ruhn
Mehr konnte die Welt für den Christ nicht tun.

WALTER JENS
KLEINES GLÜCK, GROSSES ELEND

Weihnachten: Das ist für den Christen Licht im Dunkel, Glanz inmitten großer Finsternis, der Schimmer im Stall und die Helle vom Himmel herab, während die Erde noch im Dämmern liegt. Die Geburt Jesu geschieht im Zeichen des Lichts.

Hier die düstere Nacht und dort das wegweisende Leuchten – von solchem frommen Gegensatz will Brecht, der 1925 die Weihnachtsgeschichte unbekümmert und frisch nacherzählt, nicht viel wissen. Ihm geht es um eine realere, der Not unwirtlicher Nachkriegs-Zeitläufte angemessene Antithese, um das Wechselspiel von Wärme, die freundlich, menschlich, vernünftig ist, und einer Kälte, wie sie die Obdachlosen auf der Straße erleben.

Die große Kälte in einer Welt, wo im Zeichen des Tanzes um das goldene Kalb Nächstenhaß statt Nächstenliebe regiert – dieses Leitmotiv früher Brechtscher Lyrik bestimmt auch den Hymnus auf die gute Nacht: Es ist kalte Zeit, ein Winter, in dem die Tage sich wie Menschen gebärden, die einander als Wölfe begegnen – *hart, wüst* und *ohne Vernunft.*

Und dagegen dann der kleine warme freundliche Bezirk, in dem der Versemacher Brecht mit hurtiger Geste das vertraute Inventar der Krippenspiele versammelt: »Ochs und Esel waren dabei, damit alles in der Ordnung sei.« Aus der Ehrfurcht gebietenden Legende wird im Nu eine zeitgenössische, im Bayerischen angesiedelte Moritat: Der mit Moos zwischen den Latten ausgestopfte Stall inmitten einer Region, wo es einen Hausknecht gibt und der Föhn sich als wetterbestimmend erweist – er könnte in Schwaben oder Altbayern stehen. Und auch die Menschen nehmen sich wie Zeitgenossen aus: ein Elternpaar *ohne Unterkunft*, das unmittelbar vor der Geburt seines Kindes schließlich doch noch einen Stall findet und ihn sogar bezahlen kann – eine Hütte, die warm ist (das Heu sogar *wärmer als gedacht*) und eine Nacht lang beinahe so etwas wie einen Märchenplatz bietet, mit einer Krippe, die als Tisch dient, mit einem reichlichen Fischgericht, mit einem plötzlichen Einbruch von gelinder Luft, mit dienstbaren Geistern und angenehmen Besuchern.

Jesu Geburt in einem bayerischen Stall bei einfallendem Föhn – ein Wunder in unvernünftiger Zeit, das alle Furcht und Verzagtheit als unbegründet erweist. Statt der Angst bestimmen Zufriedenheit, Wärme und Sich-wohl-sein-Lassen die nächtliche Stunde. Behaglichkeit stellt sich ein, der Stall wird beinahe zur Nobelherberge (»der Fisch war ausgezeichnet«; Maria und Joseph als plebejische Gourmets!), und am Ende ist, nach so viel Mirakeln, sogar ein Hauch von Ausgelassenheit spürbar. Die Kindsmutter lacht den allzu besorgten Kindsvater aus.

Eine Idylle also? Ein bayerisches Krippenbild, anmutig und bäuerlich-traulich? Im Gegenteil. Das kleine Glück im Stall verweist, als Wunder und Ausnahme, nachdrücklicher, als es die dramatischste Grau-in-Grau-Schilderung könnte, auf die harte Kälte da draußen und damit auf einen von Unvernunft bestimmten Äon, zu dem auch jener *große Christ* gehört, der, so Brecht, nur heimlich und unter Aufwand von viel List geboren werden konnte. Jesus von Nazareth, für den die Welt nicht mehr tun konnte, als ihm in der Nacht von Bethlehem ein paar Stunden der Ruhe und des Friedens zu schenken. (Danach: Verfolgung, Verhöhnung, Einsamkeit, elender Tod.)

So betrachtet verweist die Gute Nacht in Brechts Gedicht schon auf die Böse Nacht, die Nacht von Bethlehem auf die Nacht von Golgatha. Das kleine Glück macht großes Elend um so sichtbarer. Unverhofftes (betont durch die Wiederholung der Worte *doch noch*) bleibt freundliche Ausnahme, die eine schreckliche Regel bestätigt: Wo Krieg die Stunde regiert, ist Zu-Friedenheit nur in der Zeitenthobenheit der Guten Nacht möglich.

Bethlehem als eine Art von Feuerstelle in einer Epoche der Eiszeit: Ganz so weit, wie es auf den ersten Blick scheint, ist Brechts Gedicht am Ende von Lukas denn doch nicht entfernt – zuallerletzt in jenem wunderbaren sechsundzwanzigsten Vers, in dem der Nicht-Christ B. B. jenem jesuanischen Geist Reverenz zollt, der mit dem Kult des »großen Christ« nicht das Geringste, mit dem Hoffnungs-Traum der armen Leute in aller Welt hingegen sehr viel zu tun hat: *Und der Stall war warm und das Kind war sehr schön.*

BERTOLT BRECHT
DIE KRÜCKEN

Sieben Jahre wollt kein Schritt mir glücken.
Als ich zu dem großen Arzte kam
Fragte er: Wozu die Krücken?
Und ich sagte: Ich bin lahm.

Sagte er: Das ist kein Wunder.
Sei so freundlich, zu probieren!
Was dich lähmt, ist dieser Plunder.
Geh, fall, kriech auf allen vieren!

Lachend wie ein Ungeheuer
Nahm er mir die schönen Krücken
Brach sie durch auf meinem Rücken
Warf sie lachend in das Feuer.

Nun, ich bin kuriert: ich gehe.
Mich kurierte ein Gelächter.
Nur zuweilen, wenn ich Hölzer sehe
Gehe ich für Stunden etwas schlechter.

RAINER KIRSCH
GEHORTETE ENERGIE

Findet ein Dichter eine neue Kombination poetischer Mittel, kann er sie leicht zur Manier verschleißen; ist er ein Kopf, wird er damit wirtschaften wie mit Kostbarem. Den regelmäßigen Trochäus braucht Brecht erstmals in *Die Legende von der Entstehung des Buches Taoteking auf dem Weg des Laotse in die Emigration* (7. Mai 1938), dann in *Die Krücken* (Dezember 1938), später noch einmal in *Einst*. Alle drei Gedichte reden schlicht, wie für intelligente Kinder, und bieten zitierbare Lebensweisheit; *Legende* und *Krücken* spielen zudem mit der wechselnden Zahl der Versfüße. Matthias Claudius hatte den Trick ins Deutsche geholt, als er für sein »Abendlied« das Strophenschema von »Innsbruck, ich muß dich lassen« um einen Jambus erweiterte – mit viel Gewinn an Innigkeit, bei wenig Verlust an Welt. Innigkeit war Brecht, seit er der Klassik anhing, jederzeit recht, Weltverlust nie; wettstreitet er mit dem Kollegen?

Wo aber *Legende* wie *Abendlied* als Weg-Gedichte Zitierbares in Fülle ausstreuen, läuft unser Text ungemächlich stracks auf ein Ziel zu: auf die Quintessenz der beiden Schlußverse. Quintessenzen geraten oft allgemein; je wirksamer sie sind, desto mehr Kraft ziehen sie aus dem Umfeld – sie müssen wohlvorbereitet werden.

Zwei fünffüßige Verse setzen das Grundmetrum: Der erste Vers *(»Sieben Jahre ...«)* beschreibt langjähriges Mißgeschick, der zweite läßt Abhilfe in rettender Stunde ahnen. Das klingt dramatisch, haben wir eine verkappte Ballade vor uns? Sicher, weiter geht es ja aufgeregt vierhebig. Da Verse 1 und 3 weiblich, 2 und 4 männlich enden, wird die Strophe jedesmal um eine Silbe kürzer: sie bildet einen Energie stauenden Trichter.

Nichts freilich schadet Weltweisheit mehr als Übereile, von den zurückgehaltenen Verssilben wird eine für den Mittelteil freigegeben. Der ist nun vierfüßig-weiblich; eine Strophe gehört dem *großen Arzte,* eine (mit umschlungenem Krach-Reim *Krücken – Rücken*) dem Berichtenden, der in einer weiteren halben sich als betroffen erinnert und, geheilt, wieder *ich* sagt. Hier wäre die Ballade zu Ende; doch hatte der Dichter zwölf Verse lang Energie gehortet, wohin mit der?

In die zweimal fünf vollen Trochäen der Schlußformel, die den scheinbar abgeschlossenen Vorgang ins Dauernde reißt: Die Heilung, erfahren wir, war heikel, das ausgelacht Alte west als Schatten im neuen Schreiten, und *Hölzer*, daraus Krücken zu machen gehen, trifft der Blick alleweil. Wüßten die Leute heute Gedichte – bei welchen Gelegenheiten könnten sie die beiden Zeilen nicht hersagen!

Wovon, übrigens, ist eigentlich die Rede? Ich habe immer gemeint, der *große Arzt* sei der marxistische Theoretiker Karl Korsch, der Eigner des zähen Rückens Brecht, der Krückendrechsler Dshugaschwili, genannt »Der Stählerne«. Wäre indes nur das alte *Sapere aude!* in Verse gebracht (das Kant übersetzt *Habe Mut, dich des eigenen Verstandes zu bedienen!*), bliebe der Text schön und wahr genug: Latein kann niemand mehr, Kant liest keiner, und im neuen Gewimmel der Gurus wird Verstand wieder zum Schimpfwort. Nun aber kommen die Biographen; es war, sagen sie, alles ganz anders. Brechts Geliebte in Dänemark, Ruth Berlau, mochte aus ihrer Ehe mit einem Arzt sich nicht lösen; dies zu tun, rät ihr Brecht dringlich, der *große Arzt* ist er selber. (Berlau folgte ihm und verfiel dem Suff.) Muß man derlei wissen? Unbedingt; den Anlaß eines Kunstwerkes für dessen Mitteilung zu halten kann zu so plattsinnigen Albernheiten führen, daß das Vergessen der Anlässe öffentlich geübt werden sollte. Die Biographen, schließlich, wollen wir nicht abschaffen; die Texte aber bleiben und erzählen uns über die Welt.

BERTOLT BRECHT
DIE LIEBENDEN

Sieh jene Kraniche in großem Bogen!
Die Wolken, welche ihnen beigegeben
Zogen mit ihnen schon, als sie entflogen
Aus einem Leben in ein andres Leben.
In gleicher Höhe und mit gleicher Eile
Scheinen sie alle beide nur daneben.
Daß so der Kranich mit der Wolke teile
Den schönen Himmel, den sie kurz befliegen
Daß also keines länger hier verweile
Und keines andres sehe als das Wiegen
Des andern in dem Wind, den beide spüren
Die jetzt im Fluge beieinander liegen
So mag der Wind sie in das Nichts entführen
Wenn sie nur nicht vergehen und sich bleiben
So lange kann sie beide nichts berühren
So lange kann man sie von jedem Ort vertreiben
Wo Regen drohen oder Schüsse schallen.
So unter Sonn und Monds wenig verschiedenen
Scheiben
Fliegen sie hin, einander ganz verfallen.
Wohin, ihr? – Nirgend hin. – Von wem davon? –
Von allen.
Ihr fragt, wie lange sind sie schon beisammen?
Seit kurzem. – Und wann werden sie sich trennen? –
Bald.
So scheint die Liebe Liebenden ein Halt.

PETER WAPNEWSKI
DER GROSSE, KÜHNE FLUG

Gleitende Verse und bindende Reime, Gefühle breitend wie Schwingen: was sich als reines Gedicht vorstellt, ist ursprünglich Teil nicht eines lyrischen, sondern eines dramatischen Zusammenhangs, ist Zentrum der Szene 14 einer »Oper«, sie heißt »Aufstieg und Fall der Stadt Mahagonny« und entstand 1928/29. Kein Gedicht also, sondern ein Lied, ein Duett: Jenny und Paul spielen sich die Verse rollenverteilt zu, und sie tun es inmitten der nackten Häßlichkeit eines Bordells (»Er raucht, sie schminkt sich«). Erst um 1950 hat Brecht den Dialog zu einem monologisch sich gebenden »Gedicht« umgeformt, dabei vorübergehend auch den singularischen Einsatz »Sieh« in den Plural »Seht« verwandelt, was spätere Ausgaben wieder rückgängig gemacht haben, zum Nutzen dieser Verse, denen das didaktische Hinweisen nicht bekommt: *Sieh*, so Jenny zu Paul, sie entwerfen sich ein Gesicht von Glück und Vergänglichkeit der Liebe.

Was sich in der Gesprächsform den Anschein des Gelegentlichen gibt, ja des Lässigen, erweist sich bei genauem Zusehen als strenges Kunstgebilde, das seit Dante und Petrarca in einer stetig erneuerten Tradition bis zu Hofmannsthal und Stefan George steht: Um Terzinen nämlich handelt es sich, also um Gruppen von jeweils drei Versen, deren erster und letzter sich reimend verbinden, getrennt durch einen mittleren – der seinerseits wiederum die umarmende Reimung der nächsten Terzine vorausnimmt.

Im Deutschen vertraut sich diese Formation dem Metrum des Blankverses an, also des fünffüßigen Jambus.
Ein Schema wie Marmor, dessen Würde erhaben herausgemeißelt wie eingeebnet wird durch die Kontrastierung mit der schäbigen Bordellbanalität. Übrigens steigert Brecht diese regelrechte Kunstform zu höherer Kunstwirkung durch bewußte Regeldurchbrechung: durch das gelegentliche Mehr eines Versfußes, durch die abweichende Reimordnung der fünf Schlußverse. Das gibt dem Lied seine ambivalente, seine schwebendflüchtige, seine aufgehobene und haltlose Stimmung. Denn der Halt der Liebe ist Schein; die Liebenden aber leben von ihm: solange Liebe lebt. Zweimal das Verbum »scheinen«, in der sechsten und in der letzten Zeile. Und es sind diese beiden Zeilen die einzigen, die der Dichter in der Dialogfassung ausdrücklich an »Beide« vergibt, auf diese Weise das Scheinwesen, den Illusionszauber der Zweieinigkeit deutlichmachend.
Terzinen von der Vergänglichkeit. Endlichkeit der Liebe im unendlichen Raum: die Kraniche im Wolkenbogen, Teil des Himmels in luftiger Materie, augenblicklich nur und nicht verweilend, in der Harmonie des Flügelschlags jedes das andere spürend wie den sie tragenden Wind. »Im Fluge« liegen sie beieinander, nicht ruhend, flüchtig nur. Ein Gespinst aus Wind und Wolke, ein Bild von Wechsel und Vorüberziehn, gleitende Station des Weges aus dem einen Nichts in ein anderes Nichts. Indessen: wenn *sie* nur nicht vergehen (das Versmaß zwingt zur Betonung des »sie«, als dem Gegensatz zur Vergänglichkeit ihrer Umwelt); das heißt, wenn und solange ihre Liebe bleibt, sind sie Unberührbare, sind geschützt und isoliert. Die letzten Verse mit ihrem traumsicheren Frage- und Ant-

wortspiel wissen freilich schon das Ende: »Seit kurzem« bis »bald«, das ist das Zeitmaß, das Zeitalter der Liebenden. Sie aber ahnen nichts von Raum und Zeit, ihr Kranichflug ist ihr Jetzt und Immer, und ihr Bett ist Wolke und Himmel und Wind.

Verse des Schwebezustands. Auch ihre Syntax teilt ihn mit, die im Mittelteil (den Zeilen sieben bis siebzehn) keinen Boden unter den Füßen hat, nicht den geordneten Halt der Üblichkeit will. Am Ende des Bogens wird ein Halt sein. Ein Halt von anderer Art freilich als jener war, der den Liebenden ihre Wahrheit gab, sie auf den großen Flug schickte und sie unverwundbar machte, so daß die Regentropfen der Welt sie so wenig treffen konnten wie ihre Kugeln. Den kühnen Flug aus einem Leben in ein andres Leben: aber was zwischen dem einen und dem anderen war, zeitentrückt und raumvergessen, das war *ihr* Leben.

BERTOLT BRECHT
DIE MUSEN

Wenn der Eiserne sie prügelt
Singen die Musen lauter.
Aus gebläuten Augen
Himmeln sie ihn hündisch an.
Der Hintern zuckt vor Schmerz
Die Scham vor Begierde.

JAN KNOPF
UNSCHÖNE WAHRHEIT

Ehe die Musen von wissenschaftlichem Geist verschiedenen Bereichen und Funktionen zugeordnet wurden, Erato zum Beispiel der Lyrik, Kleio der Historie, zeichneten sie sich durch ihren sirenengleichen Gesang aus. Der Mythos besagt: Wenn sie nach dem Olymp, dem Sitz der Götter, zogen, so hüllten sie sich in Wolken und ließen nur ihren wunderschönen Gesang hören. Wen sie liebten und anrührten, so der Mythos weiter, aus dessen Mund sei süß die Rede und herrlich der Gesang geflossen. Hesiod verbindet die Schönheits- mit der Wahrheitsfrage und läßt die Musen sagen: *Seht, wir reden viel Trug, auch wenn es wie Wirklichkeit klänge / Seht aber, wenn wir gewillt, verkünden wir lautere Wahrheit.*

Der bloße Glanz des Schönen als wunderbarer Trug der Sinne und der Anspruch, Wirklichkeit wiederzugeben, lagen von Beginn an widerspruchsvoll in eins. Die Aufgabe der Musen war es, die ewigen und seligen Götter im Gesang zu verehren, zugleich aber auch von Gewesenem und Künftigem zu künden.

Ohne diese mythische Rückerinnerung verflachte Brechts beziehungsreiche »Buckower Elegie« zur bloßen Stalinschelte. 1953 entstanden, gehört sie zu dem (unvollendeten) Gedichtzyklus, der sich mit dem 17. Juni und seinen Folgen poetisch auseinandersetzt. Elisabeth Hauptmann publizierte sie erst 1965 – in einem zweiten Nachtrag (der erste war 1964 erschienen) – aus dem Nachlaß, an unscheinbarer Stelle: Das Gedicht schien (zu) eindeutig politisch Stellung zu nehmen. Ich meine jedoch – und darin sehe ich ihren besonderen Reiz –, daß diese Elegie ihren politischen Anlaß überschreitet: Sie spricht poetisch von Poesie, verdoppelt sich damit gleichsam und stellt sich selbst in Frage: Hält sie, was sie verspricht, sagt sie unschöne Wahrheit auf schöne Weise?

Drei Bildbereiche sind im Gedicht miteinander verschmolzen. Zunächst sind da die antiken Mythen und Bilder, welche die »Buckower Elegien« insgesamt durchziehen. Die Musen sind nach antikem Muster personifiziert, vorzustellen als nackte weibliche Gestalten von großer Schönheit, der Gottheit ergeben und zu schönen Diensten. Diese Bildsphäre ist von Beginn an überlagert von der zweiten, der des Eisernen, der in die antike Landschaft nicht paßt. Zwar gab es auch da gewappnete Helden und Götter, sie traten jedoch den Musen nicht zu nahe. Das Verhältnis hat sich hier umgekehrt: Nicht die Musen »rühren« an, der »Eiserne« traktiert sie. Die ursprüngliche Frage, ob die Musen bloße Schönheit oder auch Wahrheit verkünden, ist dispensiert. Dermaßen in Zucht genommen, geht es nicht mehr darum, *was* sie singen, sondern nur noch, wie laut sie sich der falschen Verehrung widmen.

Der dritte Bildbereich ist der der Sexualität. Die antiken Gottheiten sind zu diensteifrigen Prostituierten verkommen. Ihre Blauäugigkeit, die ehemals Unschuld bezeugen sollte, dokumentiert als Augenring der vielen Nächte, in denen sie sich mißbrauchen ließen, ihren bezahlten Dienst ebenso wie die Brutalität ihres Beschälers, der ihnen die Augen blau geschlagen hat.

Das Ineinssetzen der drei Bildsphären, das noch verstärkt

wird vom metrischen Zitat aus Brechts Horaz-Lektüre in jener Zeit, bestimmt die poetische Kraft des Gedichts. Es fügt das Unpassende ineinander und gibt so ein unmittelbares Bild der Perversion. Tiefer scheint Kunst nicht sinken zu können.

Freilich: Das Gedicht sagt dies kunstvoll, und das heißt, Kunst vermag zu überleben, wenn sie ihre politische Erniedrigung nicht verschweigt, sondern in Poesie widerspruchsvoll gestaltet. Sie umgibt sich mit dem Glanz der antiken Schönheit und sagt dennoch die unschöne Wahrheit. Das Schöne kann wahr sein, auch wenn die Wahrheit unschön ist.

BERTOLT BRECHT
DIE PAPPEL VOM KARLSPLATZ

Eine Pappel steht am Karlsplatz
Mitten in der Trümmerstadt Berlin
Und wenn Leute gehn übern Karlsplatz
Sehen sie ihr freundlich Grün.

In dem Winter sechsundvierzig
Fror'n die Menschen, und das Holz war rar
Und es fielen da viele Bäume
Und es wurd ihr letztes Jahr.

Doch die Pappel dort am Karlsplatz
Zeigt uns heute noch ihr grünes Blatt:
Seid bedankt, Anwohner vom Karlsplatz
Daß man sie noch immer hat!

WALTER HINCK
DAS FREUNDLICHE GRÜN

Das Gedicht gehört zur Gruppe der »Kinderlieder« Brechts aus dem Jahre 1950. Solche Umgebung lädt zur Unterschätzung ein. Dabei ist es in der Poesie gerade das Einfache, das schwer zu machen ist. Fürs Kinderlied trifft zu, was auch für neuere Versuche, im Volksliedstil weiterzudichten, gilt »Die modernen Lieder ›im Volkston‹ sind oft«, meint Brecht, »abschreckende Beispiele, schon ihrer künstlichen Einfachheit wegen. Wo das Volkslied etwas Kompliziertes einfach sagt, sagen die modernen Nachahmer etwas Einfaches (oder Einfältiges) einfach.« Einfältigkeit wäre das letzte, was sich Brechts poetischem Dank für die Anwohner des Karlsplatzes nachsagen ließe.

Aber die Bedingung des Kinderlieds: uneingeschränkte Verständlichkeit, erfüllt das Gedicht – ohne beflissen in die vermeintliche Kinderpsyche hineinzuschlüpfen. Klar ist der Aufbau; der Dreischritt der Strophen führt aus der Gegenwart in die Vergangenheit, ins erste Nachkriegsjahr, und wieder in die Gegenwart zurück. Fast wirkt die erste Zeile der dritten Strophe, die den Anfangsvers nur wenig abwandelt, wie ein Kehrreim. Der Satzbau meidet Schachtelung; das Bindewort »und« läßt eine Reihe nebengeordneter Sätze entstehen. Die Sprache bleibt leger; keine Lobrede wird hier geschwungen, kein Orden wird verliehen. Gezeigt werden ein uneigennütziges Verhalten und seine segensreichen Folgen. Das Handeln spricht für sich, da darf sich der Dank eher beiläufig anschließen.

Der Dichter macht von den Möglichkeiten der Volksliedstrophe, zumal der metrischen Freiheit in der Füllung der Senkungen, Gebrauch. Nur den Schlußversen der drei Strophen ist, wenn auch kaum merklich, die Ordnung des Trochäus unterlegt, so daß man diese Zeilen etwas langsamer liest. Sie wirken dadurch bedeutungsbeschwert; und tatsächlich wendet sich hier der Gedanke jeweils auf das Entscheidende hin: auf das freundliche Grün, den »Tod« der Bäume in anderen Gegenden, die Rettung des Grüns am Karlsplatz. Nicht verschwiegen sei allerdings, daß ausgerechnet der Schlußvers des Gedichtganzen in Diktion und Bildlichkeit etwas abfällt.

Keine Illustration eines Programms der Ostberliner Staatspartei von 1950 oder der Grünen-Bewegung von heute bietet dieses Gedicht, obwohl es als poetischer Beleittext zu unseren Umwelt-Debatten wie geschaffen scheint. Wie alle bedeutende Kinderlyrik ist auch dieses Gedicht für die Weltsicht der Erwachsenen offen. Es entfaltet einen sehr anschaulichen Beispielsfall und erlaubt eine Deutung auf verschiedenen Stufen. Grundsätzlich erkennt das Gedicht dem Wohlgefallen Vorrang vor dem Nutzen zu.

Den Verzicht auf das Fällen eines Baums zur Notzeit, so wird demonstriert, belohnt die fortdauernde Freude am lebendigen Grün, an der Naturschönheit. Sinnliches Wohlgefallen ohne Besitzenwollen, ohne »Begehren« aber – das zu wissen, muß man nicht unbedingt Kants »Kritik der Urteilskraft« gelesen haben – hat immer auch eine ästhetische Seite. Im dritten der »Kinderlieder 1950«, im Gedicht »Die Vögel warten im Winter vor dem Fenster«, erhalten die »um eine kleine Spende« bittenden Vögel ihr Futter: der Sperling, weil er im Sommer mit seinem

Warnruf den Raben aus dem Saatbeet vertreiben half, der Buntspecht, weil er Ungeziefer aufpickte, aber auch die Amsel, die den ganzen Sommer lang nur sang. Auch hier also ein Plädoyer für ein Erfreuen, das sich nicht durch seine Nützlichkeit rechtfertigen muß. Läßt sich die Schlußstrophe dieses Gedichts als ein Gleichnis für das unbedingte Daseinsrecht der Kunst ohne Auftrag lesen, so »Die Pappel vom Karlsplatz« als gleichnishafte Ermunterung, das Schöne (und damit auch die Kunst) über die existentiellen Schiffbrüche hinweg zu retten.

Ebenfalls im Jahr 1950 sinniert Gottfried Benn, in Versen unter dem Titel »Was meinte Luther mit dem Apfelbaum?«, über die legendäre Antwort Luthers auf die Frage, was er angesichts des nahen Weltuntergangs tun würde. Das »Pflanzen eines Apfelbaums« ist zum Symbol einer Haltung des Dennoch, der Hoffnung geworden. Brechts Gedicht rückt uns noch näher. Auf die Zukunft setzt schon, wer einen Baum stehen läßt, ihn bewahrt gegen das Kalkül der raschen Verwertbarkeit.

BERTOLT BRECHT
EIN NEUES HAUS

Zurückgekehrt nach fünfzehnjährigem Exil
Bin ich eingezogen in ein schönes Haus.
Meine Nō-Masken und mein Rollbild, den Zweifler zeigend
Habe ich aufgehängt hier. Fahrend durch die Trümmer
Werde ich tagtäglich an die Privilegien erinnert
Die mir dies Haus verschafften. Ich hoffe
Es macht mich nicht geduldig mit den Löchern
In denen so viele Tausende sitzen. Immer noch
Liegt auf dem Schrank mit den Manuskripten
Mein Koffer.

HELMUT KOOPMANN
DER BESITZ DES REISENDEN

Die Häuser, in denen Brecht im Exil wohnte, standen in Prag, Stockholm, Moskau, London, Paris, New York, Los Angeles: auf dem Lande in Dänemark und Finnland. Daß er öfters die Länder als die Schuhe gewechselt habe, glaubt man ihm mehr als anderen. Im Grunde das Leben eines Obdachlosen. Ein Haus mit einem großen Garten hatte er schon einmal besessen: sieben Wochen lang. Es waren, wie er in einem Gedicht 1933 schrieb, »sieben Wochen echten Reichtums«. Er verließ es, floh über die Grenze. Bilder im Exil zeigen ihn unter dem dänischen Strohdach, in New Yorks Hochhauswüste, vor einem unscheinbaren Haus in Los Angeles: immer nur flüchtig bewohnt, er selbst alles andere als ein »hartnäckiger Villenbesitzer«, für den Thomas Mann galt. Das Gedicht über »Die Auswanderung der Dichter« beginnt mit der Feststellung, daß Homer kein Heim hatte. Brecht hatte viele – aber sie waren nicht eigentlich die seinen.

Als er 1948 nach Berlin zurückkehrt, hat er für seine frühere Stadt nur sarkastische Formulierungen: »eine Radierung Churchills nach einer Idee Hitlers« oder auch: »der Schutthaufen bei Potsdam«; eine Ruinenstadt. Am 23. Oktober 1948 notiert er: »gestern abend sahen wir nur bei einfahrt im dunkeln die ruinen der friedrichstraße undeutlich. früh sechs uhr dreißig gehe ich die zerstörte wilhelmstraße hinunter zur reichskanzlei. sozusagen meine zigarre dort zu rauchen. ein paar arbeiter und trümmerwei-

ber. die trümmer machen mir weniger eindruck als der gedanke daran, was die leute bei der zertrümmerung der stadt mitgemacht haben müssen.«
In Buckow findet er sein neues Haus, und er genießt seine Exklusivität – ein wenig schlechten Gewissens ob der anderen, die in den Trümmerlöchern hausen. Ein Ort fast jenseits der Zeit. »berlin ein hexensabbat, wo es auch noch an besenstielen fehlt«, hat er über die Nachkriegsstadt in sein Arbeitsjournal notiert: ein Gomorrha, das den Brand überstanden hatte. Doch Brecht fährt durch die Trümmerlandschaft nur hindurch, auf dem Weg zum Theater.
Er hätte es für töricht gehalten, auch in ein Trümmerloch zu ziehen. Aber die Lehren der Erfahrung sind dennoch in Buckow miteingezogen. Der Zweifler: das ist er selbst, und das Exil hat ihn gelehrt, was alles zu bezweifeln ist. Vor allem: es hat ihm seine Existenz als transitorisch gezeigt. Die Manuskripte sind noch nicht ausgepackt, der Koffer bleibt sichtbares Zeichen eines Lebens, das sich als unterwegs begreift. »Ich bin nicht gern, wo ich herkomme. Ich bin nicht gern, wo ich hinfahre«, heißt es im Gedicht »Der Radwechsel« und: »Warum sehe ich den Radwechsel / Mit Ungeduld?«
Es ist die Ungeduld des Reisenden, und sie bleibt bei Brecht, auch in seinem schönen Haus. Die Lust am Besitz hat er übrigens schon früh nach dem Verlassen Deutschlands verloren. »Ich ging ohne Bedauern, oder mit geringem Bedauern«, hieß es in »Beim Lesen von ›Zeit meines Reichtums‹«. Der Exilant bleibt unbehaust, mag sein Haus noch so bequem sein. Brecht hat damit, nicht ohne Selbstgenuß und nicht ohne Zweifel an diesem, am Ende aber doch noch mehr beschrieben – das Vorübergehende auch unserer Existenz, in scheinbar kunstlosen Versen.

BERTOLT BRECHT
ENTDECKUNG AN EINER JUNGEN FRAU

Des Morgens nüchterner Abschied, eine Frau
Kühl zwischen Tür und Angel, kühl besehn.
Da sah ich: eine Strähn in ihrem Haar war grau
Ich konnt mich nicht entschließen mehr zu gehn.

Stumm nahm ich ihre Brust, und als sie fragte
Warum ich Nachtgast nach Verlauf der Nacht
Nicht gehen wolle, denn so war's gedacht
Sah ich sie unumwunden an und sagte:

Ist's nur noch eine Nacht, will ich noch bleiben
Doch nütze deine Zeit; das ist das Schlimme
Daß du so zwischen Tür und Angel stehst.

Und laß uns die Gespräche rascher treiben
Denn wir vergaßen ganz, daß du vergehst.
Und es verschlug Begierde mir die Stimme.

JOSEPH ANTON KRUSE
LIEBE ZWISCHEN TÜR UND ANGEL

Natürlich sind wir in der Liebe Egoisten. Und oft genug haben wir erfahren, daß die sogenannte selbstlose Liebe sich irgendwann rächt. Natürlich ist es wunderbar, wenn sexuelle Erfüllung und erotisch-existentielle Anziehung übereinstimmen. Jedoch müssen wir uns oft genug eingestehen, daß Liebesbeziehungen und die sexuellen Kontakte nicht unbedingt identisch sind. In Liebesgedichten aber erwarten wir geordnete Verhältnisse und eine gesittete Reihenfolge, sind demgemäß von diesen Brecht-Zeilen irritiert und merken dann erst, daß sie endlich einmal die Wahrheit erzählen, jedenfalls mehr reale Fäden unserer Begierden und ihrer tieferen Bedeutung bloßlegen, als es konventionell schmachtende, keusche, petrarkistische Verse vermögen. In ihnen wurde viel zu häufig so getan als ob. Das war Brechts Sache gerade nicht.
An seiner landläufig als brachial beschriebenen Erotik kann uns dies Gedicht in der Tat einige Zweifel lehren. Aus üblicher Alltagssexualität *zwischen Tür und Angel* erwächst so etwas wie Interesse, wie zarte Liebe, die freilich nicht sehr haltbar sein muß. Aber die Verse des Sonetts sind die scheue Anerkennung jener stets von Sehnsucht grundierten Vereinigungs- und Glücksgefühle, die den Liebesakt begleiten oder ihm folgen können, wenn er mehr ist als bloße Selbstbefriedigung. Das Gedicht beschreibt Liebe, aber eine solche als Folge des Beischlafs für eine Nacht, von dem ursprünglich keine tiefere Einsicht

oder Verpflichtung auszugehen hatte. Nicht die sachlich und rational getroffene Übereinkunft, miteinander Liebe zu machen, hat eine Annäherung gebracht, sondern der Abschied nach nicht gerade unzufriedener Bettgenossenschaft. Das Interesse des Liebhabers wird durch die morgendliche *Entdeckung* an seiner jungen Gefährtin erst endgültig, wenn auch für einen überschaubaren Zeitraum, wachgerufen. Ihre graue Haarsträhne hebt die aufgelesene Person aus der Gleichmacherei der Nacht heraus. Ihre Jugend war gut fürs Bett, das erste Anzeichen für ihr Altern hingegen drückt den Kern der Liebesbegegnung aus: die Zeit vergeht, und wir sind vergänglich. Allein diese Erfahrung weckt Zärtlichkeit und anhängliche Fürsorge.

Doch die Rückkehr zur Frau einer einzigen Nacht für eine weitere Nacht und den Tag dazwischen enthält eine herrische Drohung, spiegelt die barocke Geste *carpe diem*, wie sie auch in anderen Liebesgedichten auftaucht: Wir haben den Augenblick zu *nützen*, da Schönheit und Jugend der Frau vergehen. Die Attribute ihrer Weiblichkeit, ihr Haar, ihre Brust, ihre Rede tragen den Stachel des Todes in sich. Der Mann, sterblich wie sie, nimmt sie sich als die Schwächere, der Zeit Unterworfene, um sich der eigenen Stärke, der ewigen Potenz zu vergewissern. Er nimmt sie aber als seine notwendige Ergänzung: Hand paßt zur Brust, Frage zur Antwort, und weiß, daß es nicht gut ist, unter den Bedingungen der menschlichen Existenz allein zu sein.

Diese Bedingung zu akzeptieren, das Gegenüber wahrzunehmen, bedeutet die Entstehung von Liebe, bedeutet, die eigene Begierde und Lust mit der Geliebten zu teilen, solche Emotionen nicht zwischen Tür und Angel in einem nüchternen Abschied verkommen zu lassen, sondern zu wiederholen als Protest gegen die Vergänglichkeit und gleichzeitig als deren respektvolle Anerkennung. Brecht schließt somit den Kreis seines Sonetts, das so *nüchtern* beginnt, sinnlich, ja hemmungslos: aus der sexuellen Vereinzelung entsteht die erotische Vereinigung, die aus dem Geiste erwächst, aber gerade deshalb die Körper miteinander verschmilzt zu einem Gespräch ohne Worte.

BERTOLT BRECHT
ERINNERUNG AN DIE MARIE A.

1 An jenem Tag im blauen Mond September
Still unter einem jungen Pflaumenbaum
Da hielt ich sie, die stille bleiche Liebe
In meinem Arm wie einen holden Traum.
Und über uns im schönen Sommerhimmel
War eine Wolke, die ich lange sah
Sie war sehr weiß und ungeheuer oben
Und als ich aufsah, war sie nimmer da.

2 Seit jenem Tag sind viele, viele Monde
Geschwommen still hinunter und vorbei.
Die Pflaumenbäume sind wohl abgehauen
Und fragst du mich, was mit der Liebe sei?
So sag ich dir: Ich kann mich nicht erinnern
Und doch, gewiß, ich weiß schon, was du meinst.
Doch ihr Gesicht, das weiß ich wirklich nimmer
Ich weiß nur mehr: ich küßte es dereinst.

3 Und auch den Kuß, ich hätt ihn längst vergessen
Wenn nicht die Wolke dagewesen wär
Die weiß ich noch und werd ich immer wissen
Sie war sehr weiß und kam von oben her.
Die Pflaumenbäume blühn vielleicht noch immer
Und jene Frau hat jetzt vielleicht das siebte Kind
Doch jene Wolke blühte nur Minuten
Und als ich aufsah, schwand sie schon im Wind.

MARCEL REICH-RANICKI
DAS DIALEKTISCHE LIEBESGEDICHT

Wenn man einer Eintragung Brechts in seinem Notizbuch trauen kann, hat er dieses Gedicht im Zugabteil geschrieben, während einer Fahrt nach Berlin. Es war kurz nach dem Ersten Weltkrieg, er war knapp 22 Jahre alt. Für das Drama suchte er damals neue Wege, in der Lyrik hingegen hielt er sich vor allem an die Tradition. Oft befolgte er hier, sorgfältig und souverän zugleich, strenge Regeln der klassischen Poetik. Alte und bewährte Schläuche füllte der junge Poet mit neuem Wein.

Das Gedicht »Erinnerung an die Marie A.« besteht aus drei Stanzen oder auch Oktaven, jeder der 24 Verse hat zehn oder elf Silben (einzige Ausnahme: Strophe 3, Vers 6) und den fünftaktigen jambischen Rhythmus, in jeder Strophe reimt sich der zweite Vers mit dem vierten und der sechste mit dem achten, wobei alle Reimpaare »männlich« sind.

Aber so klassisch die Form, so mutet doch die erste Strophe romantisch-volksliedhaft an. Der sich sentimental erinnernde Poet schwelgt in Adjektiven, einfachen eher und gefühlsbetonten: Was sich in diesem blauen Mond September unter einem schönen Sommerhimmel abspielte und woran er offenbar nicht ungern denkt, war jung und hold, still und bleich. Doch in den letzten drei Versen der ersten Oktave verzichtet Brecht plötzlich auf die Attribute, vielmehr wiederholt er dreimal ein kurzes, dunkel klingendes Zeitwort: »war«. Der Schluß der Strophe kündigt gleichsam warnend den Inhalt der zweiten an: Sie folgt auf die erste wie die Antithese auf die These.

Es sind nicht nur viele Monde inzwischen vergangen, auch die Liebe ist »still hinunter und vorbei«, jene jungen Pflaumenbäume gibt es ebenfalls nicht mehr, der Dichter kann sich an nichts erinnern, nicht einmal an das Gesicht der Geliebten. War es etwa ironisch gemeint, daß er sie in seinem Arm »wie einen holden Traum« gehalten habe?

Der letzte Vers der zweiten Strophe relativiert den düsteren Befund: Immerhin kann der Dichter nicht vergessen, daß er dieses Gesicht geküßt hat. Und damit ist wieder auf die nächste und letzte Strophe verwiesen, die, der Hegelschen Dialektik getreu, nach der These und Antithese nun die Synthese bietet.

Auch den Kuß hätte er, gesteht der skeptische Poet, längst vergessen, wenn nicht die Wolke am Himmel gewesen wäre, von der es noch einmal heißt, daß sie sehr weiß war. Aber er hat in seinem Leben unendlich viele Wolken gesehen. Warum also erinnert er sich gerade an diese, die nur Minuten »blühte«? Doch nur deshalb, weil er damals sie, »die stille bleiche Liebe«, in seinem Arm hielt und küßte. Was er in der zweiten Strophe mit betonter Sachlichkeit behauptete – »Ich kann mich nicht erinnern« –, ist hier in der dritten indirekt widerlegt. Während er vorher nüchtern vermutete, daß die Pflaumenbäume wohl inzwischen abgehauen seien, hofft er jetzt, daß sie noch immer blühen. Den ursprünglichen, etwas kokett anmutenden Titel des Gedichts (»Sentimentales Lied No. 1004«) hat Brecht verworfen.

Sollte die Wolke – »sie war sehr weiß und kam von oben her« – in diesem Gedicht die Liebe symbolisieren, ihre Reinheit und zugleich ihre Vergänglichkeit? Dann wäre gar die Liebe, wie einst in einer Operette gesungen wurde, eine Himmelsmacht? »Die weiß ich noch und werd ich immer wissen« – heißt es von jener Wolke. Und das soll wohl bedeuten: So vergänglich die Liebe auch sein mag, sie verschwindet nun doch nicht ganz. Denn es bleibt die Erinnerung und vielleicht auch Dankbarkeit. Im Titel des Gedichts ist ja nicht von einem Pflaumenbaum und eben nicht von jener Wolke die Rede, sondern von einer Frau. Er hat sie nicht vergessen, sie und das Septembererlebnis werden ihm nie mehr aus dem Sinn kommen. Ihr sind diese Zeilen gewidmet.

BERTOLT BRECHT
FRAGEN
EINES LESENDEN ARBEITERS

Wer baute das siebentorige Theben?
In den Büchern stehen die Namen von Königen.
Haben die Könige die Felsbrocken herbeigeschleppt?
Und das mehrmals zerstörte Babylon –
Wer baute es so viele Male auf? In welchen Häusern
Des goldstrahlenden Lima wohnten die Bauleute?
Wohin gingen an dem Abend, wo die Chinesische Mauer
fertig war
Die Maurer? Das große Rom
Ist voll von Triumphbögen. Wer errichtete sie? Über wen
Triumphierten die Cäsaren? Hatte das vielbesungene
Byzanz
Nur Paläste für seine Bewohner? Selbst in dem
sagenhaften Atlantis
Brüllten in der Nacht, wo das Meer es verschlang
Die Ersaufenden nach ihren Sklaven.

Der junge Alexander eroberte Indien.
Er allein?
Cäsar schlug die Gallier.
Hatte er nicht wenigstens einen Koch bei sich?
Philipp von Spanien weinte, als seine Flotte
Untergegangen war. Weinte sonst niemand?
Friedrich der Zweite siegte im Siebenjährigen Krieg. Wer
Siegte außer ihm?

Jede Seite ein Sieg.
Wer kochte den Siegesschmaus?

Alle zehn Jahre ein großer Mann.
Wer bezahlte die Spesen?

So viele Berichte.
So viele Fragen.

JÜRGEN THEOBALDY
DIE TRADITION IST UMKÄMPFT

Geschichtsbücher sind lange Zeit, ehe sie von Fachbüchern abgelöst wurden, bevorzugte Lektüre sich bildender Arbeiter gewesen. Wie das Gedicht hier öffnen sie den Blick auf Räume und Zeiträume, sie entwickeln eine perspektivische Schau der Epochen und reizen zum Widerspruch, wenn die offene oder uneingestandene Wertung der Ereignisse dem aktuellen Erkenntnisinteresse nicht mehr genügt. Denn was mit der Entscheidung des Historikers für seine Art der Darstellung in den toten Winkel rückt, vermißt der Leser, der im Zugriff auf das Vergangene die Gegenwart zu sichten sucht. Die schlichte Frage: Was bleibt? enthält ihren Zündstoff. Und wo die Geschichte nur von den Siegern geschrieben wird, schwindet aus der Welt, was von den Unterlegenen zu erfahren, wenn nicht zu lernen gewesen wäre.

Nun gibt es aber Unterlegene immer auch im Lager der Sieger. Die Geschichtsbücher, die der »Arbeiter« liest, scheinen den Anteil der Namenlosen an den Taten der Großen als gering einzustufen. Hier setzen die »Fragen« an. Ingrimmig und nicht ohne Witz schreitet die erste und längste Strophe fort von der Fron des Häuserbaus über Grenzbefestigungen, Triumphbögen und Paläste zum sagenhaften Untergang eines sagenhaften Reichs, bei dem die sozialen Abhängigkeiten bis zuletzt auf groteske Weise bestehenblieben. Als mache die Herrschaft über andere blind vor der nahenden Katastrophe, weil die eigenen Privilegien immer noch näher sind. Nicht nur die Berichte des *Club of Rome* drohen dies im Weltmaßstab zu bestätigen.

Mit einem scharfen Schnitt wendet sich die zweite Strophe dem Kriegsruhm zu. Die mythenbeladene Sieben spannt den Bogen vom alten Theben nach Potsdam, Andeutung eines Zahlenspiels, das der Zahlenmagie wohl nichts hinzufügen will. Danach werden die Verse lapidar und ziehen Schlußstriche; die beiden letzten fassen die Problematik der Geschichtsschreibung auf das knappste zusammen.

Aber ist das Gedicht nur eines über deren Probleme? Brecht hat es 1935 im Exil geschrieben und vier Jahre später den »Chroniken« in den »Svendborger Gedichten« vorangestellt, einer Sammlung, die alle Facetten seiner politischen Lyrik zeigt, vom Kinderlied über das Agitationsgedicht bis zum Lobgesang auf einen damals schon von Stalin zugerichteten Kommunismus.

Die »Fragen« indes halten die Mitte zwischen Agitprop und aufgesetztem Lehr- oder Ermutigungsgedicht. In den sechziger Jahren hörte ich sie aus Megaphonen auf Oster- und Friedensmärschen, wo sie die Gewißheit stiften sollten, daß sich da eine künftige Mehrheit zusammenfinde. Seit mit dem Ende des Kommunismus in Osteuropa auch hier die Schlacken der Ideologie abgefallen sind, lassen sich die Fragen nicht mehr mit Antworten verwechseln; mehr noch als nach diesen verlangt das Gedicht nach weiteren Fragen. Erstaunlicherweise, da doch ein »Arbeiter« liest, spricht es von keinen Revolutionen. Weil Usurpatoren selbst die siegreichen an sich rissen und dann ihr eigenes Geschichtsbild in Auftrag gaben? Die russische Revolution war für Brecht schon damals mehr als Zeitgeschichte, wie Chroniken über die »Große Metro« in

Moskau und Lenin ehrende »Teppichweber von Kujan-Bulak« belegen. Wer bezahlte ihre »Spesen«?
Das Gedicht enthält sich jeder Auskunft. »Fragen« ist sein erstes und sein letztes Wort. Dazwischen stehen die Vorbehalte und Einwände eines Dichters, der auf seinem Grabstein, wenn überhaupt, für seine Vorschläge geehrt sein wollte. Aber Vorschläge von Dichtern werden nie angenommen. Sie sind auch nie schon deshalb richtig, weil sie von Dichtern stammen. Daß jedoch Geschichtsschreiber heute Brechts Fragen stellen, ehrt sie und ihn.

BERTOLT BRECHT
GEGEN VERFÜHRUNG

1
Laßt euch nicht verführen!
Es gibt keine Wiederkehr.
Der Tag steht in den Türen;
Ihr könnt schon Nachtwind spüren:
Es kommt kein Morgen mehr.

2
Laßt euch nicht betrügen!
Das Leben wenig ist.
Schlürft es in schnellen Zügen!
Es wird euch nicht genügen
Wenn ihr es lassen müßt!

3
Laßt euch nicht vertrösten!
Ihr habt nicht zu viel Zeit!
Laßt Moder den Erlösten!
Das Leben ist am größten:
Es steht nicht mehr bereit.

4
Laßt euch nicht verführen
Zu Fron und Ausgezehr!
Was kann euch Angst noch rühren?
Ihr sterbt mit allen Tieren
Und es kommt nichts nachher.

HORST KRÜGER
GEGEN VERFÜHRUNG?

Dieses Gedicht ist in seiner Art vollkommen: vollkommen schön, vollkommen klar. Ist es auch vollkommen wahr? Es definiert Brechts Verhältnis zum Tod. Selten ist das, was man den dialektischen Materialismus des Marxismus nennt (und was bei den Klassikern des Marxismus meist einen immensen Begriffsapparat in Bewegung setzte), so einfach, so bildhaft, so fast volksliedhaft sangbar in Sprache übergegangen. »Der Tag steht in den Türen; / Ihr könnt schon Nachtwind spüren« – die Bilder, reimhaft, nehmen die Tradition deutscher Lyrik seit Goethe auf. Auch Romantik schwingt mit, romantisches Ungenügen, unstillbare Lebenslust: »Schlürft es in vollen Zügen! / Es wird euch nicht genügen / Wenn ihr es lassen müßt!«
Auch dies ist, wie bei Brecht fast immer, ein Lehrgedicht. Es vertritt eine These. Es will aufklären. Ja, es verkörpert in seinem didaktischen Tenor geradezu den Extremfall von Belehrung. Es lebt ganz aus dem Pathos aufklärerischer Unterweisung. »Laßt euch nicht verführen!« – die Eingangszeile geht bis zur letzten Zeile als erzieherischer Zeigefinger bewußt und ganz unüberhörbar durch das Gedicht. So sollt ihr es sehen! So steht ein Lehrer vor seiner Schulklasse. So sieht sich ein Sozialrevolutionär vor seiner Klasse.
Trotzdem ist es an keiner Stelle lehrhaft blaß, theoretisch, nur »aufklärerisch«. Im Gegenteil: es ist, als wenn die Dramatik und Wucht des Todesthemas letzte Tiefenerfah-

rungen des Dichters freigelegt hätte. Weisheit, nicht Wissen treibt diese Belehrung voran. Auch Weisheit der Bescheidung: »Ihr sterbt mit allen Tieren / Und es kommt nichts nachher.«
Was das Gedicht im historischen Kontext marxistischer Aufklärung meint, ist evident: Aufklärung gegen Klerikalismus und Mystizismus. Die kirchliche Tröstung auf ein besseres Jenseits zugunsten der Massenarmut hier, also auch zugunsten stabilisierter, konservativer Besitzverhältnisse wird schroff zurückgewiesen – mit Recht. »Laßt euch nicht verführen! Zu Fron und Ausgezehr!« Es ist ein leidenschaftlicher Aufruf, das Diesseits, die Irdischkeit ernst zu nehmen, voll auszuschöpfen, ja das eine Leben, das jeder nur hat, zur Feier irdischer Fülle sich entwickeln zu lassen: »Schlürft es in vollen Zügen!« Solche dionysischen Aufbrüche haben Seltenheitswert in der marxistischen Anthropologie, die gemeinhin den Menschen ja eher als Teil des ökonomischen Prozesses versteht und – verwertet.
Gleichwohl scheint mir das Stück revolutionärer Sprengkraft, das in solchen Sätzen steckt, von der heutigen Situation her, merkwürdig rückwärtsgewandt, als kritische Auseinandersetzung mit der christlich-bürgerlichen Ideologie. Soweit es den Mißbrauch von Jenseitsvertröstungen attackiert, ist es unverändert aktuell und wahr. Geht man aber zum Beispiel von der Utopie eines gelungenen Sozialismus aus (in dem ökonomische Ausbeutung nicht mehr vorhanden wäre), so zeigt es zugleich seine Grenze. Ich habe dieses Gedicht immer bewundert – ich kann ihm trotzdem nicht folgen, zuletzt. Der Tod wird einfach als Schlußpunkt hypostasiert: »Ihr sterbt mit allen Tieren« – dies ist einerseits richtig. Andererseits

wirft es eine Tür einfach zu, die man eben offenhalten sollte, meine ich.

Ob man es nun mit Bloch »Das Prinzip Hoffnung« nennt oder mit Jaspers »Die Grenzerfahrung« – der Tod, indem er fast autoritär zum absoluten Schlußpunkt deklariert wird, wird um ein Winziges gebracht, was sein Wesen ausmacht: das Fragezeichen. »Gegen Verführung« – Gegenverführung? frage ich.

BERTOLT BRECHT
GEMEINSAME ERINNERUNG

Nacht auf der Nyborgschaluppe
Frührot im finnischen Ried
Zeitung und Zwiebelsuppe
New York, fifty-seventh Street

Im Paris der Kongresse
Svendborg und Wallensbäk
Londoner Nebel und Nässe
Auf der »Anni Johnson« Deck

Zelt auf der Birkenkuppe
In Marlebaks Morgengraun
O Fahne der Arbeitertruppe
In der Altstadt von København!

GÜNTER KUNERT
VOM FIKTIVEN UND VOM UNFREIWILLIGEN REISEN

Zugegeben: Brechts »Gemeinsame Erinnerung« gehört nicht zu seinen allerbesten Gedichten. Doch es ist aus einem eigentlich unliterarischen Grunde bemerkenswert: Es besitzt ein Pendant, dessen Autor kein anderer ist als Gottfried Benn.

Die »Gemeinsame Erinnerung« (in der sich kein Wort auch nur andeutungsweise auf eine Gemeinsamkeit, auf ein Wir oder Du bezieht) wurde 1943 in der Emigration geschrieben, Benns Gedicht »Reisen« hingegen zum ersten Male 1950 veröffentlicht. Formal, das heißt in Reim und Metrum, sind beide Gedichte fast identisch; Brechts ist um eine vierzeilige Strophe kürzer. Und beide summieren topographische Angaben, freilich mit unterschiedlichem Resümee. Benns Gedicht verklingt in Resignation. Brechts mit einer metaphorischen Anspielung auf die soziale Utopie. Aber beide Male ist der Ursprung des Unternehmens ein »Besuch bei der Welt«.

Brechts Erinnerungen geben sich unpathetisch, fast nüchtern und lassen kaum etwas vom Lebensgefühl des in die Fremde Verschlagenen ahnen: Zweimal findet Erwachen statt, beim »Frührot im finnischen Ried« und in »Marlebaks Morgengraun« im Zelt, das den einzigen Hinweis auf etwas wie Gemeinsamkeit enthält. Den Topoi »Frührot« und »Morgengraun« entspricht hier nicht der aus deutscher Dichtung bekannte »frühe Tod«, vielmehr ein revolutionäres Erwachen: »O Fahne der Arbeitertruppe«. In

dieser Wendung, einer Formel aus dem Dunstkreis des sozialistischen Realismus, dessen Forderung sich auf positive Schlüsse kaprizierte, steckt eine Schwäche des Gedichts. Es findet eine Umschaltung statt: Von den Realitäten, konkret und »wertfrei« gesehen, auf ein Symbol: O Fahne. Diese Fahne ist ein Gegenstand unter den anderen, sie bedeutet etwas, stellt etwas dar und steht für etwas anderes ein: für die Überzeugung, daß das unfreiwillige Reisen letzten Endes seine höhere Rechtfertigung finde. Ein Irrtum, wie ich meine, dem ein andersgearteter Irrtum, mit dem Benns Gedicht schließt, entspricht.
Benns »Reise« ist eine fiktive; wenig von dem Benannten hat er wirklich gesehen: »Bahnhofstraßen und Ruen,/ Boulevards, Lidos, Laan –/ selbst auf den Fifth Avenuen/ fällt Sie die Leere an«. Hier gibt sich der Reisende *sophisticated*, ohne tatsächliche Begründung für sein Gelangweiltsein. Und ich fürchte, Benns lyrische Zurückweisung der Welt resultiert nur aus dem Umstand, sie versäumt zu haben, nach dem Motto: Was ich nicht kriege, will ich auch gar nicht. Wie ärmlicher, pietistischer Selbsttrost klingt das: »Ach, vergeblich das Fahren!/ Spät erst erfahren Sie sich:/ bleiben und stille bewahren/ das sich umgrenzende Ich.« Verteidigt sich dergestalt die »innere Emigration« vor der anklagenden Tatsache der äußerlich erzwungenen, indem sie sich eines eigenständigen Wertes, nämlich der Bewahrung von exklusiver Individualität rühmt? Wird unbewußt ein Alibi angestrebt? Die Verinnerlichung gefeiert?
Extroversion und Introversion: bei Brecht ein subjektloser Monolog, in welchem Stationen einer Biographie die Basis bilden, wobei der Biograph seiner selbst so weit in seinem Stoff aufgeht, daß nichts Eindeutiges von ihm üb-

rigbleibt, während bei Benn der Dialog scheinhaft ist und die Rede sich nur an das eigene Ich wendet, dem, Höhepunkt der Selbstbezogenheit, eine Erfahrung zugeschrieben wird, die es gar nicht gemacht hat.

Wie oft haben wir gehört, die Intentionen des Autors bestimmten auch seine Schreibweise, seine Ästhetik, seine Ausdrucksformen. Angesichts dieser beiden so gegensätzlichen Gedichte, die dennoch mit der gleichen Nadel genäht zu sein scheinen, muß man, um einen Brecht-Titel zu variieren, nach der Willfährigkeit der Literatur (in Hinsicht auf ihre Mittel) fragen. Schreibt sich die Form nicht mehr selber zwingend vor, so ist es vielleicht auch mit unseren Intentionen nicht sehr weit her, deren Schwäche sich durch den Griff in den Fundus des »lyrischen Schatzkästleins« aller Epochen und Gegenden kundtut.

BERTOLT BRECHT
GLÜCKLICHER VORGANG

Das Kind kommt gelaufen
Mutter, binde mir die Schürze!
Die Schürze wird gebunden.

HARALD WEINRICH
SELBSTVERSTÄNDLICHES GEDICHT

Ich besitze eine alte Photographie, da stehe ich auf dem Spielplatz und habe den linken Fuß auf einen Spaten gesetzt, arbeite. Wie alle meine Freunde trage ich eine Spielschürze. Ich spiele. Die Schürze legt sich stramm an meinen Leib. Ich bin glücklich.
Aber dieses Glück ist gefährdet. Es braucht sich nur die Schleife zu lösen, mit der die Schürze auf dem Rücken gebunden ist. Wie jämmerlich hängen dann die Flügel der Schürze und ihre dummen, hinderlichen Bänder herunter und stören bei der Arbeit! Man kann ja noch gar keine Schleife binden (diese beneidenswerte Kunst!) – und schon gar nicht hinter dem Rücken. Das Unglück ist also da: Der »glückliche Vorgang« beginnt mit seinem krassen Gegenteil. Doch es gibt Hilfe. Die Mutter ist nicht weit ... Wir wollen nun den Standort wechseln. Das Kind »kommt« ja gelaufen. Wir stehen bei der *glücklichen* Mutter, die dem Kind beim Spielen zusieht. Sie kann helfen. Rasch bindet sie die Schürze, und das Kind kann eilends wieder an seine Arbeit (wir wissen: zu seinem Spiel) zurückkehren. Die kurze Unterbrechung, dieser kurze Unglücksschmerz, wird das Glück des wohlbehüteten Kindes nur gesteigert haben. Und wir sinnen dem kleinen Vorgang nach: Muß denn das Glück, wenn es Dauer hat, hin und wieder für kurze Zeit – möglichst kurze Zeit – unterbrochen werden, damit wir es wahrnehmen?
Dem Dreitakt Glück–Unglück–Glück entspricht die

dreizeilige Form des Gedichts. Mit den Zeilen wechselt auch der Rhythmus, der in der zweiten Zeile trochäisch und in der dritten Zeile jambisch ist. In der ersten Zeile sind diese beiden Metren gemischt, so daß zwei der drei Hebungen unmittelbar nebeneinander liegen: das macht das Herbeieilen des Kindes kurzatmig. Die Trochäen der zweiten Zeile mit ihren vorangestellten Hebungen bewirken einen energischen Rhythmus: Das Kind erhebt seinen Anspruch mit Nachdruck. Sehr ruhig folgen dann die regelmäßigen Jamben der letzten Zeile: selbstverständlich wird der Forderung des Kindes entsprochen.

Das Passiv dieser letzten Zeile (die Grammatiker sprechen von einem »Vorgangspassiv«) ist übrigens nicht der Kindersprache entlehnt. Kinder gebrauchen fast kein Passiv. Brecht hat es vielmehr der Verwaltungssprache entnommen. Die Verwaltung liebt dieses Passiv und gebraucht es oft, wenn sie zum Ausdruck bringen will, daß ein berechtigter Anspruch ohne Ansehen der Person als Verwaltungsakt (»Vorgang«) behandelt und sachgerecht befriedigt wird. Aber sind das auch glückliche Vorgänge?

BERTOLT BRECHT
KINDERHYMNE

Anmut sparet nicht noch Mühe
Leidenschaft nicht noch Verstand
Daß ein gutes Deutschland blühe
Wie ein andres gutes Land.

Daß die Völker nicht erbleichen
Wie vor einer Räuberin
Sondern ihre Hände reichen
Uns wie andern Völkern hin.

Und nicht über und nicht unter
Andern Völkern wolln wir sein
Von der See bis zu den Alpen
Von der Oder bis zum Rhein.

Und weil wir dies Land verbessern
Lieben und beschirmen wir's
Und das liebste mag's uns scheinen
So wie andern Völkern ihrs.

IRING FETSCHER
LEIDENSCHAFTLICH, ABER KONTROLLIERT

Brechts Kinderhymne ist das schönste Deutschlandlied, das ich kenne. Es scheint ganz einfach und ist doch weise durchdacht. Das »Deutschland, Deutschland über alles« hatte einmal den Überschwang des subjektiven Gefühls ausdrücken sollen: mir geht mein Vaterland über alles, aber die Maßlosigkeit der Wilhelminischen Ära und das Verbrechen der Nazis gaben dem »über alles« einen anderen Sinn, als habe der Dichter sagen wollen, dieser Staat solle über alle anderen herrschen, seinen Eigennutz über alle erheben. Dem Katzenjammer der Niederlage folgte die Unterwürfigkeit der Besiegten. »Man hat sie entweder an der Gurgel oder zu seinen Füßen.« So ähnlich hat sich Churchill einmal über die Deutschen geäußert.
Brechts Kinderhymne ist ganz auf den Ton der »Gleichheit« Deutschlands mit andren Ländern gestimmt: Schon in der ersten Strophe heißt es »Wie ein andres gutes Land«, in der zweiten wird der Gedanke aufgenommen »Uns wie andern Völkern ...«, und in der dritten ist dann klar die Antithese zum »über alles« der Chauvinisten formuliert, aber zugleich auch die zur Servilität der Besiegten: »nicht über und nicht unter / Andern Völkern wolln wir sein«.
Während Hoffmann von Fallerslebens Hymne eine feierliche Beschwörung des lyrischen Individuums darstellt, spricht in Brechts Kinderhymne das ›wir‹ ähnlich wie in der Marseillaise, wenn auch weit friedlicher und stiller. Von der zweiten Strophe an ist dieses »wir« präsent: im

»uns«, in der dritten heißt es »wolln wir sein« und in der vierten »weil wir ... verbessern«. Das ist eine bewußt gestaltete Steigerung von der passiven Entgegennahme der Hände der andren Völker über das »wolln wir sein« und »wir ... verbessern«, zum aktiven, Liebe begründenden und aus Liebe kommenden Tun.

So bewußt wie der Gang des Liedes ist jede Strophe gestaltet. In der ersten wird schon auf das »Verbessern« in der letzten vorausgedeutet und die Ausbalanciertheit der Haltung umschrieben. Dieses Verbessern soll mit Anmut und Mühe, unverkrampft, aber doch mit Anstrengung erfolgen, leidenschaftlich – aber kontrolliert durch den nüchternen Verstand. Solche Ausgeglichenheit und Ausgewogenheit ist das Unterpfand dafür, daß jene Wendung in der Einstellung anderer Völker eintritt, die dann nicht mehr vor uns erbleichen »wie vor einer Räuberin«. Dies ist die einzige Stelle der Hymne, in der auf die damals (1950) noch so junge Nazivergangenheit andeutungsweise hingewiesen wird.

Vielleicht wird von hier aus auch klar, warum die Hymne eine »Kinderhymne« ist. Sie kann ja kaum von denen gesungen werden, vor denen – zu Recht – die Völker schreckhaft erbleichten. Es ist das Lied der neuen Generation, von der nicht nur Brecht hoffte, sie werde dieses Land verbessern. Keine Hymne für Kinder, sondern das Lied, das die Kinder singen (können). Und nur sie. Sie sind es auch, die sich von dem »über alles« abkehren, um ein Volk unter Völkern zu sein. Sie nur dürfen zum Schluß erklären, »das liebste mag's uns scheinen«, weil sie es verbessern. Welch besseren Grund gäbe es für Liebe zu einem Land als den, daß man es »verbessert«? Brechts Lied ist eine demokratische Hymne.

Brecht drückt sich hier weit bescheidener aus, als es einer dogmatisch gedeuteten marxistischen Theorie entspräche. Dieses »gute Land« wird kein Paradies, aber es wird verbessert werden und stets verbesserungsbedürftig bleiben. Aus der verbessernden Arbeit rührt unsere Bindung an dieses Land und die Bereitschaft, es zu hüten und »zu beschirmen«. Das mag als Bereitschaft zur Abwehr äußerer Feinde gedeutet werden oder auch als Absage an solche, die das Verbessern nicht zulassen wollen. Es gibt wohl keine Hymne, die die Liebe zum eigenen Land so schön, so rational, so kritisch begründet, und keine, die mit so versöhnlichen Zeilen endet.

BERTOLT BRECHT
LIED DER MUTTER ÜBER DEN HELDENTOD DES FEIGLINGS WESSOWTSCHIKOW

Wie also war er?
Wie immer er war
Als er zur Wand ging
Konnte er sterben.
Und er verglich nicht jene mit anderen
Und auch nicht sich mit anderen, sondern
Schickte sich an, bedroht, sich schnell zu verwandeln in
Unbedrohbaren Staub. Und alles
Was noch geschah, vollzog er wie
Abgemachtes, als erfülle er
Einen Vertrag. Und ausgelöscht waren
Ihm im Innern die Wünsche. Jegliche Bewegung
Untersagte er sich streng. Sein Inneres
Schrumpfte ein und verschwand. Wie ein leeres Blatt
Entging er allem
Außer der Beschreibung.

REINHARD BAUMGART
EIN LEERES BLATT

Das soll ein Lied sein? Bestenfalls die ersten vier Zeilen könnte man sich schlicht gesungen vorstellen, doch nur als Einleitung, Überleitung zu einem Lied. Was aber dann folgt, dunkel, trocken und doch hymnisch, bricht mit aller Lied-Konvention, auch durch seinen kräftig und doch für ein erstes Hinhören kaum deutlich hingemurmelten Inhalt. Da hilft nur ein Rückblick auf die Überschrift, die klarmacht: Ein zum Sterben Verurteilter, ein Untergehender nimmt vor seinem Tod schon seine Auslöschung vorweg. Wer Brechts Leben und Schreiben etwas genauer kennt, wird nun auch eine Datierung wagen: um 1930. In dieser seiner finstersten und entschlossensten Zeit, zwischen »Fatzer«-Fragment, »Die Maßnahme« und »Die heilige Johanna der Schlachthöfe«, muß er gemeint und sicher auch gehofft haben, eine deutsche Revolution stünde wie das reinigende Weltgericht unmittelbar bevor.

Das soll ein Gedicht sein? Auch das darf nach einem ersten Lesen erstaunt und befremdet gefragt werden. Zum »Lied« jedenfalls ist der Text tatsächlich erst durch die Zufügung der ersten vier Zeilen und einer Überschrift befördert worden. In dieser hier abgedruckten Gestalt fand er sich in Eislers Nachlaß unter den Kompositionsvorlagen für »Die Mutter«, und so erschien er zum ersten Mal 1982 in den »Gedichten aus dem Nachlaß«. Doch in einem Brechtschen Notizheft aus dem Jahr 1931 beginnt der emphatische Wortlaut, in brüchiger Bleistiftschrift hingeworfen, erst jäh mit der fünften Zeile, und genauso, auch mit den zufälligen Zeilenbrüchen auf der zu schmalen Notizbuchseite, als düster leuchtendes Fragment also, wurde der Text schon einmal, 1960 in der noch von Elisabeth Hauptmann verantworteten achtbändigen Gedichtausgabe, abgedruckt. Dann aber verschwand der Torso, als wäre seine durch Brechts Handschrift doch beglaubigte Echtheit anzuzweifeln, über zwanzig Jahre stillschweigend aus allen Editionen. Als wäre er weder Lied noch Gedicht, als wäre nichts von ihm geblieben als eben »ein leeres Blatt«.

Das mag für öde philologische Daten halten, wer will. Für mich jedenfalls gehört die Editionsgeschichte dieser Zeilen, ihr Auftauchen, Verschwinden und Wiederauftauchen in restaurierter Fassung, unabtrennbar zu ihnen selbst. Es ist, als hätten die Herausgeber den Sog des Gedichts oder Kaum-noch-Gedichts, diese Verwandlung eines Menschen und der Sprache in Staub, Leere, Schweigen, *nolens volens* nachvollzogen. Auch will es mir nicht gelingen, die Überschrift und das Zeilen-Quartett des Anfangs anders zu lesen als wie etwas ängstlich Dazugeflicktes. Mit dieser vorausgeschickten Ansage versucht Brecht, die klare und doch raunende Mystik seines Untergangs-Gedichts patent ins Epische, Szenische und Dialektische hinüberzuretten. Ein »Feigling«, so begreifen wir nun, wird, an die Wand gestellt, unverhofft noch zum Märtyrer, ja zum »Helden«, indem er sich innerlich abtötet vor seinem Tod.

Der ursprüngliche Entwurf aber erzählt und vollstreckt etwas anderes, Unheimlicheres, wenn auch weniger Konkretes und Praktisches. Da wird nicht nur ein zum Sterben

Verurteilter aus seiner Individualität herausgesprochen, sondern mit ihm verwandelt sich auch die Sprache, in der das geschieht, ins Anonyme. Auch sie »vollzieht«, »wie Abgemachtes«, »einen Vertrag«. Um nur ja »unbedrohbar« zu sein, »ausgelöscht«, wunsch-, bewegungs-, leblos, sich entziehend, nichtssagend »wie ein leeres Blatt«. Aber welcher triumphale Umschwung dann in der allerletzten Zeile, so scheinbar dürr, ja bürokratisch er sich auch verkündet: Nicht einmal das Nichts entgeht – »der Beschreibung«.

Fiat ars pereat mundus? In solchen kryptisch nüchternen Bekenntnissen jedenfalls, in dieser unerwarteten Nähe zu Goethes »Stirb und Werde« oder Hölderlins »Tod des Empedokles« verrät Brecht mehr von sich in der radikalsten Krise seines Lebens und Schreibens als in den dialektisch-materialistischen Denkübungen, in die er sich damals so krampfhaft hineinträumte und die seine beflissenen Ausleger so lange für den Generalschlüssel zum Werk gehalten haben.

BERTOLT BRECHT
LOB DER VERGESSLICHKEIT

Gut ist die Vergeßlichkeit!
Wie sollte sonst
Der Sohn von der Mutter gehen, die ihn gesäugt hat?
Die ihm die Kraft seiner Glieder verlieh und
Die ihn zurückhält, sie zu erproben.

Oder wie sollte der Schüler den Lehrer verlassen
Der ihm Wissen verlieh?
Wenn das Wissen verliehen ist
Muß der Schüler sich auf den Weg machen.

In das alte Haus
Ziehen die neuen Bewohner ein.
Wenn die es gebaut haben noch da wären
Wäre das Haus zu klein.

Der Ofen heizt. Den Hafner
Kennt man nicht mehr. Der Pflüger
Erkennt den Laib Brot nicht.

Wie erhöbe sich ohne das Vergessen der
Spurenverwischenden Nacht der Mensch am Morgen?
Wie sollte der sechsmal zu Boden Geschlagene
Zum siebenten Mal aufstehen
Umzupflügen den steinigen Boden, anzufliegen

Den gefährlichen Himmel?
Die Schwäche des Gedächtnisses verleiht
Den Menschen Stärke.

JÜRGEN JACOBS
STRENGE FÜGUNG

»Lob der Vergeßlichkeit« – der Titel klingt paradox: Will Brecht eine Schwäche anpreisen oder gar eine Untugend, die doch vorläge, wenn jemand seiner Bequemlichkeit wegen das Vergangene vorsätzlich vergäße und verdrängte? Natürlich nicht. Das Gedicht soll die Wahrheit aussprechen, daß der Mensch um seiner Lebensfähigkeit willen vergessen muß: Bliebe ihm alles Überlieferte und Erlebte verbindlich, dann fehlte ihm die Freiheit, sich den Forderungen der Gegenwart und Zukunft zuzuwenden. Man kennt den Gedanken von Nietzsche, aus der Abhandlung über Nutzen und Nachteil der Historie: Als eines der Mittel gegen die »historische Krankheit« ist dort die Fähigkeit genannt, »vergessen zu können und sich in einen begrenzten Horizont einzuschließen«.

Brechts Gedicht liefert gleich zu Beginn ein drastisches Beispiel für die Lebensnotwendigkeit des Vergessens. Der Sohn muß die Liebe und die Wohltaten der Mutter aus seinem Gedächtnis drängen, er muß die stärksten Bindungen zerreißen, um sich auf eigene Beine zu stellen. Ebenso muß sich der Schüler von seinem Lehrer lossagen. Das sind schmerzliche Vorgänge für die Beteiligten, aber sie sind unvermeidlich. Fänden Sohn und Schüler nicht die Kraft, Gefühle zu verletzen und undankbar zu erscheinen, dann blieben sie im Bann ihrer Vergangenheit und könnten niemals selbst Väter und Lehrer werden.

Ein anderer Aspekt des Vergessens ist, daß über dem Gebrauch nützlicher und notwendiger Dinge deren Vorgeschichte aus dem Bewußtsein schwindet. Wer im warmen Zimmer sitzt, so Brechts Beispiel, denkt nicht mehr an den Ofensetzer. Aber auch wer zur Befriedigung der elementaren Lebensbedürfnisse selbst beigetragen hat, verliert seinen Anteil aus den Augen: Der Pflüger denkt nicht mehr an seine Arbeit, wenn er das Brot vom Tisch nimmt. Der gelebte Augenblick ist erinnerungslos, denn er macht mit unwidersprechlicher Evidenz sein Recht, das der augenblicklichen Notwendigkeit, geltend.

In seinem vorletzten Abschnitt weist das Gedicht auf den vielleicht größten Segen des Vergessens: Dem Menschen hilft über seine Niederlagen, über das Scheitern an äußeren Widrigkeiten allein »das Vergessen der / Spurenverwischenden Nacht« hinweg. Wenn ihm die Enttäuschung und der Schmerz unauslöschlich vor Augen blieben, fände er nicht den Mut zu einem neuen Anfang.

Der Text erweist sich in seinem lapidaren Stil als ein typisches Denk-Gedicht aus Brechts Exilzeit. Die sprachliche Bewegung ist nicht durch den Zwang des Reims, durch ein bestimmtes Metrum oder ein Strophenschema gebunden. Trotzdem erwecken die Zeilen des Gedichts den Eindruck einer strengen Fügung. Offensichtlich schafft sich hier der Gedanke in seiner fortschreitenden Entfaltung die ihm gemäße sprachliche Form, wobei er sich dem Gesetz der Knappheit und der prägnanten Profilierung unterwirft. In der gedrängten Bündigkeit und in der spannungsvollen, aber sparsamen Bewegung des Gedankens zeigt sich die ästhetische Qualität des Textes.

Das Gedicht schließt mit einer Sentenz, die dem Leser den gedanklichen Gehalt in zitierfähiger Form einhändigt: »Die Schwäche des Gedächtnisses verleiht / Dem Menschen Stärke«. Der Dialektiker Brecht würde sofort zugestehen, daß damit nur eine Teilwahrheit ausgesprochen ist. Denn ohne Zweifel darf nicht alles vergessen werden, und nicht bei jeder Gelegenheit ist das Vergessen am Platz. Die Menschen lebten sonst – um noch einmal Nietzsche zu zitieren – wie die Tiere, »kurz angebunden mit ihrer Lust und Unlust, nämlich an den Pflock des Augenblicks«. Es widerspräche auch im höchsten Maße der dialektischen Denkweise, das Gewordensein der Dinge zu verleugnen. Brechts eigenes Prinzip des »Historisierens«, dem er zentrale Bedeutung innerhalb seiner Dramaturgie zuwies, trägt dem Rechnung. In einigen Gedichten der dreißiger Jahre allerdings betont er die Notwendigkeit des Vergessens und bezieht diesen Gedanken auch auf seine eigene Person. Auf die Frage »Warum soll mein Name genannt werden?« gibt er die Antwort, er sei damit einverstanden, aus dem Gedächtnis späterer Generationen zu verschwinden: »Warum / Soll es eine Vergangenheit geben, wenn es eine / Zukunft gibt?«

BERTOLT BRECHT
MEINE MUTTER

Als sie nun aus war, ließ man in Erde sie
Blumen wachsen, Falter gaukeln darüber hin ...
Sie, die Leichte, drückte die Erde kaum
Wieviel Schmerz brauchte es, bis sie so leicht ward!

WALTER HINCK
KEIN RAUM FÜR SPRACHBALLAST

Das Gedicht erinnert an kurze Grabinschriften, wie wir sie aus der Antike kennen. Trauer und Andenken fordern nicht mit Notwendigkeit die epigrammatische Bündigkeit des sprachlichen Ausdrucks. Es gibt auch großartige Beispiele des ausladenden pathetischen Klagens und hymnischen Gedenkens. Und Brecht hat auf den Tod seiner Mutter im Mai 1920 noch ein weiteres Gedicht geschrieben, das unter den sogenannten »Psalmen« zu findende »Lied von meiner Mutter«, eine rhythmisierte Prosa in biblischem Ton, deren Strophen siebenmal ansetzen, das eine Thema in immer neuen Bildern und Gedanken auszufalten.

Es fällt nicht leicht, einem der beiden Gedichte den Vorzug vor dem anderen zu geben. Vom »Psalm« bleiben eindringliche Sätze haften, Sätze, in denen die Kruste von Unempfindlichkeit nur notdürftig die Scham einer Liebe verbirgt, die versagte: »Sie starb zwischen Gesichtern, die ihr zu lang beim Sterben zugeschaut hatten, da waren sie hart geworden.«

Dennoch habe ich mich für den Vierzeiler entschieden. Und mir war beim Wiederlesen dieses Gedichts ein Gespräch mit Elisabeth Borchers gegenwärtig. Unsere Sprache, so sagte die Lyrikerin, überschütte uns mit Wörtern, die zu Hülsen geworden seien; Dichten heiße Ballast abwerfen. Ja, das ist es, was Brecht in diesen vier Versen gelang: Ballast abwerfen.

Man braucht sich nur bewußtzumachen, was alles der Autor in diesen Versen vermeidet, umgeht. Das ganze Arsenal von Motiven und Danksagungen für unvergeßliche Mutterliebe stand zur Verfügung, das ganze sentimentale Vokabular des Schmerzes über den Verlust. Wir sollten die geölten Wendungen unserer Bestattungsunternehmer und die gestanzten Versatzstücke der Kondolenzsprache im Ohr haben, um das Unverbrauchte dieser lyrischen Sprache voll wahrzunehmen.

Hier wird keiner »sanft entschlafenen« Toten gedacht. In scheinbar roher, jedenfalls unterkühlter Diktion beginnt das Gedicht. Aber in der Wendung »Als sie nun aus war« ziehen sich die Bedeutungen von »als es nun aus war mit ihr« oder »mit ihrem Leben«, »als es aus war mit ihrem Leiden« oder »als sie ausgelitten hatte« zusammen. Als eine Kreatur ist die Mutter gestorben, als eine Kreatur »ließ man in Erde sie«. Und es fällt einem die Schlußstrophe des (ebenfalls zu Anfang der zwanziger Jahre entstandenen) Gedichts »Von der Freundlichkeit der Welt« ein: »Von der Erde voller kaltem Wind / Geht ihr all bedeckt mit Schorf und Grind. / Fast ein jeder hat die Welt geliebt / Wenn man ihm zwei Hände Erde gibt.«

Freundlich begegnen der Toten tatsächlich die Erde und die Natur, und für einen Augenblick scheint das Gedicht – mit den Bildern der Blumen und des gaukelnden Falters – auf Beschwichtigungspoesie zuzusteuern. Doch dann bewegt sich die Sprache wieder gegen den Strich; zur Grabreden-Floskel »Möge ihr die Erde leicht werden!« geht sie in Opposition: »Sie, die Leichte, drückte die Erde kaum.« Freilich kommt in diesem sprachlichen Gegenzug biographische Wirklichkeit zum

Vorschein. »Dann starb sie«, heißt es im »Lied von meiner Mutter«, »und man fand einen Kinderleib.«
Der Schlußvers holt die Tote in die Erinnerung an die Lebende zurück, in die Erinnerung an ihr Leiden, ihr Dahingehen, ihr Verschwinden. Dieser Vers steht unter dem starken Außendruck von Worten, die der Sprachvorrat für Gemütsbewegungen bereitstellt; er hält ihm stand. Er wehrt den Ballast ab. Aber das Ausrufungszeichen signalisiert die Betroffenheit.
Man rühmt die Kunst der verdichtenden Kürze in Brechts »Buckower Elegien« aus dem Jahre 1953. Diesen Vierzeiler des zweiundzwanzigjährigen konnten die Gedichte des späten Brecht nicht mehr übertreffen.

BERTOLT BRECHT
O FALLADAH, DIE DU HANGEST!

Ich zog meine Fuhre trotz meiner Schwäche
Ich kam bis zur Frankfurter Allee.
Dort denke ich noch: O je!
Diese Schwäche! Wenn ich mich gehenlasse
Kann's mir passieren, daß ich zusammenbreche.
Zehn Minuten später lagen nur noch meine Knochen auf der Straße.

Kaum war ich da nämlich zusammengebrochen
(Der Kutscher lief zum Telefon)
Da stürzten sich aus den Häusern schon
Hungrige Menschen, um ein Pfund Fleisch zu erben
Rissen mit Messern mir das Fleisch von den Knochen
Und ich lebte überhaupt noch und war gar nicht fertig mit dem Sterben.

Aber die kannte ich doch von früher, die Leute!
Die brachten mir Säcke gegen die Fliegen doch
Schenkten mir altes Brot und ermahnten noch
Meinen Kutscher, sanft mit mir umzugehen.
Einst mir so freundlich und mir so feindlich heute!
Plötzlich waren sie wie ausgewechselt! Ach, was war mit ihnen geschehen?

Da fragte ich mich: Was für eine Kälte
Muß über die Leute gekommen sein!

Wer schlägt da so auf sie ein
Daß sie jetzt so durch und durch erkaltet?
So helfet ihnen doch! Und tut es in Bälde!
Sonst passiert euch etwas, was ihr nicht für möglich haltet!

HILDE SPIEL
AUFSCHREI

Von jeher war und blieb ihm, ob im jugendlichen Überschwang und Weltveränderungsdrang oder in der listigen, lehrhaften Reife, eines bewußt: daß die großen Bilder in der Bibel und den Mythen, jenen »Träumen der Menschheit«, zu finden waren. Dem Grimm-Märchen von der Gänsemagd entnahm Brecht das geschundene Pferd, dessen abgehauenem Kopf die Königstochter ihr Leid klagt und das zu ihr spricht: »Wenn das deine Mutter wüßte, das Herz tät ihr zerspringen.«
Aus dem treuen Falada wurde, wer weiß warum, eine Falladah, und ihr grausames, gleichnishaftes Schicksal zerreißt nun uns das Herz im Leib. So wie Brecht in seinem Lied vom Flug der Kraniche mit den Wolken aus »Mahagonny« eines der schönsten Liebesgedichte deutscher Sprache geschrieben hat, ist seine Ballade vom Pferd Falladah eines der bewegendsten Zeugnisse kreatürlicher Qual.
Man sollte meinen, sie wäre in den letzten Jahren vor der Machtergreifung entstanden, als unter dem Druck des Elends und dem Sog der Verführung die Seelen der Menschen sich wandelten und Mitgefühl nur zu oft in steinerne Gleichgültigkeit überging. Aber sie stammt aus dem Jahr 1919 und rührt offenkundig aus den Nachwehen des Ersten Weltkrieges her, dem Hunger und der Verarmung, wohl auch den Januar- und Februarmorden an Rosa Luxemburg, Liebknecht, Mehring und an Eisner, den man

am Münchener Ostfriedhof beerdigte, während »in der ganzen Stadt wie wahnsinnig geschossen« wurde.
»Es war wie ein Schmerz, wie wenn die rohe Gewalt dies alles noch zurückholen wollte, was sie verloren hatte. Unendlich ergreifend«, berichtete Caspar Neher, der mit Brecht im Trauerzug ging. Das war die Zeit des »Baal«, der im Vorjahr beendet worden, mit dem Brecht aber immer weiter befaßt war, die Zeit des »Spartakus«, der ersten Fassung von »Trommeln in der Nacht«, aber auch so formvollendeter Lyrik wie »Vom Klettern in den Bäumen« und dem »Lied von den Seligen«, in dem Mörder und Opfer Hand in Hand in den Himmel einziehen.
Das Falladah-Gedicht ist alles andere als formvollendet. Erst Hanns Eisler, der es 1932 vertonte, gab ihm Rhythmus und Struktur. Diesen frühen Berliner dreißiger Jahren mit ihrem Tucholsky-Ton scheint es eher zu entsprechen als der eruptiven »Baal«-Metaphorik oder manch anderen schön ausgezählten, schlicht poetischen Reimen der gleichen Periode und bald darauf der »Hauspostille«. Hier ist alles Inhalt, Aussage, Aufschrei – so hilflos in dem Versuch, die Pein des Erdenlebens in Worte zu fassen, wie Büchners Woyzeck es ist: »Und ich lebte überhaupt noch und war gar nicht fertig mit dem Sterben.« Oder: »Aber die kannte ich doch von früher, die Leute! / Die brachten mir Säcke gegen die Fliegen doch / Schenkten mir altes Brot und ermahnten noch / Meinen Kutscher, sanft mit mir umzugehen. / Einst mir so freundlich und mir so feindlich heute!«
Erst in dem letzten Vers des Jammers und der Beschwörung nimmt das Gedicht, von der holprigen drittletzten Zeile abgesehen, so knappe wie expressive Gestalt an. Oder scheint es uns nur so in Erinnerung daran, wie Kathe

Kühl diesen Vers gesungen hat und einem damit Schauer einjagte, wenn nicht das Blut in den Adern gefrieren ließ? Es war passiert, was man damals nicht für möglich gehalten hatte, aber der einundzwanzigjährige Brecht vorauszuahnen imstande war. Die falschen Helfer kamen. Und mit dieser Kälte im Herzen marschierten in einem neuen Krieg die geschundenen Soldaten Hitlers, Opfer auch sie, Hand in Hand mit Mördern in die eisigen Steppen Rußlands hinein, um dort unterzugehen und den Untergang ihrer falschen Helfer herbeizuführen.

BERTOLT BRECHT
O LUST DES BEGINNENS

O Lust des Beginnens! O früher Morgen!
Erstes Gras, wenn vergessen scheint
Was grün ist! O erste Seite des Buchs
Des erwarteten, sehr überraschende! Lies
Langsam, allzuschnell
Wird der ungelesene Teil dir dünn! Und der erste
Wasserguß
In das verschweißte Gesicht! Das frische
Kühle Hemd! O Beginn der Liebe! Blick, der wegirrt!
O Beginn der Arbeit! Öl zu füllen
In die kalte Maschine! Erster Handgriff und erstes
Summen
Des anspringenden Motors! Und erster Zug
Rauchs, der die Lunge füllt! Und du
Neuer Gedanke!

REINHOLD GRIMM
ODE AN DEN ALLTAG

Unumwunden, hemmungslos gestehe ich: ich liebe dieses Gedicht. Wenn mich die dumpfe Unlust des Endes packt, wenn Ekel und Verzweiflung an Welt und Leben oder einfach die üble Laune des an seinen Schreibtisch, in seine Bücherzelle Gebannten, die alte Mönchskrankheit der *acedia*, mich zu übermannen drohen: immer dann lese ich »O Lust des Beginnens«.

Diese dreizehn scheinbar so kargen Zeilen sind von einer unbändigen Fülle und Frische, sind selber wie ein Wasserguß, sind Kühlung, Labsal, Erquickung. Nichts ist mir heilsamer und stimmt mich heiterer in der Öde unseres Alltags als diese Brechtsche Ode. Ich lese sie: leise und nur die Lippen bewegend, laut und langsam skandierend, stets genußvoll und allmählich, trotz allem, fröhlich. Letzten Endes koste ich diese »Lust des Beginnens« auf der Zunge nicht weniger als im Hirn. Frühere Jahrhunderte hätten gesagt, ich »erbaue« mich an Brechts Versen. Doch weil ihnen jedwedes Feierliche oder Weihevolle, jegliches Pathos im üblichen Sinne so gänzlich abgeht, füge ich eilig und englisch und mit angelsächsischem *understatement* hinzu: *They give me an uplift.*

Freilich, womit soll man seinerseits, um die Eigenart und Schönheit von Brechts Versen zu schildern, beginnen? Muß nicht selbst den Kenner erstaunen, was dieses Gedicht auf engstem Raum mitteilt? Wahrhaft allumfassend wird die Lust des Beginnens in seinen dreizehn Zeilen wie-

dergegeben. Die Natur im Tageslauf (der frühe Morgen) wie im Jahreslauf (das erste Grün) kommt darin zur Sprache, desgleichen das Naturhafte am Menschen, dessen Zeugung.
Ebenso ist aber auch das spezifisch Menschliche, das Nicht-Natürliche am Menschen – und zwar ganz folgerichtig für Brecht, den marxistischen Dichter – darin enthalten: nämlich die Arbeit. Das verschweißte Gesicht, der kühlende Wasserguß, das frische Hemd künden von körperlicher Anstrengung, das begierig geöffnete Buch und der neue Gedanke von geistiger Tätigkeit.
Lustvoll indes, daran läßt Brecht keinen Zweifel, ist beides: insbesondere eben die Erkenntnis, der er mit unstillbarem Wissensdurst verhaftet blieb, die wieder und wieder aufs neue für ihn begann. Ja, sogar die technische Welt der Maschine (will sagen des Autos, mitsamt dem Drehen des Zündschlüssels, dem Anspringen und ersten Summen des Motors) ist fugenlos in diese Brechtschen Verse eingegangen, ist gegenwärtig in seiner Alltäglichkeit und doch in lyrischer Schönheit. Nicht einmal die sogenannten Laster, die ja die wahren Freuden des Lebens auf dieser Welt sind, fehlen: denn auch Zigarre oder Zigarette und das wohlige Gefühl des tief in die Lunge eingesogenen ersten Rauches gehören, wie sehr uns die Ärzte warnen mögen, zur Lust des Beginnens.
Goethe meinte von einem der großen, reichen, makellosen Dramen Calderóns, man würde daraus die gesamte Poesie, sollte sie wirklich einmal verlorengegangen sein, rekonstruieren können. War er vielleicht allzu überschwenglich, so bin jedenfalls ich gerne dreist genug, um in ähnlichem Sinne zu behaupten, man könne aus solch einem kleinen, kargen, doch nicht minder makellosen

Versgebilde Bertolt Brechts die volle Ganzheit dieses Dichters, sein Wesen als Mensch wie als Denker und Künstler, erahnen – und notfalls rekonstruieren, selbst wenn der Rest seines Schaffens, alle zwanzig Bände seiner Werkausgabe, unwiederbringlich verloren wären. »Neu beginnen«, wußte Brecht, »kannst du mit dem letzten Atemzug.«

BERTOLT BRECHT
ÜBER DAS LEHREN OHNE SCHÜLER

Lehren ohne Schüler
Schreiben ohne Ruhm
Ist schwer.

Es ist schön, am Morgen wegzugehen
Mit den frisch beschriebenen Blättern
Zu dem wartenden Drucker, über den summenden Markt
Wo sie Fleisch verkaufen und Handwerkszeug:
Du verkaufst Sätze.

Der Fahrer ist schnell gefahren
Er hat nicht gefrühstückt
Jede Kurve war ein Risiko
Er tritt eilig in die Tür:
Der, den er abholen wollte
Ist schon aufgebrochen.

Dort spricht der, dem niemand zuhört:
Er spricht zu laut
Er wiederholt sich
Er sagt Falsches
Er wird nicht verbessert.

GÜNTER KUNERT
VON DER WIDERSTANDSKRAFT DER UNVERNUNFT

Ein autobiographisches Gedicht – was wohl sonst? Obschon keineswegs von schwarzen Wäldern und den Zigarren die Rede ist; obschon das bekennerische Ich in die dritte Person versetzt und damit »verfremdet« wird. Immerhin: Das Echtheitssiegel für das selbstkritische und merkwürdig hilflose Geständnis bildet die dritte Strophe, die sich auf das verpaßte Treffen mit dem Chauffeur bezieht, weil sie für das Verständnis des Ganzen völlig überflüssig ist: Sie dient nur der Faktentreue des erinnerten Augenblickes. Abgesehen davon hebt das Gedicht (nach häufig geübter Brechtscher Manier) sinnspruchartig an, freilich mit einer unstimmigen psychologischen Prämisse, verbunden mit einem logischen Denkfehler. Denn Lehren ohne Schüler ist nicht nur schwer, wie deklariert, es ist sogar absolut unmöglich. Und Schreiben im Zustand des Ruhmes, des Berühmtseins, erweist sich für den Berühmten eher schwieriger als vordem, da ihm nun die Erwartung seiner Leser, seiner Kritiker, seines Verlegers bewußt ist – ganz zu schweigen von dem inneren Zwang, nicht hinter die den Ruhm voraussetzende literarische Leistung zurückfallen zu dürfen.
In manchen von Brechts Gedichten der mittleren und späteren Periode begegnet man ähnlichen auf den ersten Blick frappierenden Formeln, die sich beim zweiten Hinsehen in Luft auflösen. Vermutlich entsteht solch Apodiktum wie das obige aus einer Intention, die zu Lebzeiten

des Dichters in Deutschland zur Selbstverständlichkeit entartet war: nämlich sich als *Praeceptor Germaniae* zu verstehen. Das »Theater als moralische Anstalt«, die Poesie als Mittel der Menschenbildung und Humanisierung, mit einem Wort: Literatur als Instrument der Aufklärung und Erziehung spielt bei Brecht, zwar marxistisch eingefärbt und dementsprechend zweckgerichtet, die altbekannte und überlieferte Rolle.

Nicht allein in den ausdrücklich als solche bezeichneten »Lehrstücken«, auch in einer Vielzahl der Gedichte wird der »Lehrauftrag« vollzogen. Wollte man unter diesem Aspekt Brechts Werk durchforschen, man würde wohl über die nahezu obsessiv betriebene Didaktik staunen.

In diesem Gedicht nun, im Exil geschrieben, kehrt sich unvermittelt und entgegen dem Titel das Verhältnis um: Hier spricht nicht länger der sich und seiner »großen Sache« gewisse Lehrer, sondern ein unerwartet vom Selbstzweifel befallener Autor, dessen Rolle fast schülerhaft zu nennen ist: Er sagt Falsches und wird nicht verbessert. Trotz der Kargheit nüchterner Sprache wird Hilflosigkeit spürbar.

Wir kennen Brechts Arbeitsmethode, die unter anderem darin bestand, Vertrauenspersonen seine Texte lesen und korrigieren zu lassen. Hier aber ist nun offenkundig niemand, der den verbessernden Ratschlag geben könnte, und man weiß nicht, ob das an der Abwesenheit von »Schreibhelfern« liegt oder ob sich der verbesserungssüchtige Dichter nicht in einer Lage befindet, in der guter Rat unbezahlbar, gar unkäuflich ist. Und: Geht es da eigentlich nur um die Verbesserung des Falschen? Ginge es nicht eher darum, das Richtige zu sagen?

Doch gibt es das überhaupt in Hinblick auf Lyrik? Unterscheiden wir etwa zwischen richtigen und falschen Gedichten? Oder nicht vielmehr zwischen guten und schlechten? Und wir besitzen weitaus gewissere Überzeugungen von den Kriterien, nach denen wir urteilen, als davon, was denn ein »gutes« Gedicht sei. Freilich: Die Kriterien sind relativ: Sie unterliegen den Zeitströmungen, dem geschichtlichen Wandel. Dergestalt erscheinen uns heute die aufrufartigen Gedichte Brechts überanstrengt, ja, mißlungen, da die Synthese zwischen dem poetischen Impuls und der politischen Absicht mehr einer Zwangsvereinigung gleicht; das politische Moment, historisch widerlegt, liegt wie Mehltau auf solchen Arbeiten.

War es nicht dennoch richtig, damals das Falsche, nämlich das Versimpelnde zu sagen? Und wäre nicht, durch Verbesserung, die angestrebte Wirkung gemindert worden? Der Notruf nach Verbesserung bezeugt, daß die Aufgabe des ästhetischen Primats, wie berechtigt auch immer, ein Stück Selbstaufgabe bedeutet, eine psychische Amputation, derzufolge »die Idee« mehr und mehr zur Krücke wird. Nur: Zu verbessern bleibt dann nur noch die Prothese.

BERTOLT BRECHT
ÜBER INDUKTIVE LIEBE

F. Bacon gewidmet, der die induktive Methode in die Naturwissenschaften einführte.

Der große Bacon baute auf Versuche.
's wär Zeit, sie in die Liebe einzuführen.
Vielleicht, wir finden, wenn wir uns berühren:
Wir liegen gerne unter einem Tuche.

Und meine Hand, die deine Brüste fand
Sag: ist sie angenehm? Wenn wir's nur wüßten!
Vielleicht dem Schoß nicht, aber doch den Brüsten?
Vielleicht dem Schoß, und diesem nur die Hand?

Nur dürfte weder Wollen noch Verwehren
Bei dem Versuch das letzte Wort bedeuten.
Erfreuen sollten wir, wenn wir uns freuten.

Aus dem Genießen wachse das Begehren.
Gestattete sie, daß er sie begattet
Ist ihm, sich nicht zu gatten, auch gestattet.

REINHOLD GRIMM
DISCOURS DE LA MÉTHODE

Er gilt als Pascha, wenn auch wohl kaum als Papagallo. Denn dazu wie zum echten Macho fehlte ihm wohl das Imponiergehabe. »Aber«, tönt es schrill, »ein Male Chauvinist war Bertolt Brecht bestimmt!« Und Kritiker, die sich emanzipiert dünken, bieten eilig die Belege hierfür an. Beispiele werden hervorgeholt, Aussprüche nachgewiesen, erotische Untaten aufgezählt. Flugs hat man (will sagen man/frau) den Stab über den armen B. B. gebrochen und lauthals sein Verdammungsurteil verkündet. Wagte er nicht, dieser angeblich so fortschrittlich gesinnte Dichter, von Frauen wie von Frauen zu reden und als Frauen mit ihnen umzugehn? Weh ihm!

Nun war in der Tat das Liebesleben des Mannes Brecht ein bißchen – ja, wie soll ich es eigentlich nennen: »unbürgerlich«? Doch erstens ist das Bürgertum keineswegs so prüde und puritanisch, wie uns gewisse Kreise weismachen wollen; und zweitens treibt »man« es ausgerechnet in solchen Kreisen zumeist noch so autoritär, patriarchalisch und auch muffig wie nur je unter Kleinbürgern.

Also? Müßten wir uns mit dem abgedroschenen Wort »bohemehaft« behelfen? Sollen wir gar den gefährlichen Ausdruck »natürlich« wählen? Oder wäre ganz schlicht und einfach zu konstatieren, Brechts Liebesleben sei eben kein sehr gewöhnliches gewesen? Daß er im Sinn gewöhnlicher, gängiger, hergebrachter Moralbegriffe (wie erst recht, versteht sich, im Sinn rigoros feministischer Verkehrsformen und -forderungen) einiges auf dem biographischen und poetischen Kerbholz hat, läßt sich schwerlich leugnen. Zu fragen bleibt indes, ob es durch ein Gedicht wie »Über induktive Liebe« nicht längst schon aufgewogen ist, wenn es denn aufgewogen werden soll und muß.

Ich werde mich freilich hüten, das in Prosa breitzutreten, was Brecht in Versen vorschlägt. Gerade weil es sich hier um kein schwüles Bettgeflüster, sondern um den Austausch zwischen zwei gleichberechtigten Partnern handelt, hat dieses Gedicht keine Paraphrasen oder sonstigen Phrasen nötig. In ihm ist, obzwar bloß die männliche Stimme spricht, stets auch die weibliche gegenwärtig. Die Gemeinsamkeit der beiden sich liebend Erprobenden und Erfreuenden ist sogar, zur Abwechslung, rein philologisch-numerisch demonstrierbar. Nicht weniger als achtmal steht das Pronomen »wir« oder »uns«, hingegen kein einziges Mal das Pronomen »ich«!

Statt mieser Tradition, die sich fortschleppt, oder neuer dogmatischer Starre erscheint lebendige Dialektik – wenn anders Dialektik das Ineinander von Gegensätzen und deren Entfaltung oder, konkret, die widerspruchsvolle Einheit von Wollen, Verwehren und Gestatten, von »Genießen« und »Begehren« (man beachte die Umkehrung) darstellt.

Auch ihren Humor besitzt diese kecke Verwissenschaftlichung des Erotischen: von der augenzwinkernden Widmung an den »großen Bacon« bis zur Lautkomik des stotternden Staccatoschlusses, die dessen Ernst aber darum keineswegs mindert. Und wie sich's seit Petrarca und Shakespeare für ein auf Gefühl und Gedanke bauendes Liebesgedicht, zumal ein didaktisches, ziemt, ist

Brechts *Discours de la méthode* selbstverständlich ein Sonett.

Übrigens behaupte ich durchaus nicht, das Gedicht sei vollkommen. Aber es ist so ganz ohne Faxen und Verrenkungen, von solch humaner Gelassenheit, lässigem Freimut, freier Bindung und Rücksicht wie nur selten Verse über die Liebe. Sinnlich zugleich und sachlich, zeigt es die schöne Nacktheit der wirklichen Emanzipation, die keinerlei ideologischer Reizwäsche bedarf.

BERTOLT BRECHT
ÜBER KLEISTS STÜCK
»DER PRINZ VON HOMBURG«

O Garten, künstlich in dem märkischen Sand!
O Geistersehn in preußischblauer Nacht!
O Held, von Todesfurcht ins Knien gebracht!
Ausbund von Kriegerstolz und Knechtsverstand!

Rückgrat, zerbrochen mit dem Lorbeerstock!
Du hast gesiegt, doch war's dir nicht befohlen.
Ach, da umhalst nicht Nike dich. Dich holen
Des Fürsten Büttel feixend in den Block.

So sehen wir ihn denn, der da gemeutert
Durch Todesfurcht gereinigt und geläutert
Mit Todesschweiß kalt unterm Siegeslaub.

Sein Degen ist noch neben ihm: in Stücken.
Tot ist er nicht, doch liegt er auf dem Rücken:
Mit allen Feinden Brandenburgs im Staub.

JOACHIM KAISER
GROSSMÜTIGE VISION, KLEINMÜTIGER SCHWINDEL

1940, im September, als Hitler alles zu gelingen schien und dem Westen gar nichts, wunderte sich Brecht, der gerade am »Puntila«-Drama arbeitete, über sich selbst: »der puntila geht mich fast nichts an, der krieg alles; über den puntila kann ich fast alles schreiben, über den krieg nichts.« Brecht, auf seiner Flucht in Finnland festsitzend, schließt das Notat mit folgender Elfenbeinturm-Feststellung: »es ist interessant, wie weit literatur, als praxis, wegverlegt ist von den zentren der alles entscheidenden geschehnisse.«

In jenem bedrückenden Jahr 1940 hat Brecht auch streng geformte Sonette verfaßt, »Studien« über Texte von Dante, Shakespeare, Kant, Lenz, Schiller (zweimal), Goethe und eben über Kleists »Prinz von Homburg«. Die insgesamt acht Gedichte gelangten erst 1951 an die Öffentlichkeit, und zwar mit dem beschwichtigenden Hinweis: »Diese sozialkritischen Sonette sollen natürlich den Genuß an den klassischen Werken nicht vereiteln, sondern reiner machen.« Wie sieht nun die »sozialkritische« Säuberung des Kleistschen »Homburg«-Schauspiels zum Zwecke reineren Genusses aus? Das Sonett läßt sich als Musterbeispiel dafür lesen, wie Brecht beim dichterischen Arbeiten die Poesie des Kleistschen Dramas visionär, fast sehnsuchtsvoll, zu verklären wußte, aber andererseits die Handlung des Stückes umbog und umlog, auf daß sie sich als Ausdruck preußisch-militaristischer Menschenverachtung für marxistische Sozialkritik eigne. Brechts Sonett beginnt in pathetisch gehobener Sprechweise. Nach der getragenen Anrede »O Garten« stellt sich eine zarte Spannung her zwischen dem »märkischen Sand« (wo man Exerzierplätze oder günstigstenfalls Kartoffelanbau erwartet) und dem »künstlich« (das man dortselbst entschieden weniger erwartet).

Der Beginn des Sonetts – die ersten fünf Zeilen enden sämtlich mit einem Ausrufezeichen! – konstituiert einen hochgespannten Ton. Rasch ist ein visionärer Höhepunkt erreicht. Brecht vermag Kleists unvergleichliche Anfangsszene in eine einzige, freilich geniale Zeile zu sublimieren: »O Geistersehn in preußischblauer Nacht!« Was für eine enharmonische Umdeutung des Preußischblau! Preußischblau, ein synthetisches Pigment, 1704 von dem Alchimisten Diesbach in Berlin dank glücklichen Zufalls gewonnen, ist ja zunächst nur eine ganz bestimmte Farbe. Von Brecht in Zusammenhang mit dem größten Preußen-Drama unserer Literatur gebracht, widerfährt dem Preußischblau das Wunder einer poetischen Transformation. Es ist ein verzaubertes Preußen, wie Gott und Kleist es träumten, wie Gérard Philipe es einst in Paris spielte. Ein Preußen, dessen Helden eben nicht bloß Kommißköppe, Kriegsspezialisten, funktionierende Befehlsempfänger waren, sondern auch Geisterseher und Träumer sein durften in preußischblauer Nacht.

Wohin soll das führen? Brecht nimmt sich sogleich gehorsamst sozialkritisch zusammen. Bereits das zweite Quartett endet mit einer Dissonanz, einer Grimasse. »Dich holen / des Fürsten Büttel feixend in den Block.« Feixend? Das beschädigt nicht nur den hohen Ton des Sonetts, sondern auch Kleists Wahrheit. Kein Mensch kommt ja bei Kleist auf die Idee, über des undisziplinierten Arthur von Homburg Schicksal zu *feixen*. Der wiederum hat auch keineswegs »gemeutert«, sondern er ist übereifrig gewesen, exzentrisch, eigensinnig, todesängstlich, verliebt, zerstreut – am Ende schuldbewußt. Um dem Kleist-Drama sozialkritisch beikommen zu können, mußte der große Brecht also schwindeln. Sein Sonett nahm daran Schaden, ging aber nicht zugrunde. Sondern nun steht es als Muster vor uns, wie wunderbar Brecht Wahrheit dichten konnte und wie schlecht Lüge.

BERTOLT BRECHT
VERGNÜGUNGEN

Der erste Blick aus dem Fenster am Morgen
Das wiedergefundene alte Buch
Begeisterte Gesichter
Schnee, der Wechsel der Jahreszeiten
Die Zeitung
Der Hund
Die Dialektik
Duschen, Schwimmen
Alte Musik
Bequeme Schuhe
Begreifen
Neue Musik
Schreiben, Pflanzen
Reisen
Singen
Freundlich sein.

HARALD WEINRICH
EIN GLÜCKSKATALOG

In diesem Gedicht, das doch sichtlich vom Glück handelt, kommt das Wort Glück nicht vor. Es wird vertreten durch das Titelwort Vergnügungen. Das ist ein munteres Wort, das wir zur Glücksvertretung gerne annehmen. Denn das Wort Glück hat in der deutschen Sprache keinen Plural. Dem Wort Vergnügungen hingegen steht der Plural ausgezeichnet. Das eben macht seine Munterkeit aus.
Ein wenig Untertreibung ist bei diesem Titel natürlich auch im Spiel. Überhaupt hat Brecht für dieses Gedicht das Register einer fast naiven Einfachheit gewählt. Es besteht ja nur aus einem Katalog. Das ist die anspruchsloseste Form, um eine Vielzahl von Erscheinungen zu ordnen: kein Stammbaum, keine Struktur, kein System. Die Vergnügungen werden einfach genannt. Das Gedicht zählt wirklich nur auf.
Brecht hat es in den fünfziger Jahren geschrieben. Seit 1948 lebte er in Ost-Berlin. Die ersten großen Kollektivanstrengungen des Wiederaufbaus sind erbracht. Nun kann man aufatmen und etwas mehr Gelassenheit aufkommen lassen. Auch Brecht schafft sich eine Nische, wie man später sagen wird, ein kleines Refugium: Buckow. Dennoch ist dieses Gedicht keine Buckower Elegie. Ist es eine Buckower Idylle?
Schiller hat einmal zu den Gefährdungen der literarischen Gattung Idylle die Neigung gerechnet, »den Geist auszuschließen, um mit dem Herzen ein leichteres Spiel zu ha-

ben«. Er läßt daher die Idylle unter den Bedingungen der modernen Zivilisation nur als Ausdruck einer sentimentalischen und nicht etwa einer naiven Empfindungsweise gelten. In diesem Sinn ist auch dieser Glückskatalog höchstens auf sentimentalische Weise naiv.

Er ist nämlich auf politische Weise privat, so will ich Schillers Ausdrucksweise nun in die Sprache unserer Zeit übersetzen. Denn nicht ohne List ist diesen auf den ersten Blick so locker aufgezählten Vergnügungen das Politische beigemischt, am eindeutigsten in der (Hegelschen) Dialektik, am ersichtlichsten in den (vom Sozialismus) begeisterten Gesichtern und am eindrucksvollsten in der letzten Vergnügung, dem Freundlichsein – wobei wir uns des Gedichts »An die Nachgeborenen« erinnern mit seinen elegischen Versen: »Die wir den Boden bereiten wollten für Freundlichkeit / Konnten selber nicht freundlich sein.«

Brechts Glückskatalog ist nicht meiner. Ich habe beispielsweise keinen Hund und will auch keinen haben. Pflanzen, ja, das tue ich ganz gerne, bin aber dabei immer besorgt, daß die Pflanzen vielleicht nicht angehen. Dann die Dialektik. Hegel, an den man bei diesem Wort ja zuerst denkt, hat einmal geschrieben: »Die Weltgeschichte ist nicht der Boden des Glücks. Die Perioden des Glücks sind leere Blätter in ihr.« Brechts Glückskatalog ist vielleicht, wenn Hegel recht hat, auf einer dieser leeren Seiten geschrieben. Dazu passen die bequemen Schuhe – es sind ja nicht die Marschstiefel der Legionen und Divisionen. Die bequemen Schuhe stehen nun in Brechts Glückskatalog, zusammen mit dem Begreifen, gerade zwischen den beiden Vergnügungen Alte Musik und Neue Musik. Deren Widersprüchlichkeit ist auf diese Weise bequem auszuhalten. Hier haben wir eine Spur Dialektik mitten im

Katalog. Aber glücklicherweise geht es nach dieser These und Antithese nicht – eins, zwei, drei – zu irgendeiner Synthese weiter.

Noch an zwei anderen Stellen weist der Glückskatalog Paarbildungen auf. Es stehen zunächst in einem Vers zusammen das Duschen und das Schwimmen. Sodann bindet Brecht in einem Vers zusammen das Schreiben und das Pflanzen: Vergnügungen zweifellos auch sie – aber gehören sie zusammen? Ist Schreiben vielleicht eine Art des Pflanzens? Und wenn ja, geht das Geschriebene dann auch immer an?

BERTOLT BRECHT
VOM ARMEN B. B.

1
Ich, Bertolt Brecht, bin aus den schwarzen Wäldern.
Meine Mutter trug mich in die Städte hinein
Als ich in ihrem Leibe lag. Und die Kälte der Wälder
Wird in mir bis zu meinem Absterben sein.

2
In der Asphaltstadt bin ich daheim. Von allem Anfang
Versehen mit jedem Sterbsakrament:
Mit Zeitungen. Und Tabak. Und Branntwein.
Mißtrauisch und faul und zufrieden am End.

3
Ich bin zu den Leuten freundlich. Ich setze
Einen steifen Hut auf nach ihrem Brauch.
Ich sage: Es sind ganz besonders riechende Tiere
Und ich sage: Es macht nichts, ich bin es auch.

4
In meine leeren Schaukelstühle vormittags
Setze ich mir mitunter ein paar Frauen
Und ich betrachte sie sorglos und sage ihnen:
In mir habt ihr einen, auf den könnt ihr nicht bauen.

5
Gegen Abend versammle ich um mich Männer
Wir reden uns da mit »Gentlemen« an.
Sie haben ihre Füße auf meinen Tischen
Und sagen: Es wird besser mit uns. Und ich
frage nicht: Wann?

6
Gegen Morgen in der grauen Frühe pissen die Tannen
Und ihr Ungeziefer, die Vögel, fängt an zu schrein.
Um die Stunde trink ich mein Glas in der Stadt aus
und schmeiße
Den Tabakstummel weg und schlafe beunruhigt ein.

7
Wir sind gesessen, ein leichtes Geschlechte
In Häusern, die für unzerstörbare galten
(So haben wir gebaut die langen Gehäuse des
Eilands Manhattan
Und die dünnen Antennen, die das Atlantische Meer
unterhalten).

8
Von diesen Städten wird bleiben: der durch sie
hindurchging, der Wind!
Fröhlich machet das Haus den Esser: er leert es.
Wir wissen, daß wir Vorläufige sind
Und nach uns wird kommen: nichts Nennenswertes.

9
Bei den Erdbeben, die kommen werden, werde ich hoffentlich
Meine Virginia nicht ausgehen lassen durch Bitterkeit
Ich, Bertolt Brecht, in die Asphaltstädte verschlagen
Aus den schwarzen Wäldern in meiner Mutter in früher Zeit.

PETER DEMETZ
HEIMWEH

Manchmal liegt das Autobiographische eher zwischen den Zeilen als in ihnen, und wer dieses Gedicht als unmittelbare Lebensbeichte lesen wollte, dem wird energisch nahegelegt, und nicht nur durch die nüchterne Numerierung der Strophen, auf Distanz zu gehen. Abstand! Abstand! und keine Sentimentalitäten, die geneigt wären, sich in unerdachte lyrische Gefühle einzuleben, die der Autor streng zensuriert. Das beginnt schon mit der Form des Vornamens – Bertolt, eine kalkulierte Chiffre, also nicht Eugen Berthold, Bertold oder Bert, wie der Verfasser sonst zeichnet, und mit den Reimen und Assonanzen, in studierter Nonchalance und melodisch wirksam, einmal wie wegradiert und ein andermal, in Strophe sieben, in auffälliger Konzentration.

Ich höre das Gedicht als Ballade mit Gitarrenbegleitung, vorgetragen von diesem B. B. mit seiner ein wenig krähenden Stimme, ähnlich wie das Lebenslied Baals im frühen Stück, mitsamt den Wedekindschen Provokationen, den Adjektiven Rimbauds und den Wäldern Karl Mays: wenn Brecht das ursprüngliche Gedicht, geschrieben im Jahre 1922, nicht für die »Hauspostille« (1927) – so wie der Text hier vorliegt – radikal umgeschrieben hätte, und nicht nur durch die neuere Kombination der radebeulschen Winnetou-Wälder mit dem eleganteren Dickicht der Städte Berlin/Chicago/New York.

Im ursprünglichen Gedicht, das John Willett im Brecht-

Archiv transkribierte, sind die Wälder, wie im Leben Baals, zaubrische Orte der Zuflucht und Geborgenheit, und als sich der jüngere B. B. in den Städten findet, vermag er sich noch in die tröstliche Erinnerung zu flüchten, »es müssen die Wälder aber damals in mir geblieben sein«, und selbst »in Papier und Weiber verschlagen«, hat er in sich »eine schwarze Stille« und »ein Tannengebraus«. Das hat sich im neueren Gedicht geändert: Die Kälte der Wälder ist weder Heimat noch tröstende Erinnerung mehr.
Der Mann der Großstädte empfiehlt uns, seine Kühle und seinen lockeren Egoismus zu bedenken; und aus seiner Geschichte heben sich sein Bericht über den Ablauf eines beispielhaften Tages und einer Nacht (Strophen 4, 5 und 6) und die abrupten Prophezeihungen als selbständige Elemente hervor. Vormittags die Frauen (Plural) in erotisch hingebender Bewegung, welcher er sich entzieht, abends die dubiosen Gentlemen, die aus den Schnapssalons herkommen, und die leichte Unruhe vor seinem betäubten Branntweinschlaf – eine leichte Unruhe nur, denn auch die zukünftigen Katastrophen sind wie Szenen eines epischen Theaterstücks, das den kühlen Zuschauer nicht daran hindern wird, seine Virginia weiterzurauchen (das gekoppelte Motiv der Zigarre und des epischen Theaters stammt wörtlich aus den theoretischen Schriften). Manhattan/Mahagonny ist überall, *cool, man, real cool*, und die postmoderne *Relax*-Attitüde einer Lässigkeit ohne Engagement wird mit Genauigkeit antizipiert.
Aber das Ganze hat doch noch einen autobiographischen Haken. Die gründliche Veränderung des Gedichtes verwandelt die ursprüngliche Nostalgie nach den Wildwestwäldern, die jetzt ebenso kalt sind wie die großen Städte, ins Heimweh nach einem anderen Glück. Das war nur im

warmen Mutterschoß zu finden, als er »in ihrem Leibe lag«, in der ersten und dann wieder, abschließend, in der letzten Strophe – »in« seiner Mutter »in früher Zeit«. Merkwürdig, wie wenig man in der Epoche der Psychoanalyse an den »armen« B.B. und seine Mutter Sophie dachte, die seit 1910 zehn Jahre lang an Brustkrebs dahinsiechte, der Familie immer mehr entrückt, und nur, wie eine Augenzeugin berichtet, an lauen Sonntagen »in ihrem Stuhl oft den ganzen Nachmittag in dem Garten im Hof«. Eine Hausdame übernahm das Regiment im Haus; und daß man B.B. eine Mansarde, oben im zweiten Stock, anwies, förderte seine Freiheit, aber zugleich seine Isolation. Er liebte seine Mutter sehr, wie die frühen Gedichte in der »Münchner-Augsburger Abendzeitung« zeigen, Mutter sein, das heißt: »tausendmal sterben«, und als er seinen »Baal« schrieb, war es deutlich, wie sehr er sich von den Brutalitäten des jungen Dichters gegen seine Mutter (in Hanns Johsts Grabbe-Stück, gegen das er anschrieb) abgestoßen fühlte. Als seine Mutter gestorben war, notierte er den Satz, wie eine Freundin bezeugte, »man kann sie mit den Nägeln nicht mehr auskratzen« (1920). Welche Geborgenheiten suchte er dann und wo, bei welchen Frauen, in welchen Städten, in welchen Glaubenssystemen? In diesem Gedicht sagt einer *Mama* und pfeift in einer kalten und finstern Welt ohne Zukunft und Hoffnung, um sich Mut zu machen.

BERTOLT BRECHT
VOM ERTRUNKENEN MÄDCHEN

1
Als sie ertrunken war und hinunterschwamm
Von den Bächen in die größeren Flüsse
Schien der Opal des Himmels sehr wundersam
Als ob er die Leiche begütigen müsse.

2
Tang und Algen hielten sich an ihr ein
So daß sie langsam viel schwerer ward.
Kühl die Fische schwammen an ihrem Bein
Pflanzen und Tiere beschwerten noch ihre letzte Fahrt.

3
Und der Himmel ward abends dunkel wie Rauch
Und hielt nachts mit den Sternen das Licht in Schwebe.
Aber früh ward er hell, daß es auch
Noch für sie Morgen und Abend gebe.

4
Als ihr bleicher Leib im Wasser verfaulet war
Geschah es (sehr langsam), daß Gott sie allmählich vergaß
Erst ihr Gesicht, dann die Hände und ganz zuletzt erst ihr Haar.
Dann ward sie Aas in Flüssen mit vielem Aas.

HANS-ULRICH TREICHEL
GESANG VOM VERGESSEN

Seit Shakespeares Ophelia ins Wasser ging, treibt ihre Gestalt noch immer durch die imaginären Flußlandschaften der Poesie und der Malerei. Doch anders als in den erotischen und schönheitstrunkenen Ophelienbildern des Symbolismus und des Jugendstils ist Ophelia in Brechts Gedicht nicht mehr die schöne Braut, die unversehrt und einer weißen Lilie gleich in den Armen der Elemente ruht und den Strom der Zeiten hinabtreibt.
Brecht nimmt auf radikale Weise Abschied vom Bild der schönen Toten, und er tut dies auf unmerkliche, sanfte und gleichsam schwebende Weise. »Sehr langsam« und im Adagio treibt die Tote »von den Bächen in die größeren Flüsse« und schließlich dorthin, wo alles organische Leben endet, in Verwesung und Fäulnis. Ohne das Pathos des Sterbens, denn gestorben wird in diesem Gedicht nicht mehr, überführt der Autor das tote Mädchen aus dem Reich der Menschen in das der Tiere und Pflanzen, um es schließlich gänzlich der Verwesung preiszugeben und gleichzumachen mit allem, was einmal lebte und nun verdirbt.
Brechts Ballade »Vom ertrunkenen Mädchen« gehört in den Kontext seines frühen Stückes »Baal«, dessen erste Fassung 1923 in Leipzig uraufgeführt wurde. Hier ist es der zynische und asoziale Dichter Baal, der in dem Gedicht das Schicksal seiner Geliebten Johanna besingt, die sich, von Baal verführt und entehrt, in den Fluß stürzt und

ertränkt. 1927 nahm Brecht das Gedicht in seine Sammlung »Hauspostille« auf, die bekanntlich in »Lektionen« gegliedert ist. Doch die Lektion, die Brechts böser Baal uns mit auf den Weg gibt und die lautet, daß die Liebe wie eine Kokosnuß ist, »die gut ist, solange sie frisch ist, und die man ausspeien muß, wenn der Saft ausgequetscht ist«, und daß die Geliebte, »wenn du sie beschlafen hast«, nur noch »ein Haufen Fleisch« ist, »der kein Gesicht mehr hat« – diese Lektion aus dem Wörterbuch des Frauenhassers Baal erreicht den Leser der »Hauspostille« nicht mehr.

Denn die, die einmal Johanna hieß, hat nun keinen Namen mehr, und mit ihrem Namen ist auch die Erinnerung an ihr Schicksal getilgt. Das ertrunkene Mädchen ist nur noch »Leiche« und ihr Tod nur noch ein Verwesen, eingefügt in den Kreislauf eines unerbittlichen, alle individuellen Lebensformen tilgenden natürlichen Verfalls. Doch damit nicht genug. Auch der letzte Trost wird ihr und uns versagt: mit dem menschlichen Leib zerfällt auch das Gedächtnis Gottes.

Es ist ein doppelter Prozeß der Verwesung, den Brecht hier lyrisch ins Bild setzt. Dem Verfaulen folgt das Vergessen, und ein Gott, der vergißt, ist kein allmächtiger, sondern selbst ein sterbender, zerfallender Gott. So wird das Gedicht vom ertrunkenen Mädchen am Ende zu einem über den Tod dieses Mädchens in Gott, ja über den Tod Gottes selbst. Was bleibt, ist die einfache, schreckliche Wahrheit, daß niemand weiß, daß wir da sind und waren, und daß über den Wolken nichts ist.

BERTOLT BRECHT
VOM SPRENGEN DES GARTENS

O Sprengen des Gartens, das Grün zu ermutigen!
Wässern der durstigen Bäume! Gib mehr als genug. Und
Vergiß nicht das Strauchwerk, auch
Das beerenlose nicht, das ermattete
Geizige! Und übersieh mir nicht
Zwischen den Bäumen das Unkraut, das auch
Durst hat. Noch gieße nur
Den frischen Rasen, oder den versengten nur:
Auch den nackten Boden erfrische du.

WALTER HINDERER
TRÖSTLICHER VORSCHEIN AUF EINE MENSCHLICHERE WELT

»Vom Sprengen des Gartens« zählt nicht zu den bekanntesten Exilgedichten Bertolt Brechts, aber für mich gehört es seit langem zu seinen schönsten. Ich mag diesen klassischen Odenton, der aus der Ferne an Hölderlin oder Mörike erinnert, die epigrammatische Aktion mit der Kunst der zarten Imperative und verhaltenen Ermahnungen, den fast schüchternen pathetischen Parlandoton, der immer wieder neu ansetzt und es schließlich mit der letzten Zeile zu einer rhythmischen und inhaltlichen Pointe bringt. Ich bewundere, wie Sprachmeister Brecht den daktylischen Grundrhythmus variiert, Pausen und Zäsuren markiert, die Satzstruktur mit Inversionen und Zeilensprüngen verändert und neu akzentuiert.

In diesem Gedicht fällt kein Wort von den »finsteren Zeiten«, in denen angeblich ein »Gespräch über Bäume fast ein Verbrechen ist«. Hatte sich Brecht bei diesen 1942 oder 1943 in Santa Monica, Kalifornien, geschriebenen Versen etwa aus der feindlichen Welt ins Private zurückgezogen? War er gar vor der öffentlichen Tätigkeit in eine häusliche geflüchtet? Eine Antwort auf solche Fragen gibt der schwäbische Dialektiker in seinem Arbeitsjournal am 20. Oktober 1942: »was ich gerne mache, ist das wässern des gartens. merkwürdig, wie das politische bewußtsein all diese alltäglichen verrichtungen beeinflußt. woher sonst kommt die sorge, eine stelle des rasens könnte übersehen werden, die kleine pflanze dort könnte nichts abbekommen oder weniger, der alte baum dort könnte vernachlässigt werden, weil er so stark aussieht. und unkraut oder nicht, wasser braucht, was grün ist, und man entdeckt so viel grünes in der erde, wenn man erst einmal zu gießen anfängt.«

Das, was sich dem oberflächlichen Blick als Idylle präsentiert, ist in Wirklichkeit ein scharf gemeißeltes Gegenbild zu Brechts historischer Situation im kalifornischen Exil. Dem in Europa tobenden Weltkrieg stellt Brecht seine Vorstellung von sozialer Ordnung und Harmonie im Kleinen gegenüber und der »unedlen« banalen Lebensweise seines Gastlandes die vorgefundene und erneuerte Form der europäischen Kulturtradition. Er plädiert im Gedicht für den natürlichen Garten, in dem das Unkraut und der nackte Boden das gleiche Recht auf Bewässerung haben wie die Blumen und der Rasen, und wirbt im übertragenen Sinn für eine humanere, kultivierte Lebensform für alle, ohne Unterschiede.

Gerade in einem Land, in dem nach seiner Erfahrung »das essen, das betrachten der landschaft, das gespräch«, das Schreiben und Lesen eines Buches keinen würdigen Zweck besaß, in dem der »merkantilismus« alles erzeugte und bestimmte, in dem »eine alles depravierende billige hübschheit« einen hinderte, »halbwegs kultiviert, dh würdig zu leben«, in dem selbst die Natur noch etwas Künstliches an sich hatte, erschien ihm ein solches Gedicht als etwas Belebendes, als der tröstliche Zeuge einer anderen Welt. Hatte der Dichter Brecht vor seinem Exil das Geburtsland zugunsten des neuen Kontinents abgewertet und die ästhetischen Erwartungen der deutschen Bildungsbürger mit verfremdenden Banalisierungen gezielt enttäuscht, seine künstlerische Sache mehr oder weniger auf den Gebrauchswert gestellt: in Amerika, wo ihn nach seinen eigenen Worten die »geistige verstümmelung ... physisch krank« machte, seine Person sich »aufzudröseln« begann, entdeckte er zu seinem eigenen Erstaunen die einst geschmähten ästhetischen Werte der heimatlichen Kultur.

So einfach die in diesen neun Zeilen beschworene Tätigkeit, das »Sprengen des Gartens«, auch sein mag, der Lyriker Brecht versteht es, sie dergestalt kunstvoll, inhaltsreich und spannend zu inszenieren, daß sie im Gedächtnis bleibt. Dieses Gedicht wurde ihm, wie er selbst erläutert, nicht nur zu einem heimatlichen »domesticum« in der Fremde, sondern auch zum schönen Vorschein einer menschlicheren Welt in »finsteren Zeiten«.

BERTOLT BRECHT
VON DER FREUNDLICHKEIT DER WELT

1

Auf die Erde voller kaltem Wind
Kamt ihr alle als nacktes Kind.
Frierend lagt ihr ohne alle Hab
Als ein Weib euch eine Windel gab.

2

Keiner schrie euch, ihr wart nicht begehrt
Und man holte euch nicht im Gefährt.
Hier auf Erden wart ihr unbekannt
Als ein Mann euch einst nahm an der Hand.

3

Und die Welt, die ist euch gar nichts schuld:
Keiner hält euch, wenn ihr gehen wollt.
Vielen, Kinder, wart ihr vielleicht gleich.
Viele aber weinten über euch.

4

Von der Erde voller kaltem Wind
Geht ihr all bedeckt mit Schorf und Grind.
Fast ein jeder hat die Welt geliebt
Wenn man ihm zwei Hände Erde gibt.

THOMAS ANZ
DER TOD – KEIN THEMA MEHR

Im selben Jahr wie Martin Heideggers Hauptwerk »Sein und Zeit« erschien Bertolt Brechts »Hauspostille« (1927), in der dieses Gedicht steht. Die hier in Verse gefaßte »Existenzphilosophie« des jungen, vormarxistischen Dichters (der Text entstand vor 1926) nimmt sich wie eine Grabpredigt aus. In der archaisierenden Sprache der Luther-Bibel und mit Anklängen an die Weihnachtsgeschichte werden allgemeinste Aussagen über die Stationen und Befindlichkeiten menschlicher Existenz gemacht, von der Geburt bis zum Tod.

Anders als es der Titel nahelegt, lassen die feierlichen Worte das Leben in einem eher unfreundlichen Licht erscheinen: hilf- und schutzlos wird man hineingeworfen in eine kalte Welt (erste Strophe), in der man unbedeutend und anonym bleibt (zweite Strophe), die sich dem einzelnen gegenüber gleichgültig zeigt (dritte Strophe) und die man am Ende, gezeichnet von Leiderfahrungen, wieder verläßt.

Dennoch ist die Gedichtüberschrift nicht ironisch gemeint. Im Kontrast zu der Bedeutungsebene des Textes, die durch das Merkmal »unfreundlich« bestimmt ist, spricht der jeweils letzte Vers aller vier Strophen über Gesten mitmenschlicher Zuwendung: von der Mutter, die das Kind in Windeln wickelt, und dem Vater, der es an der Hand führt, bis hin zu den »zwei Händen Erde«, die man dem Toten mit in das Grab gibt. Erst diese Freundlichkeiten machen auch jenen vorletzten Vers verständlich, der an einer Strophenstelle, die sonst den negativen Daseinsbestimmungen vorbehalten ist, dem Gedicht eine überraschend direkte Wendung ins Positive gibt: »Fast ein jeder hat die Welt geliebt«.

Auch das ist, wie ein Blick auf die anderen Gedichte der »Hauspostille« bestätigen kann, keineswegs mit Sarkasmus oder Bitterkeit gesagt. In Brechts Liebe zur Welt, trotz ihrer Unfreundlichkeiten, liegt ein heroisch-trotziges Dennoch, das mit einer Ablehnung religiöser Vertröstungen einhergeht. Der bei Grabreden übliche Verweis auf ein besseres Jenseits fehlt in dem Gedicht, in anderen wird er scharf angegriffen. Den christlichen Verheißungen setzt Brecht eine vitalistische Bejahung des diesseitigen Lebens mitsamt seiner Kälte, Fremdheit und Sterblichkeit entgegen. »Lobet die Kälte, die Finsternis und das Verderben!« heißt es in dem »Großen Dankchoral«.

An der Religionskritik, dem Motiv der Kälte und dem Wert der Freundlichkeit hat Brecht zeitlebens festgehalten. Doch was er später, nachdem er 1926 durch die Schule des Marxismus zu gehen begann, an seiner Jugendphilosophie nicht mehr akzeptieren konnte, zeigt prägnant sein »Gegenlied zu ›Von der Freundlichkeit der Welt‹«, das er 1956 niederschrieb. In dem frühen Gedicht verweisen »frierend« und »ohne alle Hab« noch keineswegs auf die Probleme einer unterprivilegierten Klasse, sondern charakterisieren allgemeinmenschliche Existenzbedingungen, die als solche akzeptiert werden. Das durchgängig unkonkrete Vokabular (ein Kind, ein Weib, ein Mann; Welt, Erde; alle, keiner, viele, jeder, man) zielt auf eine zeitenthobene Gültigkeit der Aussage.

Anders in dem »Gegenlied«: »Soll das heißen, daß wir uns

bescheiden / Und ›so ist es und so bleib es‹ sagen sollen?« Ein ganz bestimmter Zustand der Welt ist jetzt angesprochen, und der erscheint nun als veränderbar. Das Gedicht mündet in den Appell, »aufzubegehren« und »die Welt uns endlich häuslich einzurichten!« Kälte ist keine Grundbefindlichkeit der Existenz mehr, sondern ein sozialer Zustand, für den sich Ursachen angeben lassen: von »Leidensstiftern« ist die Rede und, drei Jahre nach dem 17. Juni 1953 mit einem deutlichen Seitenhieb auf die planwirtschaftliche Praxis in der DDR, von »großen Herrn«, die »geruhn, uns vorzuschreiben / Was da zukommt uns an Leiden und Genüssen«.

Geburt und Tod sind freilich in diesem »Gegenlied« aus Brechts Todesjahr keine Themen mehr. Sie entziehen sich dem sozialrebellischen Veränderungswillen. Das frühe Gedicht mit seiner existentiellen Perspektive wird durch das späte nicht einfach aufgehoben und widerlegt, es behält etwas von der ihm eigenen Wahrheit.

BERTOLT BRECHT
WECHSEL DER DINGE

I.
Und ich war alt, und ich war jung zu Zeiten
War alt am Morgen und am Abend jung
Und war ein Kind, erinnernd Traurigkeiten
Und war ein Greis ohne Erinnerung.

II.
War traurig, wann ich jung war
Bin traurig, nun ich alt
So, wann kann ich mal lustig sein?
Es wäre besser bald.

IRING FETSCHER
DAS GLÜCK, LUSTIG ZU SEIN

Das Gedicht ist in den letzten Lebensjahren Brechts geschrieben. Vermutlich nach dem 17. Juni 1953, der Anlaß zu vielen traurigen Versen des Stückeschreibers wurde. Alt sein und jung sein muß man sowohl wörtlich als auch symbolisch verstehen. In mancher Hinsicht war der junge Brecht schon alt. Er hatte das Grauen des Ersten Weltkrieges – im Lazarett zu Augsburg – kennengelernt und die Schmach einer Niederlage, deren Unvermeidlichkeit ihm noch nicht klar war. Der Zynismus der frühen Gedichte und des Baalschen Lebensgefühls erscheint dem Zurückblickenden als »alt« und resigniert.

Aber auch jetzt, da es Morgen zu werden schien nach dem Sieg der Antihitler-Koalition und der Gründung des ersten »deutschen Arbeiter-und-Bauern-Staates«, auch jetzt vermag Brecht nicht froh zu sein. Er nennt sich einen »Greis ohne Erinnerung«, vielleicht weil er an jene hohen Hoffnungen und Träume nicht mehr denken mag, die von der banalen Gegenwart allzu deutlich desavouiert werden. Ein Kind noch, erinnerte er sich schon der Traurigkeiten des Krieges, jetzt muß er seine Erinnerungen vergessen, weil er so viel Schmerz nicht aushalten könnte.

Die Erinnerung nicht nur an Hoffnungen und Träume, sondern auch an die vielen Toten, an Walter Benjamin, der sich auf der Flucht vor den Nazis das Leben nahm, an die junge Kommunistin Margarete Steffin, die in Moskau an Tuberkulose starb, an die Freunde in der Sowjetunion, von denen er kein Wort mehr gehört hat und die den »Säuberungen« zum Opfer gefallen sind, an einen Sohn, der als Soldat der Naziarmee im Osten fiel ... Das alles wird Brecht kaum vergessen haben, aber er kann wohl nicht mit all diesen Erinnerungen leben. Sucht sie von sich abzuschütteln. Wenn man alt wird, möchte man auch vergessen.

Die zweite Strophe faßt zusammen und spricht deutlich aus, was in der ersten nur angedeutet wurde. Um die gleiche Zeit schrieb Brecht ein Gedicht, in dem er sich als Grabschrift die beiden Zeilen ausbittet: »Er hat Vorschläge gemacht. Wir haben sie angenommen.« Weder trifft das auf vieles zu, was Brecht vorschlug, noch sind die Worte auf seinen Grabstein gemeißelt worden. Brecht wußte als Materialist: »und nichts kommt hinterher«; er erwartete kein langes Leben, und er, der unendlich Geduldige, begann ungeduldig zu werden. Zwar spricht er nur von seinem eigenen Glück, das er bescheiden und unerwartet als »lustig sein« umschreibt, aber er meint gewiß auch das der anderen, das er gerne miterlebt und mitempfunden hätte. Eine tiefe, ungetröstete Trauer spricht aus diesen zwei letzten Zeilen: »So, wann kann ich mal lustig sein? / Es wäre besser bald.« Aber noch in seinen traurigsten Zeilen insistiert der Materialist und Hedonist auf die Einheit von Glück und Lust.

JAKOB HARINGER
ABEND

Wir suchen in Jeder die Andre,
Wir finden in Keiner was war!
All unser Sehnen verbrannte
Und war doch der Morgen so klar.
Weißt Du, die Veilchen und Ampeln –
Ach so verdämmern auch wir,
An unser mailiches Wandeln
Band sich bloß welkendes Haar.
Häuser! sie winken uns Gnade,
Doch ihre Türn warn verflucht,
Kindliche Sommergestade;
Ach wo bist Du, die mich sucht?
Toren, wir! ewig Verbannte!
Was hieß einst Glück und Altar …
Wir suchen in Jeder die Andre,
Wir finden in Keiner was war.

HANS CHRISTIAN KOSLER
DES LUMPEN KATZENJAMMER

Auf einer Reise kam er, Sohn eines Salzburger Gastwirts, 1898 in der Nähe von Dresden zur Welt, und ein Vagant, ein Umhergetriebener sollte Jakob Haringer zeit seines Lebens bleiben. Man zählt ihn zu den Expressionisten, doch mit Ausnahme einiger seiner frühen Gedichte, die durch ihre kühne Wortwahl auffallen, findet man nur wenige spezifisch expressionistische Tugenden bei ihm. Im Unterschied zu den meisten seiner Kollegen dichtete er nicht am Schreib-, sondern an den Wirtshaustischen, und statt als Anwalt der leidenden, geknechteten Menschheit aufzutreten, machte er sich lieber zum Anwalt seiner selbst, etwa wenn er unter der Überschrift »Ich und die Welt« verlauten ließ: »Mich hat der liebe Gott als Erstes, ganz Allererstes erschaffen – Euch schuf er ganz zuletzt, na, ihr seid auch danach.« Wer mit dem »Euch« gemeint war, wird aus dem Prosastück »Abschied von allen Heiligen« deutlich, in dem es heißt: »Was soll ich mit Euch! Die Ihr das Leben nie geliebt, die Ihr es verachtet und in Verzicht, Entsagung, kasteiend vegetiert, die Ihr stets nur über den Tod und sein Jenseits gedacht, nie an das Bunte, Satte, Große, Wilde, Herrliche unseres Lebens.«
Besieht man sich Haringers Wirkungsgeschichte, so scheint es, als habe sich das Schicksal an ihm, der nur mit dem lieben Gott und den kleinen Leuten auf gutem Fuß stand, für solche Blasphemien bitter gerächt. Seinen zum Teil aus zusammengeschnorrten Geldern finanzierten

Büchern waren nur geringe Auflagen beschieden, eine auf zehn Bände geplante Werkausgabe sollte nie erscheinen. Dem »Hain des Vergessens« – wie sein erster Gedichtband hieß – fiel seine Dichtung schon zu Lebzeiten anheim. Sicherlich, Haringer hinterließ ein alles andere als ausgewogenes Werk mit einem großen qualitativen Gefälle. Falls er die Kraft zur Selbstzucht und zur Arbeit an sich aufbringe, urteilte ein Zeitgenosse Haringers, so zweifle er nicht an seiner Zukunft. Aber eben an Selbstdisziplin mangelte es Haringer, der sein Talent verschwendete, ohne es vor Anforderungen zu stellen, und der nach Zechgelagen, wenn er zornig oder sentimental das Leben im Vokativ anfuhr, oft auch nur zustande brachte, was seinem letzten, postum erschienenen Gedichtband den Namen geben sollte: Lieder eines Lumpen.
Doch innerhalb des wunderlichen Gemisches aus reinen und verpatzten Tönen, das seine Lyrik als gesamte darstellt, trifft man auf Gedichte von makelloser Schönheit, die ganz von ihrer Sprache und Gestalt leben und in denen, wie in »Abend«, an die Stelle der lauten Botschaft die leise Melancholie tritt. Man kann sich anhand dieses Gedichts, das aus der Feder eines Dreißigjährigen stammt, fragen, ob Haringer je dauerhaft glücklich gewesen ist. Im bürgerlichen Sinne wollte er es gar nicht sein, aber er war es wohl auch nicht im Rahmen der eigenen Ansprüche. Der Schlawiner, für den er gehalten wurde, weil »Frauengeschichten« seinen Weg säumten, dürfte kein Schlawiner aus Überzeugung gewesen sein.
Er lehnte die »Gnade winkenden Häuser« nicht ab, er fand nur das nicht, was er suchte, und er war nicht bereit, das nur kurz währende Glück der Gewohnheit oder einem Kompromiß zu opfern. Er wollte, wenn das »Sehnen ver-

brannte«, die Sehnsucht nicht aufgeben, er weigerte sich – sieht man im Erwachsenwerden den Eintausch der Träume gegen das »Realitätsprinzip« –, erwachsen zu werden. So hat ihn denn auch Hermann Hesse »ein Sonntagskind in einer Welt ohne Sonntag« genannt. Er blieb unter den bekannteren Schriftstellern nicht der einzige, der Haringer schätzte. Ihre Anerkennung dürfte einzelnen, verstreuten Gedichten gegolten haben, die man einmal liest und nicht wieder vergißt. Das Gedicht »Abend« in seiner liedhaften Einfachheit, mit seinen Urtopoi von Glück gehört zu ihnen. Der Augenblick des Katzenjammers, in dem man zu ihm zurückgreifen mag, dauerte bei Haringer ein ganzes Leben lang.

FRIEDRICH GEORG JÜNGER
BESCHWÖRUNG

Leicht begeht den Wald das Reh,
Leicht der Ammer Tritt den Schnee.

Mit der Feder leicht und leis
Setz' ich Zeichen Schwarz auf Weiß.

Glückt es, fang' ich im Gedicht
Aus der Geisterlampe Licht.

Ungeborenes wird frei,
Schlüpft aus Leda wie das Ei.

Vers an Vers bewegt sich schnell,
Regt sich leicht und silberhell.

Leicht wie eines Mädchens Fuß,
Wie der Liebespaare Gruß.

Wie die Knospe leicht zerspringt,
Wenn der Südwind sie umsingt.

In der Elfen Zehenspur
Zieh' ich meiner Reime Schnur.

Zauberei, Zauberei,
Mache die Gefangnen frei!

GÜNTER BLÖCKER
EIN ZAUBERSPRUCH, EINE GEMURMELTE BESCHWÖRUNG

Was an diesem Gedicht bezaubert, ja verzaubert, ist die anmutige, scheinbar mühelos hergestellte Identität von Idee und Gestalt. Ein Dichter gibt Auskunft über sein Tun – eine Selbstreflexion, wenn man so will. Aber eine, die – fern von aller Abstraktion – selber ein poetischer Akt ist. Um sich zu erklären, zitiert er die Natur; und zwar da, wo sie ihrerseits Schriftzeichen zu setzen scheint. Die weiße, unberührte Schneedecke gleicht dem Blatt, vor dem der Autor sitzt; der Tritt der Ammer und die zierliche Spur des Rehs entsprechen dem, was er auf dem Papier anstellt, sie sind die Handschrift der Natur.

Das wäre – in leichter Anlehnung an Mörikes »Jägerlied« – gewiß nicht sonderlich originell, wenn es bloße Metaphorik bliebe. Doch Friedrich Georg Jünger läßt es – und das macht die lyrische Qualität dieser scheinbar so schlichten Verse aus – nicht beim Aussprechen bewenden. Er nimmt die Thematik in die Körperlichkeit des Gedichts auf, übersetzt sie in metrische Bewegung, in Rhythmus und Melodie; er »vertont« sie, ohne dabei die Anschaulichkeit preiszugeben. »Reh« und »Schnee«, »leis« und »weiß«, »Fuß« und »Gruß« – das Leichtfüßige, beinahe Getupfte mancher dieser Reime hat selber etwas vom Tritt der Ammer und von der Grazie des Rehs. Nicht zufällig kommt in den ersten vier Zeilen dreimal das Wort »leicht« vor, später noch weitere dreimal. Es hat Hebekraft, entführt uns in den sphärischen Bereich jener »Geisterlampe«, von der die dritte Strophe spricht.

Reime üben nur dann ihren Zauber, wenn sie – wie hier – ungekünstelt wirken. Gute Reime seien wie Glocken, sagt der Autor selbst einmal. »Sie füllen mit ihrem Klang nicht nur ihre Stelle, sondern das ganze Gedicht.« In diesem Fall sind es Glocken mit silbernem Klang. Dem Gesetz der melodischen Wiederkehr gehorchend (Jünger: »Das Ohr soll erinnert werden«), vermitteln sie uns ein Wohlgefühl heiterer Geborgenheit. Aber sie sind auch Gelenke, von deren Elastizität die Gangart des Gedichts nicht weniger abhängt als von Rhythmus und Metrum. Daß Jünger den Reim hier nicht als ein gefälliges Geklingel von Endsilben praktiziert, sondern daß es immer kraftvolle, ausdrucksstarke Wörter sind, die ihn tragen, ja daß die Sinnbewegung jeder Zeile auf den Reim zueilt und sich geradezu explosiv in ihm entlädt, bewahrt die Verspaare vor metrischer Starrheit, gibt ihnen ihre federnde Spannkraft.

Wenn der Lyriker Friedrich Georg Jünger sonst wohl dazu neigt, seine Gedichte weiträumig anzulegen, und bei ihrer Ausstattung auf rhetorischen Prunk nicht verzichtet – hier nähert er sich eher der Spruchdichtung; und das hat nicht nur formale Bedeutung. Es ist ein Teil dessen, was uns dieses Gedicht über das Dichten mitzuteilen hat, daß nämlich, aller handwerklichen Rationalität zum Trotz, immer auch ein Stück Zauberei dabei ist – Zauberei, die das in uns Verschlossene und Eingekerkerte freisetzen möchte. Das gibt uns die letzte Strophe nicht nur zu verstehen, sie will es bewirken. Sie ist selber ein Zauberspruch, eine gemurmelte Beschwörung, und damit etwas, das einem Gedicht selten gelingt: in eigener Gestalt, als objektives Gebilde das zu sein, wovon es handelt.

ALFRED MARGUL-SPERBER
AUF DEN NAMEN EINES VERNICHTUNGSLAGERS

Daß es bei Weimar liegt, vergaß ich lang.
Ich weiß nur: man hat Menschen dort verbrannt.
Für mich hat dieser Ort besondern Klang,
Denn meine Heimat heißt: das Buchenland.

Entrücktes Leben, unvergeßner Tag:
Der Buchenwald – ich weiß es noch genau,
Wie ich als Bub in seiner Lichtung lag,
Und eine weiße Wolke schwamm im Blau . . .

O Schmach der Zeit, die meinen Traum zerstört!
Erinnern, so verhext in ihrem Bann,
Daß, wenn mein Ohr jetzt diesen Namen hört,
Ich nicht mehr an die Kindheit denken kann,

Weil sich ein Alpdruck in mein Träumen schleicht,
Ein Schreckgedanke, jeden Sinnes bar:
Ob jene weiße Wolke dort vielleicht
Nicht auch der Rauch verbrannter Menschen war?

PETER HORST NEUMANN
DAS SCHÖNE WAR DES SCHRECKLICHEN ANFANG

Unter den häufig gebrauchten Dichtungsmotiven gibt es einige, die uns besonders »deutsch« erscheinen. Zu ihnen gehören das Bild des Waldes und die weiße Wolke, dieses poetische Zeichen für die verfängliche Gleichzeitigkeit von Erinnerung und Vergessen. An Wolkengedichten ist unsere Lyrik verräterisch reich. Ich stelle mir eine Sammlung vor: viel deutsche Innerlichkeit, Romantik, Pfadfinder-Reime und Hitlerjugend-Gesänge neben Hermann Hesses »Wie eine weiße Wolke« und Brechts »Erinnerung an die Marie A.« (Sie war sehr weiß und ungeheuer oben / und als ich aufsah, war sie nimmer da.«). Und an den Schluß einer solchen Anthologie wünschte ich dieses unbekannte Gedicht. Mir ist es das deutscheste aller Wald- und Wolkengedichte. Es spricht von der Vergiftung schöner Erinnerung durch unvergeßbare Greuel.
Ein Ostjude, der den Vernichtungslagern entging, hat es geschrieben. Als seine Heimat, die Bukowina, sowjetisch wurde und sich die Mehrzahl der überlebenden Juden nach Israel oder nach Westen wandte, blieb er in der Volksrepublik Rumänien. Zur »Schmach der Zeit«, von der seine Verse sprechen, gehört auch die Unbekanntheit ihres Verfassers in Deutschland. (Man verwechsele ihn nicht mit Manes Sperber.) Dabei ist Alfred Margul-Sperber (1898-1967) ein Lyriker mit großem Ausdrucksregister. Als Publizist und Übersetzer, vor allem aber als Inspirator vieler Talente war er jahrzehntelang die Leitfigur

einer wohl heute noch lebensfähigen deutschsprachigen Literatur im Südosten des alten Habsburgerreiches. Er war auch der Mentor und Freund von Rose Ausländer und Paul Antschel, der sich auf seinen Rat hin Celan nannte.
Celans »Todesfuge« und Margul-Sperbers Buchenwald-Gedicht sind am selben Ort, zur gleichen Zeit und aus gleicher Erfahrung entstanden. Nur eine Gemeinsamkeit ihrer Sprachform findet sich nicht. Der Ältere hält sich an klassische Muster. Hat er dem Schrecklichen nicht ein »zu schönes« Gefäß gegeben? Mag sein. Doch diese klassische Formung gewinnt ihr unbestreitbares Recht aus dem Schmerz, den sie uns bereitet. Das Gedicht stellt sich in eine verlorene Tradition deutscher Dichtersprache, um deren Untergang desto eindringlicher zu bezeugen. Das Weimar des deutschen Dichterkultes und das Weimar der gescheiterten ersten Republik – sie sind geistig und topographisch der Vorort jenes Vernichtungslagers. So spricht das Gedicht in der Sprache Weimars von Buchenwald.
In der Lichtung eines bukowinischen Buchenwaldes hatte ein Knabe erstmals begriffen, was Heimat ist. Er war zugleich über deren Enge hinaus, indem er einer weißen Wolke nachsah. Dann wurde das heimathaltige Wort zum Namen des Lagers, über dem eine andere Wolke aufstieg – »der Rauch verbrannter Menschen«. Nun haben in jeweils einem und demselben Wort – Buchenwald, Weimar und weiße Wolke – das Edelste und das Schrecklichste ihre gemeinsame Epiphanie. »Das Schöne« war »nur des Schrecklichen Anfang«. (Rilke)
Wir sagen, daß Dichtung entstehe, wenn die Sprache die Kraft gewinnt, mehr als nur *ein* Ding und *ein* Geschehen mit *einem* Wort zu benennen. Hier indes verdankt sich der Doppelsinn deutscher Worte keiner Einbildungskraft und

keiner »Willkür des Dichters« (ein Schiller-Wort aus Weimar), sondern allein unserer deutschen Geschichte: »ein Schreckgedanke, jeden Sinnes bar«.

(Ich würde dieses Gedicht gern aus einer in der Bundesrepublik erschienenen Auswahl der Lyrik von Alfred Margul-Sperber zitiert haben; doch es gibt keine.)

FRITZ MÜHLENWEG
SEHNSUCHT

Morgen ist es. Horch! die Grille zirpt im Bauer.
Über Blumenwiesen tönt ihr Liebeslied.
Eine kahle Stube und ein Herz voll Trauer
blieb mir, seit der Liebste von mir schied.
Ihn zu grüßen,
ihm zu Füßen,
ach, wie lange werd' ich warten müssen.

Mittag ist es. Sieh, des Farnkrauts zarter Flügel
sinkt ermattet. Staub und Steine glühn.
Ach! Vergebens späh ich von dem Hügel.
Welche Straße wird mein Liebster ziehn?
Ihn zu grüßen,
ihm zu Füßen,
wollt ich Farnkraut, Staub und Steine küssen.

Abend ist es. Hügelan mit der Laterne
steig ich. Roter Mond am Himmel schwebt.
Meinen Liebsten such ich in der Ferne
durch den Tränenschleier, den die Sehnsucht webt.
Ihn zu grüßen,
ihm zu Füßen,
möcht ich gerne meinen Kleinmut büßen.

HARTMUT VON HENTIG
MUTWILLIGE, MAKELLOSE MELODIE

Dieses Gedicht sei unter der Tschou-Dynastie (1150 bis 250 v. Chr.) entstanden; Konfuzius habe es mit anderen im Schi-King, im »Buch der Lieder«, vereinigt; von den dreitausend auf Bambusstäben geschriebenen Gedichten seien dreihundertfünf auf uns gekommen – so steht es in dem schmalen Band »Tausendjähriger Bambus«, in dem neununddreißig Nachdichtungen daraus abgedruckt sind. In welchem Jahr, teilt der Verlag – wohl angesichts des Alters der Originale – gar nicht erst mit.

»Nimm und lies«, möchte ich nun sagen, mehr nicht. Wen dies nicht anrührt, der hat es nicht erlebt, dem wird kein Kommentar dazu verhelfen; auch keine weitere Auskunft über den Autor Fritz Mühlenweg, der 1927 mit Sven Hedin durch die Wüste gezogen ist und daraus später zwei der schönsten Abenteuerromane der Weltliteratur gemacht hat. Diese sind zwar Dichtungen, »Sehnsucht« aber ist ein Gedicht.

Ein Gedicht ist, was es ist, durch seine Form. Ein Gedicht sagt, was es sagt, durch die Einbildungskraft, die es im Leser auslöst. Zu diesen zwei Sätzen drängen mich Mühlenwegs »Nachdichtungen«. Machen wir die Probe wenigstens auf den ersten der beiden. Geben wir das, wovon das Gedicht handelt, »tatsachengetreu« wieder, und ändern wir »nur« die Form, indem wir sie in Prosa übertragen.

»Mein Liebster hat mich verlassen. Schon am Morgen beginnt das Warten. In meiner Einsamkeit nehme ich das Zirpen der Grille, die Kahlheit der Stube, meine Trauer wahr. Das Schlimme ist: Ich weiß nicht, wie lange ich werde warten müssen. Mittags besteige ich, trotz der sengenden Hitze, den Hügel und spähe nach dem Geliebten aus – vergebens. Ich versuche, mir vorzustellen, wo er ist. Ich bin demütig. Käme er, ich küßte dankbar, was mir jetzt lästig oder gleichgültig ist. Am Abend entzünde ich die Laternen. Noch einmal steige ich den Hügel hinan. Der Mond steht rot am Himmel. Ich weine – ich kann darum nicht sehen. Ich schäme mich meines Kleinmuts.«

Indem wir übersetzen, spüren wir, wie schwer wir vom Gedicht loskommen, wie das, was es mitteilt, mit seinem Wortlaut identisch ist. Ist es dasselbe oder etwas anderes, wenn ich prosaisch von »meiner Trauer« oder poetisch von »einem Herz voll Trauer« spreche? Gehört das Schweben des Mondes zur genauen Wiedergabe, oder ist's dichterische Metapher? Muß es unbedingt »Will ich meinen Kleinmut büßen« heißen, oder folgt der Autor da dem Reimzwang, so daß in der Übersetzung ebensogut, ja, psychologisch treffender stehen könnte »Ich schäme mich meines Kleinmuts«? Nein, was dieses Gedicht in mir anrichtet, ist nur unter schweren Verlusten anders wiederzugeben.

Auch Fritz Mühlenweg hat etwas Neues geschaffen, als er dem chinesischen Gedicht diese Form gab. Eine Sinologin erklärt mir, wodurch ein chinesisches Gedicht ein Gedicht ist: Es besteht gleichsam aus einer Reihe von »Piktogrammen«, zwischen denen wir lesend und lauschend die Beziehung knüpfen. Übersetze ich Mühlenwegs Nachdichtung zurück: »Morgen / Zirpen der Grille im Bauer / ein

Liebes-lied / über die Blumenwiesen / die Stube – leer / das Herz – voll Trauer / das bleibt – der Liebste ist gegangen / warten / endlos ...«, kann ich alles, was ich je an Verlassenheit, Ungeduld, Sehnsucht, Vergebung in der Liebe empfunden habe, da hineinlegen. Aber die mutwillige und zugleich eingängige Melodie, der dreifache Reim am Ende jeder Strophe, die mühelose Alliteration »Staub und Steine«, das unauffällige, den Vers auflockernde Enjambement »voll Trauer / blieb mir« würden mir fehlen. Nicht die Bilder und nicht die Sprache, sondern die Bilder durch die Sprache machen, daß unser Erlebnis in einem fremden Gedicht aufgeht.

ERICH KÄSTNER
CHOR DER FRÄULEINS

Wir hämmern auf die Schreibmaschinen.
Das ist genau, als spielten wir Klavier.
Wer Geld besitzt, braucht keines zu verdienen.
Wir haben keins. Drum hämmern wir.

Wir winden keine Jungfernkränze mehr.
Wir überwanden sie mit viel Vergnügen.
Zwar gibt es Herrn, die stört das sehr.
Die müssen wir belügen.

Zweimal pro Woche wird die Nacht
mit Liebelei und heißem Mund,
als wär man Mann und Frau, verbracht.
Das ist so schön! Und außerdem gesund.

Es wär nicht besser, wenn es anders wäre.
Uns braucht kein innrer Missionar zu retten!
Wer murmelt düster von verlorner Ehre?
Seid nur so treu wie wir, in euren Betten!

Nur wenn wir Kinder sehn, die lustig spielen
und Bälle fangen mit Geschrei,
und weinen, wenn sie auf die Nase fielen –
dann sind wir traurig. Doch das geht vorbei.

EGON SCHWARZ
KEINE JUNGFERNKRÄNZE

Bei Erich Kästner gehen großstädtisch abgebrühte Schnoddrigkeit und provinzielle Sentimentalität eine charakteristische Verbindung ein. Diese Mischung ist aber Signatur der Zeit, typisch für den Stil jener Sachlichkeit, die man besser rührselig als ›neu‹ genannt hätte. Sie findet sich auch bei Kästners Generationsgenossen Brecht, Benn und Tucholsky. Womit noch keineswegs etwas über das Talent dieser Dichter gesagt ist.
Um ihrer spezifischen dichterischen Eigenart auf die Spur zu kommen, muß man schon ein einzelnes Gedicht unter die Lupe nehmen, etwa Kästners Lied von den Großstadt-Stenotypistinnen, deren Hämmern auf den Schreibmaschinen die monotone Mechanik der Industriegesellschaft, die der Autor für alle modernen Schäden verantwortlich macht, ädaquat vertritt.
Der Hinweis, daß diese Beschäftigung als Ersatz für das von Mädchen der Mittelschicht sonst wohl erwartete Klavierspiel getreten ist, beschwört Vorstellungen von *Declassement* herauf. Der Beweis für die Unfreiwilligkeit des ökonomischen Frondienstes wird auch sogleich geführt: »Wer Geld besitzt«, heißt es mit Brecht ebenbürtiger Zitierbarkeit, »braucht keines zu verdienen.« Das alles ist in bloß drei Zeilen gesagt. In der vierten und letzten der ersten Strophe können sich die Sprecherinnen jetzt den Luxus einer rein formalen Unterstreichung ihrer Aussage leisten: »Wir haben keins. Drum hämmern wir.« Mit dieser

Rückkehr zum Ausgangspunkt ist der sinnlose Teufelskreis eindrucksvoll geschlossen.

Daß zu einer rein wirtschaftlich bedingten, das Individuelle ausschaltenden Lebensweise – man denke daran, daß das Wort »Chor« im Titel steht – die alte Geschlechtsmoral von »Zucht und Ehre« nicht paßt, daß das Mechanische des zwanghaften Arbeitsprozesses sich auch auf die Liebesbeziehungen der in ihn eingespannten, zu Fräuleins degradierten Mädchen erstreckt, leuchtet sofort ein, sobald Kästner darauf anspielt. Wie er es tut, ist freilich meisterhaft. »Wir winden keine Jungfernkränze mehr«, lautet das burschikose Geständnis. Der Vers hat es in sich! In ihm mischt sich die Absage an veraltete erotische Vorschriften mit einer gegen die Oper alten Stils gerichteten Parodie – daß den Fräuleins Webers Werk noch bedeutsame, aber unter den gegebenen Umständen eben zu verspottende Erinnerung ist, gehört gleichfalls zu den Relikten ihrer sinnlos gewordenen Erziehung.

Wie die Gedichtszeile einen Bildungswert der Vorkriegsbourgeoisie im Phrasenhaften erstickt, stellt im kleinen eine Parallele zum Gesamtvorgang des Gedichtes dar. Und darauf folgt die Zeile »Wir überwanden sie mit viel Vergnügen« mit ihrem frechen Wortspiel. Hier bildet sich sozusagen vor den Augen des Lesers eine neue, dem Industriebürokratismus entsprechende Gesellschaftsethik heraus. Zu den abgelehnten Instanzen gehört auch die arrogante, von den herrschenden Schichten propagierte Seelsorge für die unteren Klassen: »Uns braucht kein innrer Missionar zu retten!« heißt es mit emphatischem Ausrufungszeichen. Die neue Art der Kopulation hat der Ehe wenigstens die Aufrichtigkeit voraus.

Soweit Schnoddrigkeit und Herausforderung. Jetzt folgen

freilich, in einem an Rilke erinnernden Umschlag, Idylle, Sentimentalität und Resignation: »Nur wenn wir Kinder sehn, die lustig spielen / (...) dann sind wir traurig. Doch das geht vorbei.« Die Einschaltung der nächsten Generation ist kein Zufall. Die Nachbarschaft von bissiger Attacke auf die moderne Kultur und intakter Kinderwelt findet sich bei allen Satirikern von Cervantes bis Swift. Die Gemeinsamkeit, die den Schritt in die Vergangenheit mit dem Vorauseilen in die Zukunft verbindet, ist Abscheu vor der Gegenwart.

Kästner wird nicht müde, das Los der herumgestoßenen, degradierten, mißbrauchten und dennoch ihre menschliche Güte bewahrenden Großstadtfrau darzustellen. Wo er gleichzeitig seine persönlichen Sympathien und seine satirische Verachtung anbringen kann, dort entstehen Gebilde von einer großen poetischen Formkunst, einer Kunstfertigkeit, die an Witz, einschneidender Thematik und militanter Humanität den Werken seiner Zeitgenossen George Grosz und Frans Masereel nicht nachsteht.

ERICH KÄSTNER
DER HANDSTAND AUF DER LORELEY

(Nach einer wahren Begebenheit)

Die Loreley, bekannt als Fee und Felsen,
ist jener Fleck am Rhein, nicht weit von Bingen,
wo früher Schiffer mit verdrehten Hälsen,
von blonden Haaren schwärmend, untergingen.

Wir wandeln uns. Die Schiffer inbegriffen.
Der Rhein ist reguliert und eingedämmt.
Die Zeit vergeht. Man stirbt nicht mehr beim Schiffen,
bloß weil ein blondes Weib sich dauernd kämmt.

Nichtsdestotrotz geschieht auch heutzutage
noch manches, was der Steinzeit ähnlich sieht.
So alt ist keine deutsche Heldensage,
daß sie nicht doch noch Helden nach sich zieht.

Erst neulich machte auf der Loreley
hoch überm Rhein ein Turner einen Handstand!
Von allen Dampfern tönte Angstgeschrei,
als er kopfüber oben auf der Wand stand.

Er stand, als ob er auf dem Barren stünde.
Mit hohlem Kreuz. Und lustbetonten Zügen.
Man frage nicht: Was hatte er für Gründe?
Er war ein Held. Das dürfte wohl genügen.

Er stand, verkehrt, im Abendsonnenscheine.
Da trübte Wehmut seinen Turnerblick.
Er dachte an die Loreley von Heine.
Und stürzte ab. Und brach sich das Genick.

Er starb als Held. Man muß ihn nicht beweinen.
Sein Handstand war vom Schicksal überstrahlt.
Ein Augenblick mit zwei gehobnen Beinen
ist nicht zu teuer mit dem Tod bezahlt!

P.S. Eins wäre allerdings noch nachzutragen:
Der Turner hinterließ uns Frau und Kind.
Hinwiederum, man soll sie nicht beklagen.
Weil im Bezirk der Helden und der Sagen
die Überlebenden nicht wichtig sind.

GEORG KREISLER
ANGSTGESCHREI VON ALLEN DAMPFERN

In einem seiner Kinderbücher schreibt Kästner: »Ob etwas wirklich passiert ist oder nicht, ist egal. Wichtig ist, daß eine Geschichte wahr ist! Wahr ist eine Geschichte dann, wenn sie genau so, wie sie berichtet wird, wirklich hätte passieren können.« Im »Handstand auf der Loreley« betont er hingegen, daß die Geschichte wirklich passiert ist. Offensichtlich wollte er um jeden Preis vermeiden, daß seine Warnung vor verbohrtem Heldentum als bloße Schrulle eines lyrischen Humoristen abgetan wird. Künstlerlos: Man muß die Regeln der Kunst negieren, um zu beweisen, daß sie richtig sind.
Es gibt kaum einen Satz in diesem Gedicht, über den man nicht eine gelehrte Abhandlung oder ein schlechtes Buch schreiben könnte. Ein Kernsatz lautet: »So alt ist keine deutsche Heldensage, daß sie nicht doch noch Helden nach sich zieht.« Held wird man also nicht, weil man Gott behüte einer ist, sondern aus deutscher Tradition. Es gehört sich einfach für einen guten Deutschen, daß er sich für einen Helden hält.
Ergänzend dazu steht ein weiterer Kernsatz zwischen den Zeilen: Welcher ist der wahre Held, derjenige, der seine vermeintliche Heldentat mit dem Tod bezahlt, oder derjenige, der sie mit dem Leben bezahlt, also der stille, leidende, passive Held? Kästner läßt keinen Zweifel daran: »Er starb als Held. Man muß ihn nicht beweinen«, sagt er und erwähnt in der nächsten Strophe Witwe und Waise

des Toten. Sie sind die wahren Helden, sie müßte man beweinen.
»Sport ist gesund«, schrieb ich einmal in einem anderen, leider nicht so guten Gedicht. Kästner, der, so wie ich, die toten Drachenflieger, Fallschirmspringer, Autorennfahrer und natürlich auch Soldaten und ähnliche »Helden« anspricht, sagt es subtiler und trotzdem deutlicher: »Er stand, als ob er auf dem Barren stünde« – in anderen Worten: Dieser Trottel kennt nicht einmal den Unterschied zwischen einem Barren und einem gähnenden Abgrund. Auch von seinem »Turnerblick« und seinen »lustbetonten Zügen« spricht Kästner und kommt zu dem sarkastischen Schluß, daß »ein Augenblick mit zwei gehobenen Beinen« nicht zu teuer mit dem Tod bezahlt sei. Ich hätte gesagt: Gott sei Dank, ein Turner weniger! Aber damit befände ich mich schon im Blödelkabarett, und das lag Kästner fern. Er war Optimist und meinte es ernst.
Zwei Sätze, die man leicht übersieht, scheinen mir wesentlich. Der erste: »Von allen Dampfern tönte Angstgeschrei, als er kopfüber oben auf der Wand stand.« Damit sind fast alle gemeint, die dieses Buch lesen. Denn von uns, den satten Bürgern, ertönt ja immer wieder Angstgeschrei, wenn »hinten weit in der Türkei«, wie Goethe es formulierte, die Afrikaner verhungern oder Saddam Hussein mit Atombomben spielt oder der Autowahnsinn weitergeht oder eben wenn einer, den wir gar nicht kennen, einen sinnlosen Tod stirbt. Dieses Angstgeschrei, das nicht nur freiwillig ohnmächtig ist, sondern auch gerne ohnmächtig bleiben und die Dampferfahrt fortsetzen möchte, sollten wir uns vor Augen halten, wenn wir das nächste Mal die Hände überm Kopf zusammenschlagen und zur Tagesordnung übergehen. Was hätten wir denn tun sollen, frag-

ten die alten Nazis und wußten dabei genau, was ihre Pflicht gewesen wäre, und auch wir wissen es genau.
Der zweite Satz: »Er dachte an die Loreley von Heine.« Wieso denkt dieser blöde Leistungssportler an Heine, fragt man sich zuerst, aber er denkt ja nicht an Heine, sondern an die Loreley, die zwar von Heine, aber auch ein Volkslied ist, das sogar ein Held kennt. Ich meine aber, daß Kästner dabei tiefer gedacht hat: Es gelingt auch diesem kräftigen Sportler nicht, die Dichtkunst zu überwinden. Wer sich mit der Loreley einläßt, muß sterben, seinerzeit die Schiffer, heute die Turner. Der Rhein ist zwar reguliert, die Schiffer haben sich gewandelt, aber was ein Dichter wie Heine postuliert hat, behält seine Gültigkeit, und was ein Dichter wie Kästner postuliert, auch.

ERICH KÄSTNER
MORAL

Es gibt nichts Gutes
außer: Man tut es.

DOLF STERNBERGER
DIE PRAKTISCHE VERNUNFT IN EINER NUSS

Das sitzt. Ein wahres Kolumbus-Ei. Diese Knappheit ist nicht zu überbieten. Zwei Zeilen zu je vier Wörtern. Sagt man es laut auf, so hört man in jeder Verszeile auch nur zwei Hebungen, und weiter wollen wir in das Versmaß und die Versfüße nicht eindringen, denn das Ganze ist ja nicht nach strengem Gesetz gebaut, vielmehr, im Gegenteil, leicht hingeworfen, wie hingeplaudert. Immerhin gibt es einen Reim, und er enthält selber einen komischen Effekt. Auf das erhabene Adjektiv »Gutes« reimt sich nicht ein Wort von ähnlicher Art – wie zum Beispiel »Mutes« –, sondern »man tut es«. Die grammatische Differenz zwischen jenem gleichsam Ruhenden und Seienden und diesem »Tätigkeitswort« schlechthin, obendrein salopp konjugiert mit »man«, das gibt dem »Einverständnis« der Reimwörter ein Salz des Widerspruchs, fast ein Element von Spott.

Was die Verse aussprechen, ist ein Paradox. Man könnte es für ein Bonmot nehmen, und das wäre ja gewiß nicht das Schlechteste. Aber von solchen Einfällen und Wortspielen, wie sie neuere Kleinkünstler gern in gebrochenen Verszeilen absetzen (ohne Reim natürlich), unterscheidet sich Kästners Meisterwerkchen durch die Bedeutung des Gedankens. Fast wäre man versucht, es ein Lehrgedicht zu nennen. Ich weiß, man soll ein kleines Boot nicht mit großer Last befrachten, und ich muß eine Hemmung überwinden, bevor ich ausspreche, daß dieses Bonmot eine Philosophie mitführt, eine Philosophie im gewichtigen deutschen Sinne des Wortes. Aber ich spreche es aus. Das kleine Boot bringt diese Fracht schon selber mit, es ist nicht der Kommentar, der sie erst darauf lüde. Sie hat freilich nur geringen Umfang, stellt ein Konzentrat dar; es ein wenig aufzulösen, darin besteht das Geschäft der Deutung. Ein wenig, nicht zu sehr.

Die erste Zeile macht eine allgemeine Aussage über die Beschaffenheit der Welt überhaupt, der Menschenwelt, und zwar eine negative, ja vernichtende: Es gibt nichts Gutes. Die zweite Zeile scheint die erste Lügen zu strafen, indem sie von jener empirisch-allgemeinen Feststellung eine Art Ausnahme statuiert. Aber diese Ausnahme ist ihrerseits nicht feststellbar. Die Ausnahme kann nicht erkannt und registriert werden – in dem Sinne: es gebe also eben doch etwas Gutes –, sie kann nur allenfalls vollzogen werden. Wenn und sofern nämlich einer auf den Appell hört. Die Ausnahme spielt sich gleichsam in einem anderen Medium ab als die Regel. Der erste Satz ist wahr, wenn auch in einer trivialen Weise, der zweite muß erst noch wahr werden. Es müßte wahr werden, wenn »man« seiner Aufforderung, seinem Postulat folgte. Beide Sätze zusammen bilden zwar ein Paradox, aber sie widersprechen einander keineswegs. Daß es objektiv, in dem Medium der erkennbaren Tatsachen, nichts Gutes gebe, bleibt durchaus gültig. Das Gute »gibt es« nicht, man – das heißt: ich, du, er, sie, es – kann es nur tun.

Hier ist Immanuel Kant ganz in der Nähe. Seine Abhandlung, sagt er in der Vorrede zu der zweiten seiner drei großen »Kritiken«, solle bloß dartun, »daß es reine praktische Vernunft gebe«, praktische Vernunft im Unterschied zur theoretischen oder spekulativen Vernunft. Und von ihr heißt es: »... wenn sie als reine Vernunft wirklich praktisch ist, so beweist sie ihre ... Realität durch die Tat, und alles Vernünfteln wider die Möglichkeit, es zu sein, ist vergeblich«. Das ist dasselbe Paradox, bei Kant wie bei Kästner, bei Kästner wie bei Kant. Da ist eine Art von Vernunft, die sich einzig durch die Tat beweist; als eine Tatsache, ein Sein oder Wesen ist sie in der Welt nicht anzutreffen, es »gibt« sie nicht. »Außer man tut es.« Die Freiheit, etwas Gutes zu tun – Kant nennt es sogar die »Pflicht« –, fährt senkrecht wie ein Blitz durch die Fläche der platten Welt, worin es nichts Gutes gibt. Aber die Tat verschwindet im Tun, es bleibt nichts zurück, was man vorzeigen könnte zu einem Beweis, daß es doch etwas Gutes in der Welt gebe. Man tut es, und damit ist's getan. Vorausgesetzt, daß »man« es tut.

Kästner wußte, wovon er sprach. Er denkt, indem er dichtet, aber mühelos. Er ist hier zur höchsten Einfachheit gelangt.

ERICH KÄSTNER
SACHLICHE ROMANZE

Als sie einander acht Jahre kannten
(und man darf sagen: sie kannten sich gut),
kam ihre Liebe plötzlich abhanden.
Wie andern Leuten ein Stock oder Hut.

Sie waren traurig, betrugen sich heiter,
versuchten Küsse, als ob nichts sei,
und sahen sich an und wußten nicht weiter.
Da weinte sie schließlich. Und er stand dabei.

Vom Fenster aus konnte man Schiffen winken.
Er sagte, es wäre schon Viertel nach Vier
und Zeit, irgendwo Kaffee zu trinken.
Nebenan übte ein Mensch Klavier.

Sie gingen ins kleinste Café am Ort
und rührten in ihren Tassen.
Am Abend saßen sie immer noch dort.
Sie saßen allein, und sie sprachen kein Wort
und konnten es einfach nicht fassen.

RUDOLF WALTER LEONHARDT
SACHLICH UM DER LESER WILLEN

Das Gedicht steht am Anfang des Gedicht-Bandes »Lärm im Spiegel«; es ist der Prolog, mit dem sich der durch »Herz auf Taille« gerade berühmt-berüchtigt gewordene Neunundzwanzigjährige (1928) seinen Lesern ausweisen will. Und der Titel »Sachliche Romanze« steht für ein Programm: So etwas »Romantisches« wie Liebe wird nicht geleugnet, im Gegenteil, es gehört auch bei Kästner zum Repertoire. Aber es wird in nüchterner, »neuer Sachlichkeit« darüber berichtet. Gereimte Prosa? Journalismus in Versen? Gedichte als Lebenshilfe?

All das wollte Kästner. Lebenshilfe vor allem. Nicht: sich selber darstellen (ihm kam die eine oder andere Liebe erst viel später »abhanden«); nicht: der Sprache Urlaute entlocken (er wollte allgemeinverständlich sein); nicht: Auswege in einer poetischen Metaphysik suchen (er liebte das Leben so, wie es ist, oder doch, seiner nie verzagenden Hoffnung nach, sein könnte).

Auf jedes formale Raffinement wird verzichtet. Die Sätze sind von lakonischer Kürze und schulfibelartiger Klarheit. In der vierten Strophe den Rhythmus zu brechen durch einen zusätzlichen Vers, ist das Äußerste, was Kästner hier sich und seinen Lesern zumutet. Es wird eine »alte Geschichte« erzählt, die daran erinnert, was bei Heine zwischen »Jünglingen« und »Mädchen« passiert. Da brechen dann Herzen entzwei. In der Tat ist Kästner ohne den Vorgänger Heine nicht zu denken. Was unterscheidet ihn?

Es geht um scheinbar Triviales, wobei der Schein des Trivialen deutlich genug hervorgehoben wird. Das größte Menschenglück – für Kästner und andere: die Liebe – soll sich nicht von ganz poesielosen alltäglichen Gebrauchsgegenständen unterscheiden. Jüngere, denen »Stock oder Hut« keineswegs mehr alltägliche Gebrauchsgegenstände sind, mögen Kästners Vergleich als leicht nostalgie-verstaubt empfinden; aber Stöcke und Hüte »kamen« in den zwanziger Jahren so oft »abhanden« wie heute Kugelschreiber oder Autoschlüssel.

Die erste Strophe könnte, zur Not, auch von Heinrich Heine stammen. Dann jedoch beschwört Kästner hier wie so oft eine Bürgertugend, die Heine auch schon kannte, aber so unverstellt nie beschrieben hätte: inmitten der traurigsten Ratlosigkeit verzweifelte Tapferkeit. Man muß die Form wahren, man darf niemanden verletzen, schon gar nicht den, den man einmal geliebt hat. Die einstmals alles sich waren und die nun alles verloren haben: sie schreien einander nicht an, sie bringen sich nicht um, was doch zumindest literarisch ganz wirkungsvoll wäre; sie stehen irgendwo herum und klammern sich daran: nachmittags wird Kaffee getrunken. So weit stimmt die Welt noch. Am Abend freilich hat man nicht mehr im Café zu sitzen. Das ist nicht in Ordnung.

Kästners Geschichten in Vers und Prosa sind oft ganz einfach traurig und in ihrer Traurigkeit völlig unabhängig von gesellschaftlichen Zusammenhängen, total unkorrigierbar. Humanismus und Sozialismus lagen ihm gleich nahe, aber sie bedeuteten ihm nicht das gleiche. Er verehrte Schopenhauer und glaubte mit ihm an das Mitleid als den höchsten moralischen Wert.

Dieses Gedicht ist wie viele Kästner-Gedichte eine Parabel: Wie den beiden geht es Tausenden. Und da Tausende von einem solchen ganz nüchternen, trivialen, journalistischen Versgebilde sich berührt gefühlt haben, ist es womöglich so »trivial« nun wieder auch nicht. »Trivial« ist nur der unnütze Allgemeinplatz. Kästners Verse wären treffender mit »ungemein schlicht« zu bezeichnen. Sie können ja nützen. Sie wollen es auch.

Kästner wollte Lebenssituationen so darstellen, daß viele sich betroffen und manche sich getröstet fühlen. Das »Abhandenkommen« der Liebe ist ein großes Thema. Es bedarf, dennoch oder daher, für Kästner nicht der großen Worte. Seine Leser danken ihm das.

ERICH KÄSTNER
SOGENANNTE KLASSEFRAUEN

Sind sie nicht pfui teuflisch anzuschauen?
Plötzlich färben sich die »Klassefrauen«,
weil es Mode ist, die Nägel rot!
Wenn es Mode wird, sie abzukauen
oder mit dem Hammer blauzuhauen
tun sie's auch. Und freuen sich halbtot.

Wenn es Mode wird, die Brust zu färben
oder, falls man die nicht hat, den Bauch ...
Wenn es Mode wird, als Kind zu sterben
oder sich die Hände gelbzugerben,
bis sie Handschuhn ähneln, tun sie's auch.

Wenn es Mode wird, sich schwarzzuschmieren ...
Wenn verrückte Gänse in Paris
sich die Haut wie Chinakrepp plissieren ...
Wenn es Mode wird, auf allen Vieren
durch die Stadt zu kriechen, machen sie's.

Wenn es gälte, Volapük zu lernen
und die Nasenlöcher zuzunähn
und die Schädeldecke zu entfernen
und das Bein zu heben an Laternen –
morgen könnten wir's bei ihnen sehn.

Denn sie fliegen wie mit Engelsflügeln
immer auf den ersten besten Mist.
Selbst das Schienbein würden sie sich bügeln!
Und sie sind auf keine Art zu zügeln,
wenn sie hören, daß was Mode ist.

Wenn's doch Mode würde, zu verblöden!
Denn in dieser Hinsicht sind sie groß.
Wenn's doch Mode würde, diesen Kröten
jede Öffnung einzeln zuzulöten!
Denn dann wären wir sie endlich los.

CHRISTA ROTZOLL
WIDER DIE ROTEN NÄGEL

Donner, das ist Ingrimm, das hat Schwung! Was bringt den jungen Doktor Kästner so in Rage? Anscheinend waren, als er diesmal loslegte, gerade die roten Fingernägel aufgekommen. Die haben sich – das Gedicht ist eben fünfzig Jahre alt – also nicht schlecht gehalten. Über rotgefärbte Nägel regt man sich wohl heute nicht mal mehr in Bayern auf. Sie dürfen andererseits auch im mondänsten Zirkel fehlen und könnten hier und dort sogar zum Spießer-Ausweis abgewertet worden sein, sind jedenfalls Geschmackssache.

Die anderen Mode-Einfälle hat der Satiriker – sein gutes Recht! – hinzugesponnen: bei allem Widerwillen so sinnfällig, so flott, daß auch sie in jenem Halbjahrhundert, das seit ihrer Kreation verflossen ist, fast nicht gelitten haben. Sie werden immer noch, wenn auch wohl nicht mehr von den Allerjüngsten, freudig hergezählt.

Daß Kästner seine Wut und die Entrüstung über Zeiterscheinungen mit viel Geschick, mit Schick sogar, gehandhabt hat, ist mittlerweile Schulweisheit. Woher die Wut gekommen ist, wie echt sie jeweils war, das ist nicht ganz so sicher. Der Mensch, auch der politisch regsame, geweckte, klebt vor allem an sich selbst, das wollen wir nicht vergessen. Den Unteroffizier, dem er den Herzknacks zu verdanken hat, muß Kästner aufrichtig gehaßt haben, den einzelnen Sadisten wie die Welt, die ihn zu seinen Schindereien ermutigte. Aber die Klassefrauen? Die Damen der

Oberklasse oder mehr die Männerkundigen aus der Lieblingsbar? Haben sie den Schüchternen durch unbefangene Zugriffe zunächst verletzt?
Die Schocks, die sogenannte Klassefrauen verschuldet haben mögen, waren, was den Privatmann Kästner anging, wohl nach ein paar starken Schreibanfällen ausgeheilt. Ich kann mir Kästner nicht beim freundschaftlichen Umtrunk mit Ernst Jünger oder Hindenburg vorstellen, der Schaden saß zu tief. An Klassefrauen hat es in seiner Nachbarschaft, solange ich hinsehen konnte, nie gefehlt. Mit der rührenden und schlichten Mutter, die dem Sohn immer die Wäsche nachtrug, hatten Kästners Flirts und Freundinnen keinerlei Ähnlichkeit. Nun, eine vielleicht doch: sie taten alle oder ziemlich alle irgendwas, sie waren nicht die großbürgerlichen Drohnen des Gedichts, sondern berühmte oder weniger berühmte Filmschauspielerinnen, kesse Chansonetten, Journalistinnen, auch Sekretärinnen. Ich habe ihnen zwar damals nicht auf die Fingernägel gesehen, doch rote hätten zu diesen schnittigen und manchmal schlangenhaften Geschöpfen gepaßt. Kästner-Frauen waren Frauen von erotischer Kultur und rechte Weltstadt-Pflanzen, einige mit Witz.
Vielleicht hat unser Moralist schon 1930 sein Entsetzen einem guten Zweck zuliebe überdreht. Indem er – übrigens am Ende höchst brutal, nach unseren Begriffen unzulässig – auf die Modepuppen eindrosch, konnte er es auch den Käufern dieser Puppen geben, den gewissenlosen Schwerreichen. Gezeigt und gespuckt hat er gleichwohl fast nur auf die äußeren Verunstaltungen, die Frauen, die das Kommando respektieren, dem eigenen Leib zumuten. Wenn er geahnt hätte, wie ganz und gar belanglos, nicht der Rede wert nun jede noch so kühne Haartracht oder

Badekostümierung ist, deren Schöpfer nur der unschuldige Erwerbssinn angetrieben hat! Was heute herrscht und was die jungen Frauen in Bild und Ton einander angleicht bis zur Nicht-mehr-Unterscheidbarkeit, sind die Gesinnungsmoden. Sie richten mehr an als die ärgsten Krämpfe des Verschönerungsgeschäfts.

ERICH KÄSTNER
ZUR FOTOGRAFIE EINES KONFIRMANDEN

Da steht er nun, als Mann verkleidet,
und kommt sich nicht geheuer vor.
Fast sieht er aus, als ob er leidet.
Er ahnt vielleicht, was er verlor.

Er trägt die erste lange Hose.
Er spürt das erste steife Hemd.
Er macht die erste falsche Pose.
Zum ersten Mal ist er sich fremd.

Er hört sein Herz mit Hämmern pochen.
Er steht und fühlt, daß gar nichts sitzt.
Die Zukunft liegt ihm in den Knochen.
Er sieht so aus, als hätt's geblitzt.

Womöglich kann man noch genauer
erklären, was den Jungen quält:
Die Kindheit starb; nun trägt er Trauer
und hat den Anzug schwarz gewählt.

Er steht dazwischen und daneben.
Er ist nicht groß. Er ist nicht klein.
Was nun beginnt, nennt man das Leben.
Und morgen früh tritt er hinein.

IRING FETSCHER
AUS DER LYRISCHEN HAUSAPOTHEKE

Konfirmanden sehen heute anders aus. Nicht mehr verkleiden sich Vierzehnjährige als Männer, eher schon suchen Männer so auszusehen, als wären sie vierzehn. Das Foto, das die Zeilen von Kästner in uns wachruft, ist ein historisches Dokument geworden. Das Gedicht wird auf das Jahr 1935 datiert. Konfirmationen fanden noch im schwarzen Anzug statt, einige freilich auch schon in der Uniform der Hitlerjugend. Der junge Mann, der da vor uns steht, sieht anders aus, als die Nazis »die deutsche Jugend« sich vorstellten. Aber so schnell hatten sie ihr nicht den Stempel aufdrücken können.
Wie viele Verse Kästners ist auch dieses Gedicht ganz auf Melancholie und Trauer gestimmt. Lesend empfinden wir noch einmal das Unbehagen des jungen Menschen, der da »ins Leben treten« soll und doch viel eher das Empfinden hat, getreten zu werden. Gestern noch durfte er – in einem Freiraum der Unverbindlichkeit – spielen, jetzt soll es nur noch »den Ernst des Lebens« für ihn geben. Die Feierlichkeit, die man ihm aufgezwungen hat, ließe sich auch als Trauer deuten. Trauer über das plötzliche Ende einer Kindheit. Einer Zeit, die gewiß nicht eitel Glück und Wonne war, aber in der es noch keinen Gegensatz zwischen Sein und Schein, zwischen Gefühl und Ausdruck gab. Kaum an der Schwelle zum Erwachsensein, macht er schon »die erste falsche Pose«: Er sucht unbefangen auszusehen, aber es gelingt

ihm nicht. »Er reißt sich zusammen«, aber es wirkt nur verkrampft.

Kästners Stil ist schlicht die Syntax von erstaunlicher Einfachheit. In der zweiten, dritten und fünften Strophe besteht jede Zeile aus einem Hauptsatz. Nur die vierte Strophe formt sich zu einem zusammenhängenden Satz. In ihr wird über das Bild reflektiert, bietet der Autor seine Deutung an: »Die Kindheit starb, nun trägt er Trauer.« Die ersten drei Strophen schildern, was wir auf dem Foto sehen und was der Jüngling – vermutlich – fühlt. In der letzten kehrt Kästner zur Schilderung zurück und schließt lapidar mit der Feststellung: »Was nun beginnt, nennt man das Leben. Und morgen früh tritt er hinein.«

Die lakonische Kürze des Schlusses erinnert noch einmal an die Unerbittlichkeit des Geschehens. In seinen frühen Gedichten affichierte Kästner oft einen schnoddrigen Zynismus, hinter dem sich die Angst des vereinsamten Großstadtbewohners, des von der Krise bedrohten »kleinen Mannes« nur schlecht verbarg. Er führte sich auf wie einer, der im dunklen Walde laut singt, um seine eigne Angst zu übertönen. Hier drängt sich das Mitgefühl des Dichters stärker vor. Aber nach wie vor dominiert die Nüchternheit. Nur seine Gefühle nicht zu sehr sehen lassen. Die Furcht vor der Sentimentalität ist nicht unbegründet. Manchmal entgeht der Autor ihr nur knapp. Auch das gehört wohl zum Kolorit einer versunkenen Zeit, daß man wehmütig und nicht ohne Selbstmitleid auf die eigne Vergangenheit zurückblickt. Und doch, auch wenn heute nur wenige Konfirmanden noch in schlecht sitzenden schwarzen Anzügen »den Schritt ins Leben tun«: Die Zukunft liegt ihnen nach wie vor in den Knochen.

Ich könnte mir deshalb denken, daß Kästners Gedicht einem Konfirmanden, der es heute liest, noch immer hilft, weil es ihm zeigt: Hier hat dich jemand verstanden. Es handelt sich um Gebrauchsverse aus Dr. Erich Kästners lyrischer Hausapotheke. Kein besonders starkes Mittel, aber ein nützliches, von dem mehr zu halten ist als von manch' anspruchsvoller Gedichtsammlung, die in esoterischer Metaphorik sich aufspreizt.

ELISABETH LANGGÄSSER
DAPHNE AN DER SONNENWENDE

Wird die Verfolgte sich retten
vor seiner düsteren Brunst?
Ihre Gelenke zu ketten,
wirft er ihr Erdrauch und Kletten
zu als ein Zeichen der Gunst.

Glühend, erreicht sie des flachen,
ländlichen Gartens Geviert,
Löwenmaul sperrt seinen Rachen,
ach, und wie feurige Drachen
blühen die Bohnen verwirrt.

Mitleidlos wölben die lauen
Frühsommeräpfel die Brust,
schließt ihre Finger, die schlauen,
Demeter schnell um der blauen
Kapseln betäubende Lust.

Ist eine Zuflucht noch offen?
Lodern dort Fittiche auf?
Da, zwischen Seufzen und Hoffen,
hemmt, von Verwandlung betroffen,
plötzlich das Jahr seinen Lauf.

Und wie sich Erbsen entbinden
jäh von der goldgrünen Wand,
perlen im Anschlag die linden
Tage und rollen und schwinden
kühl durch des Hochsommers Hand.

GÜNTER BLÖCKER
ENTFESSELUNG UND ZÜGELUNG

Vor etlichen Jahren – es muß um 1948 gewesen sein – habe ich dieses Gedicht aus einer Zeitung ausgeschnitten. Aus welcher, weiß ich nicht mehr. Das vergilbte Blättchen, das vor mir liegt, trägt weder Herkunftsbezeichnung noch Datum. Augenscheinlich war die Überwältigung durch das Gelesene stärker als die Verpflichtung zu bibliographischer Sorgfalt. Erst sehr viel später entdeckte ich zu meiner Überraschung, daß es sich bei diesem Abdruck um ein Fragment handelt. Was sich mir als ein fugenlos in sich geschlossenes poetisches Gebilde mitgeteilt hatte, war für die Autorin nur der allerdings grundlegende erste Teil eines lyrischen Triptychons gewesen. Trotzdem will mir dieses Teilstück auch jetzt noch als ein Ganzes erscheinen, das eine Weiterführung, ein verdeutlichendes Umschreiben wohl zuläßt, jedoch keineswegs verlangt.

Die Überwältigung, von der ich sprach und die sich – für mich – heute wie damals mit gleicher Stärke einstellt, ist die eines Form gewordenen Elementarvorgangs – Entfesselung und Zügelung in einem. Das Jahr nähert sich seinem Zenit. Die bebende Fülle, der gewalttätige Überschwang der Natur steigern sich zur Bedrängnis. Elisabeth Langgässer wählt dafür die kühne Metapher der lustvollen Verfolgung. Wer wird verfolgt und von wem? Der Titel wirft uns das Stichwort »Daphne« zu, und der Leser ergänzt es von sich aus durch »Apoll«. Dieser Kunstgriff bewirkt zweierlei: er ermöglicht die Personalisierung des

Naturvorgangs und verleiht ihm zugleich den mythologischen Adel.

Doch in Wahrheit sind wir selber die »brünstig« Verfolgten oder werden dazu. Der drängende daktylische Rhythmus, das die Sinnbewegung vorwärtstreibende Raffinement der Versbrechungen, die dramatische Betonung der Zeilenanfänge, das streng, aber ohne Starrheit durchgehaltene Reimschema der fünfzeiligen Strophen mit der jeweils kraftvoll akzentuierten letzten Zeile – das hat die Unwiderstehlichkeit der großen Form, die zum Mitvollzug nötigt. Die Versbewegung ergreift – weit über das Artistische hinaus – von uns Besitz.

Dann, gegen Ende der vierten Strophe, wird sie jäh angehalten. Das machtvoll herausgehobene »hemmt« errichtet einen Wall, an dem sich der rasende Lauf bricht. Eine Fermate wird gesetzt. Sie zeigt die Wende an, die Verwandlung, verkündet (um mich der spezifischen Terminologie der Autorin zu bedienen) den »Jubelruf der geretteten Natur«, oder, nüchterner gesagt, bezeichnet den Übergang vom drangvollen Werden zum gelösten Sein. Die letzten Zeilen des Gedichts rollen, aus der biologischen Spannung entlassen, leicht dahin, sie »perlen« wie die Hochsommertage, von denen sie sprechen.

Das erscheint in der Intention wie in der Verwirklichung gleich vollkommen. Doch Elisabeth Langgässer, selbstquälerisch um den Ausgleich zwischen heidnischer Naturverfallenheit und katholischer Spiritualität bemüht, wollte mehr. Für sie ist die Sonnen-, die Sommerwende ein Ereignis, in welchem antike Naturwelt ins Christliche transzendiert. Apoll trägt für sie auch Züge des Täufers Johannes. Deshalb hat sie ihrem Gedicht jene Fortsetzung gegeben, von der eingangs die Rede war.

Ob die Ausweitung ins Liturgische, die ihr vorschwebte, gelungen, ob das theologische Gedankenspiel überhaupt ohne Kommentar nachvollziehbar ist, braucht uns an dieser Stelle nicht zu beschäftigen. In der Kunst, in der Poesie zählt allein, was Gestalt, sprechende Gestalt geworden ist; und das ist bei dem hier Abgedruckten auf das vollständigste der Fall, mag es – gemessen an der Absicht der Dichterin – auch nur ein »Fragment« sein.

ELISABETH LANGGÄSSER
FRÜHJAHR 1946

Holde Anemone,
bist du wieder da
und erscheinst mit heller Krone
mir Geschundenem zum Lohne
wie Nausikaa?

Windbewegtes Bücken,
Woge, Schaum und Licht!
Ach, welch sphärisches Entzücken
nahm dem staubgebeugten Rücken
endlich sein Gewicht?

Aus dem Reich der Kröte
steige ich empor,
unterm Lid noch Plutons Röte
und des Totenführers Flöte
gräßlich noch im Ohr.

Sah in Gorgos Auge
eisenharten Glanz,
ausgesprühte Lügenlauge
hört' ich flüstern, daß sie tauge
mich zu töten ganz.

Anemone! Küssen
laß mich dein Gesicht:
Ungespiegelt von den Flüssen
Styx und Lethe, ohne Wissen
um das Nein und Nicht.

Ohne zu verführen,
lebst und bist du da,
still mein Herz zu rühren,
ohne es zu schüren –
Kind Nausikaa!

HORST KRÜGER
HITLER ÜBERLEBEND

Sie war der einzige deutsche Schriftsteller, der am Ende der Nazizeit nicht mit der berühmten Schublade dastand, die dann leer war. Rassisch verfolgt und mit Schreibverbot belegt, hat sie immer geschrieben. Ihr Roman »Das unauslöschliche Siegel« (1946) machte die Verfemte, die schon 1932 einen Literaturpreis erhalten hatte, in den ersten Nachkriegsjahren rasch wieder bekannt. Für eine ganz kurze Zeit war sie die berühmteste deutsche Schriftstellerin, – mit Recht. 1950 ist sie, einundfünfzigjährig, gestorben. Man hat ihr im selben Jahr noch den Büchner-Preis zuerkannt. Der Ruhm ihres Werks ist dann sehr schnell auf die Germanistik hinuntergekommen: da und dort wird heute sehr kenntnisreich über sie promoviert. Das Publikum hat ihr Werk aus den Augen verloren, inzwischen. Bei der jungen Generation dürfte kaum ihr Name noch etwas besagen. Wer kauft, wer liest heute Elisabeth Langgässer?

Für mich war diese Frau zunächst mehr als Literatur: ein Stück frühes, tastendes Leben. War sie meine geistige Ziehmutter? Jedenfalls wohnten wir im Berlin Adolf Hitlers im selben Haus: Berlin-Eichkamp, Eichkatzweg 35. Ich sehe sie dort immer noch sitzen im Nachbargarten: eine kleine, untersetzte Person mit pechschwarzen Haaren und großer Hornbrille. Sie saß immer auf einer weißen Gartenbank: Haufen Papier auf den Knien: sie schrieb. Sie zeigte mir Briefe von Wilhelm Lehmann, die kamen. Sie gab mir Essays von Eugen Gottlob Winkler zu lesen. 1940 gab sie mir ein Buch über den Gartenzaun, sagte: Lies das mal! Ein Buch aus dem Widerstand! Ich las: Ernst Jünger: »Auf den Marmor-Klippen«.

Elisabeth Langgässer ist trotz ihrer umfangreichen Prosawerke zutiefst immer Lyrikerin gewesen. Ihre spirituelle Grundidee: Geschichte als heidnisch-christlicher Heilskosmos ist, wie mir heute scheinen will, ihrer Poesie nicht immer bekommen. Manches wirkt heute überladen in barock überquellender Metaphorik, aber ein Gedicht wie »Frühling 1946« zum Beispiel ist gelungen, hat überstanden, kann immer noch in mythischen Chiffren den Nachgeborenen sagen, was es heißt, Hitler überlebt zu haben. Dies ist für mich (in der modischen Sprache von heute formuliert) ein antifaschistisches Gedicht, aber aus welcher Tiefe der Geschichte, auf welcher Höhe poetischer Reflexion! Da wird nichts geredet, nichts beteuert und angeklagt: Magie ist in die Sprache gegangen. Der Schmerz der Verfolgten ist reines Staunen, ist Bild-Dankbarkeit geworden: »Aus dem Reich der Kröte / steige ich empor – und des Totenführers Flöte / gräßlich noch im Ohr.«

In ganz einfacher, übersichtlicher, fast klassischer Form, die die Tradition der deutschen Naturlyrik von Goethe bis Loerke, Huchel und Lehmann fortsetzt, ist gleichwohl das Besondere ihrer Poesie hier ablesbar. Wer will, kann sich mit diesem einen Gedicht ihrem ganzen Werk annähern. »Holde Anemone, / bist du wieder da / und erscheinst mit heller Krone / mir Geschundenem zum Lohne / wie Nausikaa?« (Der jungen Generation darf man vielleicht hinzufügen, daß Nausikaa die Tochter des Phäakenkönigs Alkinoos war, die den schiffbrüchigen Odysseus am Strand traf und ins Haus ihres Vaters brachte.)

»Ausgesprühte Lügenlauge / hört' ich flüstern, daß sie tauge / mich zu töten ganz«. Da wird nichts Privates gesagt, da klagt kein Ich, es fällt nicht das Wort Auschwitz: der Schmerz eines Verfolgten ist in die Metamorphosen einer panischen Natur zurückgenommen: »Ach, welch sphärisches Entzücken / nahm dem staubgebeugten Rükken / endlich sein Gewicht?«
Ich liebe dieses Gedicht, weil es das eminent Politische scheinbar ganz »unpolitisch« zur Sprache bringt. Mir scheint das eine Aufgabe, eine immerwährende Möglichkeit der Literatur. Ich liebe es auch, weil es nicht im Schmerz, nicht in Verzweiflung verharrt. Man muß sich die Lage konkret vorstellen: Berlin 1946, ein Trümmerhaufen der Geschichte, Deutschland ein Beinhaus nach Hitlers Totentanz. Was ist die Antwort der Betroffenen? »Anemone! Küssen / laß mich dein Gesicht«. Was bei einem minderen Lyriker unweigerlich in harmlose Naturregression zerlaufen würde, wird hier aus den Anfängen unserer Geschichte in strenger Struktur in Balance gebracht: »Kind Nausikaa!« Man könnte auch sagen: gerettet! Gerettet durch wen?

ELISABETH LANGGÄSSER
VORFRÜHLINGSWALD

Schatten wie Hunde im grauen Gewaid,
Schwarzdorn, beflockt von der Häsinnen Kleid.
Sterne, wie milchig. Von Starre erlöst.
Leben, wer lebt dich? Wer ist's, der dich west?

Murmelnde Munde. Es steigt und verrinnt.
Surren und Sausen. Die Uralte spinnt.
Windgepeitscht, wirrt sich das Schlafgarn vom
Strauch –
Hört sie ihn ächzen? Und hört sie sich auch?

Grundwässer quillen. Geheimes Gefühl
Zittert und zuckt durch der Erde Gestühl.
Yggdrasils Härte, sie harzte und schmolz,
Und eine Gottheit wird hangen am Holz.

JOSEPH ANTON KRUSE
MUTTER UND TOCHTER, JAGD UND VERFOLGUNG

Nachdem ich im schmalen Lebensroman der Tochter gelesen hatte, griff ich wieder zum Gedichtbändchen ihrer Mutter. Da lagen sie unvereinbar nebeneinander. Einmal Mythologie, Naturmagie, Zeitferne, Erotomanie; Elisabeth Langgässer, wie sie leibte und lebte. Daneben die verzweifelt-liebende Abrechnung mit dieser Mutter, die poetische Rekonstruktion einer durch die Konzentrationslager Theresienstadt und Auschwitz zerstörten Jugend, die nie mehr aufzulösende Lebenslast der Cordelia Edvardson. »Gebranntes Kind sucht das Feuer«, ein heller Schutzumschlag, der ein nostalgisches Kinderbild der Autorin zeigt, ihre Prosa ein schweres Gewicht aus jüngster Zeit auf der Waagschale gegen diesen eine Generation älteren Lyrikband: Elisabeth Langgässers »Der Laubmann und die Rose« aus den ersten Nachkriegsjahren.
Sein Pappdeckelumschlag hat etwas von einer Tapete: weiße Linien, die Blattwerk und erblühte Rose auf verblichen-rosafarbenem Grund aussparen. Es ist ein fehlerhaft gesetztes Bändchen auf schlechtem Papier. Und weil es bei einem Gedicht auf jedes Wort, auf jeden Buchstaben, auf jedes Zeichen ankommt, liegt ein grauer Zettel mit Korrekturen bei, der gleichzeitig die Veröffentlichung auf das Jahr 1947 datiert. Cordelia war damals achtzehn Jahre alt, war befreit und in Schweden. Aus katholischem Hause stammend, würde sie später zur jüdischen Religion übertreten. Damit löste sie für sich den Grund ihrer Inhaf-

tierung ein. Die von ihr in den Kinderjahren als ein wenig hysterisch, ein bißchen verrückt empfundene Mutter erbittet nach der Katastrophe von der geretteten Tochter im Ausland brieflich Auskünfte über deren Schreckenszeit, weil sie literarisch davon profitieren möchte. Dadurch wird Cordelia endgültig eine im vielfachem Sinn geschlagene uneheliche Tochter; der Laubmann, die Rose und das verlassene Kind, das im Feuer fast umgekommen wäre und sich seitdem der Gefahr ständig aussetzen muß.

Und doch das Geständnis der Tochter, nur die ihr stets gegenwärtige Lyrik habe ein Überleben ermöglicht. Nicht unbedingt die Lyrik der Mutter, aber doch Lyrik, in deren Tradition diese weiterzudichten sich berufen fühlte. Auch darum hat dieses mythisch und mystisch raunende Naturgedicht viel mit dem Schicksal von Mutter und Tochter zu schaffen. Deshalb berührt und erschreckt es mich. Elisabeth Langgässer hat erst nach dem Krieg wieder publizieren können; um so erstaunlicher, daß im Gedicht die nordische Götterwelt weiterhin unheimliche Urständ feiern darf. Die Tochter ist dabei auf der Strecke geblieben.

Der Vorfrühling als Geschichte von Odins Selbstopfer an der Weltesche Yggdrasil, unter der die uralte Norne wohnt. Christlich der Ausblick, die Übertragung von Odins Opfer auf das des Jesus von Nazareth am Kreuz in Jerusalem. Germanische Naturlyrik und gleichzeitig Karfreitagsgedicht: Gegensätze und Widersprüche, die sich schwer auflösen lassen. Die Langgässer ergibt sich einfach ganz der Emphase, dem atemlosen Gefühl, der allitterierenden Sprache.

Es ist ein Gedicht des Übergangs und des Wechsels: von der Erstarrung zum Leben, vom abweisenden Grau zur farbigen Welt, von Frost und Eis zur Schmelze, von der Härte zum weichen Harz, von der Unerlöstheit zur Befreiung durch das Opfer. Die Bilder von Jagd und Verfolgung, von Frühlingssturm als Frühlingserwachen, von Neugeburt und allgegenwärtiger Vitalität münden in die Botschaft von Yggdrasils Auflösung, von der Renovierung der Welt und von einer neuen erlösten Zukunft. Das nordische Heidentum als Vorläufer und Bote der menschlicheren Lehre des Christentums, der Osterspaziergang als Folge eines Kampfes von Göttern und Mächten mit dem Ergebnis endlichen Friedens. Nach dem bedrohlichen Vorfrühling schließlich der heitere, sanfte Frühling: ein Gott in Menschengestalt, der durch seinen Tod die Natur erlöst.

Hier wird eine religiöse Ebene erreicht, die der Dichterin wegen des erotisch-naturmythischen Tons dennoch leicht übelgenommen wird von denen, die beklagen, daß es keine christliche Literatur mehr gebe, aber selbstverständlich auch von denen, die finden, daß Lyrik nicht Predigt sein dürfe. Der Vorfrühlingswald ist mit seiner untergründig brodelnden herben Glätte mehr als Abbild und Spiegel: nordische Götterwelt und christliche Heilslehre finden dort gewissermaßen ihren »Sitz im Leben«. Jahreszeit und Natur überfallen die Dichterin mit Qual und Trost. Trotz mancher befremdlichen Manierismen teilen sich beide Erfahrungen mit, wird spürbar, daß auch die Mutter dem Feuer nicht entronnen ist.

ELISABETH LANGGÄSSER
WINTERWENDE

Welches Kommen! Welches Gehen!
Hundepfiff und leiser Schrei.
Geisterhafte Lüfte wehen,
überm Dornwall schwarzer Schlehen
jagt Orion hoch vorbei.

Durch die sturmgepeitschten Lücken
dünnen Schneefalls tastet blind
nach dem Vater auf dem Rücken,
nach dem Sohn im Niederbücken
sich Äneas gen den Wind.

Huschend kehrt ein flinker Schatte
mit der Schleppe seine Spur:
Helena im Leib der Ratte
sucht von neuem Heim und Gatte,
Liebe bettelt der Lemur.

Trojas Trümmer wandern weiter,
aufgebaut im Wolkenmeer,
aber des Gesanges Leiter
an die Zinnen, spukhaft heiter,
legt uns Armen kein Homer.

Altes kommt – und ist im Gehen:
Troja, Sternbild, Pfiff und Schrei.

Geisterhafte Lüfte wehen,
überm Dornwall schwarzer Schlehen
flammt ein Kreuz im Hirschgeweih.

KARL KROLOW
VERWANDLUNGEN

Elisabeth Langgässer, die pfälzische Dichterin, starb früh, einundfünfzigjährig, an einer tückischen Krankheit. Es war Sommer 1950. Sie stand damals als Erzählerin auf der Höhe ihres Ruhmes. Mit Gedichten hatte sie schon in den zwanziger Jahren begonnen. In der Zeit des Nationalsozialismus standen ihre »Tierkreisgedichte« sogleich auf der Verbotsliste. Die Autorin bekam lebensgefährliche Verrisse zu lesen. Nach dem Krieg hatte ich mit ihr einen kleinen Briefwechsel. Es ging um ihre Gedichte, und sie beschrieb mir ihre Poetologie im Januar 1948 mit folgenden Sätzen:
»Ich bin ja eigentlich kein Lyriker im strengen Sinne, sondern meine Verse sind Teile einer Liturgie. Man kann sie eigentlich nur theologisch verstehen – was natürlich nicht besagt, daß sie einen intellektuellen Ursprung haben. Sie sind reine Mysteriengedichte, und ich fürchte, das ist gerade, was den Zugang zu ihnen schwieriger macht, als zu Gedichten, die sich an das bloße ›Begreifen‹ wenden.« Das Gedicht »Winterwende« war damals noch nicht veröffentlicht. Es erschien ein Jahr nach ihrem Tode; im Brief an mich hatte sie von einem Zyklus »Metamorphosen« gesprochen. Um Verwandlungen geht es in diesem Gedicht einer bestimmten Jahreszeit, genauer gesagt, eines bestimmten Augenblicks der Wende vom Winter zum Frühling. Und gleichzeitig ereignet sich, inmitten atmosphärischer Unruhe, während »geisterhafte Lüfte

wehen«, eine tiefere, umfassendere Unruhe: das Eingreifen von Vergangenem in die Gegenwart der Landschaft. Es ist das Eingreifen von Sternbild, Mythos, Sage, Historie, Dichtung.

Der festgehaltene Moment bekommt die Last des Gewesenen zu spüren, und Homer und seine Gestalten »handeln« ebenso, wie Pfiff und Schrei hörbar sind. Die letzten beiden Strophen zeigen dieses spezifisch »Mysterienhafte« einer christlichen Naturdichtung, wie sie Elisabeth Langgässer auffaßte: »überm Dornwall schwarzer Schlehen / flammt ein Kreuz im Hirschgeweih«. Im Briefe bekannte sie: »Jedes der Gedichte fängt mit dem Tanzschritt eines Gottes an, und ich weiß am Ende nie, wohin ich entführt werde. Nur wer mich entführt – das weiß ich.« Das Kreuz leuchtet am Ende des Gedichts: es leuchtet über Landschaft, Jahreszeit, Kreatur, über dem unruhigen Licht des gewöhnlichen Tages gegen Winterende, als ein christliches Zeichen und als ein Wunder. Ein Homer singt uns nicht noch einmal vom Trojanischen Krieg, wenn auch das Gedächtnis der Geschichte lebhaft ist: »Trojas Trümmer wandern weiter, / aufgebaut im Wolkenmeer.«

Doch Sternbild und Sage sind in Verwandlung auf jenen Gott zu begriffen, den die Dichterin in ihren Briefen meinte. Sie sind, wie Elisabeth Langgässer, von Gott Veränderte und »Entführte«, so eingefleischt sie der Landschaft zu sein scheinen, so unmittelbar sie auftreten, weiterleben, Regungen bekunden. Sie stehen in einem Sog der »geisterhaften Lüfte,«, die das Ganze spukhaft machen. Sie sind schließlich angewiesen auf das wie ein Fanal flammende Kreuz im Hirschgeweih, das aus der Spätwinterwildnis kommt. Jahreszeiten-Wende bedeutet unruhig machendes Kommen und Gehen, bei dem nichts unmöglich erscheint und noch Ratte und Lemur wie die Unterwelt ihre Bedeutung haben.

EMIL BARTH
KREUZWEG

Das eine Tor bewacht
Der goldne Mähnenlöwe,
Das andre hütet schwarz
Der nachtgeschuppte Drache.
Mensch, Märchenheld,
Nach welchem Kleinod
Wurdest du ausgesandt?

Ein Tatzenhieb von Licht
Entriß dich seliger Blindheit,
Aus Raubtiernüstern schnob
Ein Odem schwer zu atmen.
Sohn ohne Arg,
Wohin du gehn magst,
Es wird ein Kreuzweg sein.

Die Welt ist Zaubers voll:
Lichtschnelle Hände wechseln
Vor einem Angesicht,
Das sich verbirgt, die Masken.
O Königskind,
Wo unterm Bildtrug
Springt dir der Wahrheitsquell?

JOSEPH ANTON KRUSE
RELATIVE WAHRHEIT

Seinen Namen und dieses Gedicht fand ich vor Jahren im für uns obligatorischen »Echtermeyer – von Wiese«. Die drei Strophen standen zwischen Elisabeth Langgässers »Daphne« und Rudolf Hagelstanges »Nächtlicher Fahrt«. Barth war längst tot. Die Verse seines »Kreuzwegs« wurden von uns zwar als moderne Lyrik akzeptiert, blieben aber dennoch entrückt, wirkten fraglos nicht wie die Botschaft eines Gegenwartsautors. Das war freilich bei der Langgässer nicht anders. Doch schien Barth abstrakter. Auch war sein Ruhm bescheidener; nur die genannte Anthologie verwies auf ihn. Für eine literarische Entdekkung ein geradezu hoffnungsloser Ausgangspunkt.
Am 6. Juli 1900 im rheinischen Haan geboren, starb Emil Barth am 14. Juli 1958 in Düsseldorf, Feldstraße 39. Dort, in seiner ehemaligen Wohnung, die jetzt seit vielen Monaten mir gehört, lese ich dieses Gedicht wieder. Kleine Andenken an ihn erinnern mich in meinen vier Wänden gelegentlich daran, daß es sich um die letzte Adresse des Schriftstellers handelt. Seine späten Briefe in dem von Hans Peter Keller betreuten schmalen Briefband spielen auf den Umzug drei Jahre vor seinem Tod von Haan in die Feldstraße an. Sein Gesundheitszustand war schon kritisch. Im Sommer bot ihm die – ein wenig hoheitsvoll apostrophierte – »Ostterrasse« angenehmen Schatten. Der Blick nach Westen, vom Arbeitszimmer aus, auf Garten und Klösterchen der Klarissen gehört zu den idyllischen

Ausnahmen in der Großstadt und muß gewiß auch ihm besonders gefallen haben. Hier stelle ich ihn mir, Worte suchend, vor.

Ich sah sein ernstes, intellektuelles Gesicht auf verschiedenen Fotos und auf Bildern seines Bruders, des Malers Carl Barth. Dem literarischen Werk des Essayisten, Erzählers und Lyrikers dagegen bin ich nur flüchtig begegnet. Natürlich hat die kleine quellenkritische Anekdote über Thomas Manns wörtliche »Anleihe« bei Barths Beschreibung des Schlosses Benrath für die »Betrogene« ihren besonderen Reiz. Das ist wohl das Schicksal von in Vergessenheit geratenen Autoren, die doch zu ihrer Zeit eine gewisse Bedeutung besaßen: sie werden in die Kommentare zu den »Klassiker«-Ausgaben verbannt. In diesem Fall steht darüber hinaus das Schicksal eines Schriftstellers vor uns, der wohl auch ein Opfer des Dritten Reiches wurde, weil er glaubhaft in die innere Emigration ging und anschließend trotz einiger Auszeichnungen und Preise nie mehr recht nach außen Geltung erlangt hat.

Der »Kreuzweg« ist das zweite Gedicht seines Bands »Tigermuschel«, der Gedichte aus den Jahren 1944 bis 1956 vereinte. Es handelt sich um autobiographische Verse, jedenfalls die eigene immer schwierige Situation metaphernreich in Frage stellende Strophen. Mögen sie denn für einige Jahrzehnte überfrachtet mythologisch-märchenhaft geklungen haben. Heute, da wir Bastian aus der »Unendlichen Geschichte« von Michael Ende auf seinen Sammelsurium-Abenteuern gefolgt sind, kann die Bildwelt aus dem »Kreuzweg« mit ihren von Löwen und Drachen bewehrten Toren, kann auch die Anrede an den Menschen, den Königssohn, an Herakles und Parzival, die ausziehen, die Rätsel der Welt zu lösen, uns wieder vertrauter sein.

Barth beruhigt allerdings weder sich noch den Leser. Die erste und letzte Strophe enden mit einer Frage, der Schluß der zweiten erklärt die Überschrift des Gedichts und den Zustand der Welt: Kreuzweg als Kreuzung, als quälende Aufforderung zu wählen, wenn auch unklar sein wird, ob es das Richtige ist. Gewiß enthält »Kreuzweg« aber auch die durch eine tiefgreifende Kriegserfahrung verstärkte, mehrsinnige Bedeutung jener Stationen, die auf dem Golgathahügel enden.

Der »hohe« Ton des Gedichts kommt nicht nur durch die klassizistischen Metaphern zustande. Er wird vor allem vom Metrum erzeugt, das in jeder Strophe nach der vierten Zeile die Anrede an das Du im Ich (und umgekehrt) spürbar neu in Bewegung setzt. »Zauber«, »Masken« und »Bildtrug« bestimmen die Suche des Arglosen nach dem »Kleinod« Wahrheit. Es herrschen Ratlosigkeit und Trauer. Schillers Jüngling von Sais gelangt nach dem Zweiten Weltkrieg nicht mehr zu einem einzigen verschleierten Bild, sondern zu einer Vielfalt verwirrender Erscheinungen. Eben diese Erfahrung der Relativität ist noch erschreckender als der Anblick der Wahrheit selbst. Barths Bilder von goldener und schwarzer Färbung, von Nacht und Licht stellen sich am Ende selbst in Frage. Solche emphatische Skepsis verdient Respekt.

HERMANN KESTEN
ICH BIN DER ICH BIN

Ich stehe an der Barriere. Ich kann nur zurückblicken
Oder den Propheten spielen.
Schließlich halte ich mich an der Gegenwart,
Einem Geländer, das abbricht.
Je länger ich mit mir umgehe, um so weniger kenne ich mich.
Gleich wird die Sonne untergehn.
Die Nacht beginnt, die nie mehr endet.
Es ist eine Finsternis, an die man sich nicht gewöhnt.
Das Haus, das einstürzt. Schnee, der schmilzt.
Eine Stimme, die aufhört.
Ich hatte hundert Freunde. Tausende kannte ich bei Namen.
Die Erde deckt sie.
Ich sollte zweimal leben. Hatte ich andere Absichten?
Verfehlte ich meine Träume?
Bin ich abgestürzt und merkte es nicht?
Jemand spricht öffentlich von meinem Alter.
Wer hieß ihn meine Jahre zählen?
Ich habe also weniger Haare und Zähne?
Ich bin der ich bin.
Einer der mit Schatten spielt.
Ein Erfinder von Figuren.
Erzähler absurder Geschichten aus deinem und meinem Leben.

Ich amüsiere mich über die komischen Repetitionen
meinesgleichen.
Sie sehn wie Götter aus, die schon im Anfang aufhören,
In einer Welt, die ein Hiatus ist,
Ein Vexierrätsel, das keinen vexiert.
Ich gehe und blicke mich um.
Ruft er mich schon?

HORST BIENEK
BEKENNTNIS UND PROGRAMM

»Ich bin der ich bin« ist mehr als nur ein Gedichttitel, es ist ein Bekenntnis, ja, ein Stück existentieller Philosophie. Vielleicht sogar ein Programm. Ein magisch beschworener Satz in einer Biographie, die durch besondere (politische) Umstände eher zum Gegenteil verdammt schien und die sich damit der eigenen Identität vergewissert. Durchgegangen zu sein durch alle Versuchungen, durch Fährnisse, sich zu wandeln und doch der alte zu sein, in hundert anderen Personen zu erscheinen und doch die eigene Stimme nicht zu verlieren, »ein Erfinder von Figuren, Erzähler absurder Geschichten aus deinem und meinem Leben«.

Es ist ein sogenanntes Basisgedicht: Der 73jährige Autor (der Text ist im vergangenen Jahr [1973] entstanden) zieht Bilanz, er blickt sich um, blickt zurück auf dieses Jahrhundert, das sich nun langsam für ihn verdunkelt. Die Welt zeigt sich nunmehr in Chiffren und Bildern, die vom Ende geprägt sind: »Das Haus, das einstürzt. Schnee, der schmilzt.« Da ist auch für einen streitbaren Geist, für einen Mann, der noch mit siebzig einem Buch den Titel »Ein Optimist« gibt, Resignation nicht länger mehr überhörbar, da werden Zweifel wach, da stehen Fragen auf, die wohl unbeantwortet bleiben werden. Da sieht der Verfasser mit Swiftschem, schon jenseitigem Gelächter den Jungen zu, »komischen Repetitionen meinesgleichen«, und sogar die Rätsel der Welt sind ohne Überraschungen. Das alles schmeckt nach Abschied. In knappen, lapidaren Sätzen (manchmal kommen zwei davon auf eine Gedichtzeile) wird das ausgesprochen. Jetzt, am Ende, ist nicht mehr die Zeit der weitschweifigen Erläuterungen, hier werden die Wörter konkret, die Dinge, auch die Träume. Und gleichsam in einer beschwörenden Formel vergewissert sich der Autor seiner Existenz: »Ich bin der ich bin. Einer der mit Schatten spielt.« Der nun, da die Freunde gegangen sind, immer einsamer zurückbleibt.

Hermann Kesten ist so alt wie dieses Jahrhundert. Und dieses Jahrhundert hat er in nicht weniger als dreißig, vierzig Büchern – kritisch, analytisch, zustimmend – begleitet. Und jetzt, mit 74, debütiert er noch einmal: als Lyriker. Er hat gleichwohl immer Gedichte geschrieben, nicht allzu häufig, meist zu aktuellen (politischen) Anlässen, als Gruß (Ode) an seine Freunde, die Poeten, als Beschreibung (Vergewisserung!) seiner Existenz. Jetzt gesammelt in dem Band »Ich bin der ich bin«, rehabilitieren diese Gedichte zu Gelegenheiten auf geradezu glanzvolle Weise das Gelegenheitsgedicht. Oder besser, da dieses Wort keinen guten Klang bei uns hat, das Zeitgedicht. Denn immer, auch im privatesten Vers, wird Kestens engagierte Zeitgenossenschaft deutlich, aber immer auch steckt so viel Geheimnis (und Traum) in jedem Gedicht, ohne das es nicht überstehen kann.

Als Zeitgenosse dieses Jahrhunderts und dieser Literatur (und vor allem dieser Literaten!), der immer noch öfter die Hauptstädte als die Schuhe wechselt, kann er heute schreiben: Ich bin wer meine Freunde sind: ich bin wo ich war: ich bin der ich bin.

ECKART PETERICH
SONETTE EINER GRIECHIN (XVII)

Ich wache. Und du schläfst im schüttern Schatten
Des Pinienhains, von Strahlen ganz umgittert.
Da bringt ein Wind, der in den Gräsern zittert,
Zwei Schmetterlinge, die sich zart begatten
Mit schönem, weichem, blauem Flügelschlagen:
In blauer Ferne ziehn, vom Wind gepaart,
Zwei Schiffe ihren Weg die gleiche Fahrt
Mit großen Segeln, die wie Flügel tragen.
Ich wache, und du schläfst und sahst es nicht,
Doch ist dir kühl ein Hauch durchs Haar geflogen.
Wie Schatten ging es über dein Gesicht,
Wie Wolken ist es leis vorbeigezogen.
Was war's? Du wachtest auf. Die Stirn war klar,
Das Auge rein. Wo träumtest du Gefahr?

NIKOLAS BENCKISER
LIEBESEPOS IN SONETTEN

Dies ist ein Sonett aus einem Zyklus von Sonetten. Es ist seltsam: Gerade die strenge, in sich geschlossene Form des Sonetts kann in der Aneinanderreihung zu einer »Erzählung« von Spannung und bestürzender Tiefe werden; im Lyrischen spiegelt sich die innere Wirklichkeit des äußeren, epischen Geschehens.

Die »Sonette einer Griechin«, von denen hier die Rede ist, lassen, auch in dieser Hinsicht, an Elisabeth Barret-Brownings Liebesgedichte, die »Sonette nach dem Portugiesischen«, und an andere Beispiele denken. Es ist in diesen Folgen, als würden gleichartige Perlen, und dennoch jede mit ihren eigenen Farbtönen, aneinandergereiht. Erst die Perlenkette ist das Ganze; und dennoch kann und will jede Perle für sich allein betrachtet, verstanden, bewundert werden.

So auch dieses Gedicht XVII aus einer dreiunddreißig Sonette umfassenden Folge. Ähnlich kann es überall und zu allen Zeiten sein wie zwischen den beiden hier erscheinenden Liebenden, die »im schüttern Schatten des Pinienhains« ruhend verweilen. Noch ist der jungen Frau die Welt im Glanze junger Liebe heiter und hoffnungsvoll; die »Schmetterlinge, die sich zart begatten«, und die Segel zweier vorüberziehender Schiffe, »die wie Flügel tragen«, tauchen auf wie mythische Symbole glücklicher Sinnenfreude, glücklicher Gemeinschaft auf gleicher Fahrt. Dann der kühle Hauch; der Wolkenschatten, der über das

Gesicht des Geliebten zieht; ein Augenblick dunklen Vorwissens. Beim Erwachen wird er noch einmal weggewischt – »Die Stirn war klar, / Das Auge rein. Wo träumtest du Gefahr?« Wer jemals an einem Sonnentag im Schatten der Pinien in mediterraner Landschaft gerastet hat, wird die Stimmung in diesen Versen der »Griechin« wiedererkennen. Glücksgefühl und düstere Mystik wohnen da nahe beieinander. In diesem Zeichen lesen oder hören wir das Sonett; es steht in der Tat für sich allein, ein vollständiges, vollkommenes Bild. Und ist doch nur eine der auf der Schnur aufgereihten Perlen. Zusammengenommen begleiten sie das tragische Geschick einer jungen Frau, die – mag sein aus konventionellem, religionsgebundenem Milieu stammend – dem Klosterleben versprochen war und sich selbst in echter Religiosität und Frömmigkeit schon als künftige Himmelsbraut ansah. So möchte man es deuten; doch es mag auch die gläubig hingenommene Fessel einer Ehe sein, die die junge Frau in den Widerstreit stürzte. Sie wird plötzlich, wider ihr Wollen von brennender und stetig wachsender Liebe zu einem Mann erfaßt. Sie ist ihm auf einem Fest begegnet, dessen verrauschende Klänge am Beginn der Folge stehen. Die dreiunddreißig Sonette schildern Glück und Bitternis in der inneren Auseinandersetzung zwischen geheiligter und irdischer Liebe, die so beginnt; und den aussichtslosen Versuch, mit der Entscheidung für die bestehende Verpflichtung Ruhe, Frieden und Glück zu finden und das in der Erinnerung verharrende Bild des Geliebten als einen »Widerschein von Gott« zu begreifen. Der Stimmungsgehalt wird in jedem einzelnen der aneinandergereihten Stücke fühlbar, so auch in dem hier wiedergegebenen.

Sicherlich werden sehr viel mehr Menschen Eckart Peterich als Autor seiner vier Italienbücher oder seiner »Pariser Spaziergänge« (oder auch seiner früheren kunst- und religionsgeschichtlichen Arbeiten) kennen und schätzen. Er hat sich selbst vor allem als Dichter gesehen. Verse haben den Sohn eines in Florenz lebenden deutschen Bildhauers aus dem Umkreis Hildebrandts und einige Jahre lang Reisegefährten Theodor Däublers sein ganzes Leben hindurch begleitet. Peterich hat als ein von seinem bevorstehenden schweren Tod (1968) schon gezeichneter Mann eine Auswahl letzter Hand aus den Gedichten getroffen, die er als sein eigentliches Lebenswerk ansah.

In diesem Band haben auch die Sonette einer Griechin ihren Platz gefunden. Sie wurden 1937 geschrieben und sind 1940 zum ersten Mal, und zwar als angebliche Übersetzungen, erschienen. Sie wirkten im Dritten Reich durch die Intensität, mit der eine brennende Liebe fern von nationalsozialistischem und kriegerischem Lärm vorgetragen wurde, wie eine stille Demonstration menschlicher Selbstbehauptung und des Protestes.

MARIE LUISE KASCHNITZ
DIE GÄRTEN

Die Gärten untergepflügt
Die Wälder zermahlen
Auf dem Nacktfels die Hütte gebaut
Umzäunt mit geschütteten Steinen
Eine Cactusfeige gesetzt
Einen Brunnen gegraben
Mich selbst
Ans Drehkreuz gespannt
Da geh ich rundum
Schöpfe mein brackiges Lebenswasser
Schreie den Eselsschrei
Hinauf zu den Sternen

HILDE DOMIN
DIE STIMME DER HILFLOSEN KREATUR

Dies Gedicht bekommt seine Vehemenz erst ganz zum Schluß. Fast immer waren es die Schlußzeilen, die es mir antaten, als ich auf die Suche ging, um Marie Luise Kaschnitz dem Leser gegenwärtig zu machen. Besonders gilt das für ihren letzten Band, in dem sie mutig, wortkarg und ohne Selbstbetrug Rechenschaft gibt über das Leben des auf sich gestellten Menschen – in dieser Zeit des verwaisten Menschen, der allein auf seinen Tod zugeht. Bis zum letzten Tag genau hinsehend mit den »von jeher tauglichen Augen« und mutig benennend, was ihr widerfuhr. »Mutig« sage ich und höre dabei ihre nie abreißende Selbstanklage »Ich bin nicht mutig« (»Die Mutigen wissen / daß sie nicht auferstehen ...«) Und schon in ihren Gedichten aus den dreißiger Jahren: »Nur ein Mangel an Liebe und Mut«. Ebenso in »Orte«, unentwegt. Der Mut war ihr eine Hauptaufgabe. Und was wäre Mut, wenn nicht dieser immer neue Appell an sich selbst.

Jetzt, wo sie nicht mehr da ist, lese ich ihren letzten Band wie ein einziges Gedicht. Und ich wähle gleich das dritte, wegen dieses Schreis, mit dem es endet. Aber auch das erste endet mit einem Schrei: dem Schrei, der ausbleibt. »Kein Schrei aus den Wolken / keine Feder herab« endet das Gedicht von dem Vogelpaar, dessen einer »entflogen« ist.

»Die Gärten« heißt das Gedicht. Es sind die Gärten, die es nicht mehr gibt, sie sind untergepflügt worden. Vielleicht die in der Umgebung von Rom. Wir sind in einer südlichen Landschaft, aber darauf kommt es nicht so sehr an. Auf jeden Fall zerstört, einem andern Zweck zugeführt. Die Wälder gerodet: »zermahlen«, sagt sie, vielleicht, weil zermahlen gründlicher ist, zu Brei, zu Pulver, mag sein zu Zellulose, alles wird ja heute zu einem Zweck zerstört, gleichgültig der Zweck oder Nichtzweck, dem diese Wälder geopfert wurden, die Selbstzweck waren wie die Gärten.

Zugleich innere Landschaft. Der Neuanfang ist dementsprechend: ein Minimum. Kein Haus, eine Hütte, auf den Stein gesetzt, der übrig ist nach der Zerstörung der Landschaft, die auch nicht wiederhergestellt wird, auch nicht versuchsweise wird ein Garten angelegt. Nur eine Art Zaun, eine Absteckung des Terrains durch aufgeschüttete Steine. Eine Cactusfeige wird gesetzt, malartig, die nichts verlangt, eine Mindestgesellschaft. Dann wird für den Menschen, der in der Hütte zu leben hat, ein Brunnen gegraben, eine Zisterne, diese Lebensbedingung in der Dürre. Der einsame Mensch spannt sich statt eines Tieres an das Drehkreuz und geht im Kreis und schafft sich selbst das Wasser hoch: das zum Leben unentbehrliche Wasser, das zugleich das Wasser des Lebens ist. Aber nicht klar, sondern brackig, bitter, nach Meer schmeckend, wie es oft an solch verlassenen Küsten ist.

Da geht er also abends – tags ist es zu heiß – um seinen Brunnen, als sein eigenes Zugtier, um pflichtgemäß das schlechte Lebenswasser zu schöpfen. Bis hierher war alles Exposition. In der Zeile »da geh ich rundum« hört die Beschreibung auf, wird plötzlich das Ich sichtbar. Und da schreit es auch schon, da schreit der vereinsamte Mensch, mit der Stimme der hilflosen Kreatur. Er ruft niemanden, er schreit diesen Eselsschrei, diesen Zugtierschrei, hinauf zu den Sternen. Das ist vielleicht das Großartige und ganz Desolate an diesem Schrei: daß rein animalisch geschrieen, fast biblisch geschrieen, aber keine Klage artikuliert und nichts erwartet wird. (Dieser Eselsschrei, der schwermütig durch die Nacht tönt, wie schon Bachofen ihn beschreibt.)

Rückwärts gelesen sieht man nun: Es war dies Ich selbst, das in einem äußersten Imperativ die frühere Landschaft weggeräumt hat, um zum Zugtier des eigenen Überlebens zu werden.

Daß der Mensch aber diesen trostlosen Schrei ins Wort bringt – »Nur ein Wort und ein Wort und ein Wort / Wahllos aus dem Sprachnetz gerissen / Zueinander geschleudert / Umarmen sich / sind sogleich eine / Sind eine Welt« – das ist der Sieg der Kunst, ihre Tröstung, über die *conditio humana: conditio inhumana.*

MARIE LUISE KASCHNITZ
EIN GEDICHT

Ein Gedicht, aus Worten gemacht.
Wo kommen die Worte her?
Aus den Fugen wie Asseln,
Aus dem Maistrauch wie Blüten,
Aus dem Feuer wie Pfiffe,
Was mir zufällt, nehm ich,

Es zu kämmen gegen den Strich,
Es zu paaren widernatürlich,
Es nackt zu scheren,
In Lauge zu waschen
Mein Wort

Meine Taube, mein Fremdling,
Von den Lippen zerrissen,
Vom Atem gestoßen,
In den Flugsand geschrieben

Mit seinesgleichen
Mit seinesungleichen

Zeile für Zeile,
Meine eigene Wüste
Zeile für Zeile
Mein Paradies.

HORST RÜDIGER
UNGLEICHES GEPAART

Eine farblose Überschrift: die Benennung eines Dinges mit dem unbestimmten Artikel. Die Wiederholung am Beginn der Verse präzisiert den Stoff, aus dem das Ding »gemacht« ist: »aus Worten«, dem griffig-flüchtigen Stoff der »Macher«, wie die Griechen die Dichter nannten. Doch mit der Verarbeitung ist es nicht getan; man sucht nach der Herkunft des Stoffes. Von Eingebung, göttlicher Begeisterung oder wie man den Vorgang sich sonst zu erklären versucht hat, ist zunächst nicht die Rede, wohl aber vom Zufall, jener blinden Gottheit, der nicht nur die Dichter so viel verdanken. Er kann sich immer und überall einstellen, auch wo man ihn nicht vermutet; er kann durch einen Pfiff den Lauschenden aufmerken lassen.

Erst dann beginnt das Machen, aber »gegen den Strich«. Man fügt sich dem Terror des Zugefallenen nicht – das wäre noch kein Gedicht. Man paart »widernatürlich«, aber im Bewußtsein des Widernatürlichen, Asseln mit Blüten. Den Urstoff Wort, der am Anfang war, destilliert man gleichsam heraus, indem man der Sprache das Vlies schert, worin das Wort, unscheinbar und verschmutzt, verborgen lag, und wäscht es wie die Wolle des Lammes. Dann hat man es in seiner Kahlheit und in seiner Reinheit und stellt es allein in den Vers: »Mein Wort«.

Der Stoff ist Eigentum geworden. Zuvor war nur einmal vom Ich die Rede; nun häufen sich bis zum Schluß die »besitzanzeigenden« Fürwörter. Das Wort erscheint als

»Taube« wie der Geist Gottes im Matthäus-Evangelium und als »Fremdling« wie im Pfingstwunder (von den alten Malern gern in Gestalt einer Taube versinnbildlicht), da man »in Zungen redete«, in *fremden* Zungen – und doch verstanden wurde. In den Bildern von der Taube und vom Fremdling Wort mag, nun erst, die Idee von der Eingebung anklingen. Doch das Wort, soeben noch vom Geist durchdrungen, ist der Verderbnis und der Vergänglichkeit ausgesetzt, auch wenn es im Gedicht steht. Es hat nicht mehr die magische Kraft, die ihm eigen war, als man »in Zungen redete«. In zwei Einzelversen, gleichsam als Strophe abgesetzt, wird die Vereinigung des Wortes mit Gleich und Ungleich vollzogen.
Am Schluß drei fast zwanghafte, wie unter Diktat geschriebene Verspaare, kaum mehr durch Satzzeichen getrennt, parallel gebaut bis zur Wiederholung, antithetisch einander zugeordnet, zweimal durch identische Reime verbunden, doch als solche kaum erkennbar, weil auch der Rhythmus »gegen den Strich« läuft. Und noch einmal die Beschwörung orientalischer Wirklichkeiten und Wunschträume, von denen die Dichterin Besitz ergriffen hat und die sie in Besitz genommen haben: »Meine eigene Wüste ... Mein Paradies.«
»Ein Gedicht« steht in der Sammlung »Dein Schweigen – meine Stimme«; Marie Luise Kaschnitz hat es dann selbst in den Sammelband »Überallnie« aufgenommen. Sinnverwandte Verse stehen daneben; das Thema – *ihr* Thema – hat sie bewegt. Vom Reim und geregelten Rhythmus der frühen Gedichte entfernte sie sich; die assoziative Bild- und Gedankenreihung verdrängte die traditionellen Bauformen; die Worte wurden karger und treffender. »Ungenaue Beschreibung« (so tadelt sie sich einmal selbst) muß

ihr physisch zuwider gewesen sein. Doch sie verfügt über die große Kunst des »genauen Feststellens der flüchtigen Erscheinungen« (die sie Cyrus Atabay attestierte). Zugleich aber vollzieht sich in ihrem Gedicht eine innere Bewegung: Indem sie feststellt, was das Wort in einem Gedicht – in *ihrem* Gedicht – ist, stellt sie dar, wie ihr Gedicht entsteht: »Zeile für Zeile« und ohne die Dissonanz zu mildern.

»Ein Gedicht« über das Dichten: eines der wenigen zu diesem Thema, das einem Dichter geglückt ist.

HORST BIENEK
WÜSTE UND PARADIES

Die Nachfahren Paul Valérys werden seinen berühmten Satz nicht mehr aus dem Kopf verdrängen können: »Einen ersten Vers geben uns die Götter huldreich umsonst, an uns ist es, einen zweiten zu schmieden, der mit dem ersten harmoniert und seines übernatürlichen Bruders nicht unwürdig ist.« Klarer, bündiger, aphoristischer ist das nicht mehr formuliert worden. In unserer Zeit haben die Dichter mehr als in früheren Generationen über den literarischen Schaffensprozeß nachgedacht und geschrieben, vor allem in den sechziger Jahren, als eine Sprachkrise in der deutschen Lyrik eingetreten war und man sich in solchen poetischen Reflexionen der Sprache, des Gedichts, der verbalen Ausdrucksmöglichkeiten überhaupt vergewissern wollte. Marie Luise Kaschnitz war davon bedrängt wie so viele, sie aber in einem besonderen Maße nach dem Tode ihres Mannes, des Archäologen Guido von Kaschnitz-Weinberg, und der Gedichtband, der in der Zeit danach entstand und den so signifikanten Titel trägt »Dein Schweigen, meine Stimme«, versucht in zahlreichen Versen darüber Auskunft und Rechenschaft zu geben. Aber nirgendwo so deutlich wie hier in »Ein Gedicht«.
Ja, den ersten Vers geben die Götter hilfreich umsonst ... kein Zweifel, daß die Poetik der Kaschnitz davon geprägt war. Die Worte kommen leichtfüßig daher, aus den Fugen wie Asseln, aus dem Maistrauch wie Blüten, aus dem Feuer wie Pfiffe. Was mir zufällt, nehm ich ... Doch dann

beginnt die Arbeit des bewußten Künstlers: das Wort zu kämmen gegen den Strich, es seiner Bedeutung zu entkleiden, gegen Erwartungen aufzutreten, es gegen die Natur zu paaren, in Lauge auszuwaschen, bis es nur noch das ist, was es ist; das Wort neu sehen, von vorn anfangen, anders: das allgemeine Wort zu »meinem« Wort erheben.

Rettung ist die Poesie nicht. Einmal schien es so, als ob sie Rettung verhießen, die Wörter, in den »Notizen der Hoffnung«, und ein paar Seiten vorher: »Schreibend wollte ich meine Seele retten ... ich versuchte Verse zu machen, es ging nicht ... die Seele, die aufgegebene, treibt dahin und singt.« Dieses Singen, das werden die neuen Gedichte sein, vielleicht. Wichtig ist es, neu zu schreiben, immer wieder, durch die eigene Wüste zu gehen, Zeile für Zeile, in aller Genauigkeit, Zeile für Zeile: mein Paradies.

Am Schluß des Gedichts dieses Vertrauen in das Wort, in das Gedicht, in einer Zeit, als unsere Lyriker vom »Schweigen im Gedicht« raunten, das überrascht, das beglückt. Da bekennt sich eine Autorin, die niemals Moden mitmachte und zu dieser Zeit einen der formal kühnsten und raffiniertesten Prosatexte schrieb, »Beschreibung eines Dorfes«, zur sinnlichen Erfassung der Welt durch Poesie. Zeile für Zeile, meine eigene Wüste, Zeile für Zeile, mein Paradies. Soll es eine Metapher sein, dann ist es eine ungeheure, die mit Rilkes »Das Schöne ist nichts als des Schrecklichen Anfang« korrespondiert, beides Sätze, damit eine Person sich ihrer selbst vergewissere, das Leben bestehe und schließlich das Wort. So wichtig genommen wie das Leben selbst!

Es sind nicht immer die besten Gedichte, in denen der Autor sein poetisches Weltbild reflektiert, aber es sind oft die wahrhaftigsten. Und es gibt eine poetische Wahrheit, die größer, gewaltiger und erregender ist als jede noch so geglückte Metapher. Wenn das Schweigen schließlich zum Wort wird: Dein Schweigen – meine Stimme.

MARIE LUISE KASCHNITZ
JUNI

Schön wie niemals sah ich jüngst die Erde.
Einer Insel gleich trieb sie im Winde.
Prangend trug sie durch den reinen Himmel
Ihrer Jugend wunderbaren Glanz.

Funkelnd lagen ihre blauen Seen,
Ihre Ströme zwischen Wiesenufern.
Rauschen ging durch ihre lichten Wälder,
Große Vögel folgten ihrem Flug.

Voll von jungen Tieren war die Erde.
Fohlen jagten auf den grellen Weiden,
Vögel reckten schreiend sich im Neste,
Gurrend rührte sich im Schilf die Brut.

Bei den roten Häusern im Holunder
Trieben Kinder lärmend ihre Kreisel.
Singend flochten sie auf gelben Wiesen
Ketten sich aus Halm und Löwenzahn.

Unaufhörlich neigten sich die grünen
Jungen Felder in des Windes Atem,
Drehten sich der Mühlen schwere Flügel,
Neigten sich die Segel auf dem Haff.

Unaufhörlich trieb die junge Erde
Durch das siebenfache Licht des Himmels.
Flüchtig nur wie einer Wolke Schatten
Lag auf ihrem Angesicht die Nacht.

ROBERT GERNHARDT
SCHÖN UND GUT

Ein in vieler Hinsicht schönes Gedicht. Es fängt schön an, mit einem jener hochfahrenden Sätze, die sogleich die Einzigartigkeit des Anlasses betonen, wie Hebbels »Dies ist ein Herbsttag, wie ich keinen sah« oder Benns »Einsamer nie als im August«. Es redet von schönen Dingen, und es tut dies auf schöne Weise, in fünfhebigen Trochäen, deren langer Atem gut zum gewagten Vorhaben paßt, einer Erdenfeier, welche die Dichterin von hoher Warte aus anstimmt: Wie eine Insel sieht sie unseren blauen Planeten unaufhörlich im Winde treiben, Jahrzehnte vor irgendeinem Astronauten.

Marie Luise Kaschnitz lebte zwischen 1932 und 1937 in Königsberg, in diesen Jahren hat sie »Juni« geschrieben. Sie veröffentlichte das Gedicht 1947, in ihrem ersten Gedichtband. Wie die Leser im Nachkriegsdeutschland »Juni« gelesen haben mögen, weiß ich nicht, wie es heute wirkt, weiß buchstäblich jedes Kind: »Daß sie als Kind jugendlich schön die Erde gesehen hat und jetzt halt mit dem verschmutzten Meer und Seen«, antwortet der kleine Maxl auf die Frage von Ute Andresen: »Ist es euch denn fremd, was da erzählt wird?«

Ute Andresens Buch »Versteh mich nicht so schnell, Gedichte lesen mit Kindern« erschien 1992, gut fünfundzwanzig Jahre zuvor hatte Marie Luise Kaschnitz bereits dem Maxl zugestimmt: »Auf den Gedanken, daß in der Natur alles heil sei und daß die Natur alles heile, käme ohnehin niemand mehr«, schreibt die Siebenundsechzigjährige in »Tage, Tage, Jahre« und: »Während der vorangegangenen ostpreußischen Jahre ... war ich von der Natur bis zur Besessenheit angerührt worden ... aber sie war vorüber, auch die Zeit der Naturgedichte.« Nach dem Kriege habe sie keines mehr geschrieben: »Nachmittag im August großes Glücksgefühl ... aber ein Gedicht wird daraus nicht, heute nicht mehr«, notiert sie am 10. August 1967. Alles hat seine Zeit; so gesehen sind alle Gedichte Gelegenheitsgedichte, auch jene, die sich so zeitlos und so unpersönlich geben wie »Juni«.

Schön, daß es einmal Dichter gegeben hat, die von Wolke, Regen oder Ozon reden konnten, ohne an Tschernobyl, sauer oder Loch denken zu lassen. Gut, daß die Dichterin ihrer Naturbesessenheit noch rechtzeitig Worte verliehen hat – oder hatte die Natur der jungen Marie Luise Kaschnitz eines schönen Tages Worte eingegeben, die, bei Licht betrachtet, gar nicht die ihren waren? Eine Aufzeichnung der älter gewordenen Marie Luise Kaschnitz läßt derlei vermuten: »Der Herbst war meine Jahreszeit seit jeher«, schreibt sie 1967, »vom 21. Juni, dem Tag der Sonnenwende, an begann ich aufzuatmen, jetzt konnten die Tage nicht länger werden.«

MARIE LUISE KASCHNITZ
NICHT GESAGT

Nicht gesagt
Was von der Sonne zu sagen gewesen wäre
Und vom Blitz nicht das einzig Richtige
Geschweige denn von der Liebe.

Versuche. Gesuche. Mißlungen
Ungenaue Beschreibung

Weggelassen das Morgenrot
Nicht gesprochen vom Sämann
Und nur am Rande vermerkt
Den Hahnenfuß und das Veilchen.

Euch nicht den Rücken gestärkt
Mit ewiger Seligkeit
Den Verfall nicht geleugnet
Und nicht die Verzweiflung

Den Teufel nicht an die Wand
Weil ich nicht an ihn glaube
Gott nicht gelobt
Aber wer bin ich daß

WALTER HELMUT FRITZ
KLARHEIT DES BLICKS

Das Gedicht erschien mir, seit es vor zwanzig Jahren in dem Band »Ein Wort weiter« zu lesen war, als eines der stärksten von Marie Luise Kaschnitz. Es spricht von Versäumnissen, von dem, was sie nicht gesagt hat, zu sagen vergaß, zu sagen unterließ, nicht sagen wollte, nicht sagen konnte. Läßt sich »das einzig Richtige« von der Sonne, dem Blitz, der Liebe sagen? Sicher nicht. Was möglich ist, sind Annäherungen, Winke, Hinweise, »Versuche«.

Das Morgenrot, der Sämann, der Hahnenfuß, das Veilchen – warum mußten sie »weggelassen« werden? Weil die Zeit eines Lebens zu kurz, die Aufmerksamkeit eingeschränkt ist, die Sprache, vor allem die Sprache des Gedichts, nicht ausmalt, nicht auf Vollständigkeit in der Wiedergabe von Welt zielt, sondern etwas suggeriert, mit vergleichsweise wenigen Sätzen Räume skizziert, markiert, andeutet, in denen unsere Vorstellung, unser Gefühl sich entfalten können.

Wiegt es nicht schwer, daß Marie Luise Kaschnitz ihren Lesern nicht den Rücken gestärkt hat »mit ewiger Seligkeit«, daß sie Verfall und Verzweiflung nicht geleugnet, den Teufel nicht an die Wand gemalt und Gott nicht gelobt hat?

»Aber wer bin ich daß« – die letzte Zeile des Gedichts bleibt (wie schon die Anfangszeile der letzten Strophe) unvollständig, bricht ab. Warum? Weil damit auch im Formalen augenfällig werden soll, was an Erfahrung in den Zeilen zum Ausdruck kommt: Ratlosigkeit, Einsicht in das Fragmentarische menschlichen Tuns, menschlicher Fähigkeit und Zuständigkeit, in die Tatsache, daß wir oft genug – statt eine Lösung zu finden – nur Unlösbares ins Licht rücken können.

Marie Luise Kachnitz macht uns nichts vor, beschönigt nichts, verschließt ihre Augen nicht vor dem Grauen, verhehlt nicht ihr Ungenügen, nennt ihre Versuche »mißlungen«. Aber dank des Ernstes, mit dem sie das tut, verstehen wir, daß uns ein Werk der Kunst, der Literatur um so mehr angeht, je stärker in ihm gerade auch das Bewußtsein von der Gefahr des Mißlingens (der Arbeit, des Lebens) anwesend ist, das mit den Jahren wachsende Bewußtsein von dem, was wir versäumt haben und immer neu versäumen.

Diese Strophen sind nicht nur Ergebnis künstlerischen Vermögens, sondern auch bestandener Jahrzehnte. Klarheit des Blicks, Trauer darüber, daß unsere Bemühungen Stückwerk bleiben, und lakonisch-ruhiges Sprechen verbinden sich zu einem meditativ-intensiven Gedicht, einer »Zusammenfassung« langen Hinschauens und Nachdenkens. Schwierige Erfahrung ist aufgehoben in einfachen Worten. Sie sind sehr persönlich und zugleich von allgemeiner Bedeutung.

MARIE LUISE KASCHNITZ
VÖGEL

Ein Paar Vögel noch immer
Aber wie ungleich jetzt
Einer gierig aufpickend
Den kleinen Lebensrest
Im warmen Laub
Der andere entflogen
Sein klarer Schatten
Gleitet übers Schneefeld
Zieht Kreise drei
Jeder ein wenig blasser
Kein Schrei aus den Wolken
Keine Feder herab.

CHRISTA MELCHINGER
EIN WELTLICHES REQUIEM

Als Marie Luise Kaschnitz im Jahr 1958 ihren Mann verlor, verstummte sie nicht. In den sechzehn Jahren, die sie ihn überlebte, entstand ein bedeutendes Alterswerk. »Dein Schweigen, meine Stimme« ist der Titel der ersten nach seinem Tod entstandenen, 1962 veröffentlichten Gedichtsammlung. Die nebenstehenden Verse entstammen nicht diesem Band. Aber sie gehören in seinen Umkreis. Sie sind nicht genau datierbar, stammen ungefähr aus der Mitte der sechziger Jahre und wurden 1972 als Eingangsgedicht zu der Sammlung »Kein Zauberspruch« zum ersten Mal veröffentlicht.

Mehr als ein Hinweis auf den biographischen Anlaß, den Tod des Ehemanns, ist zur Kommentierung dieser Zeilen nicht nötig. Man muß sie nicht zweimal lesen, um sie zu verstehen. Aber wie alles Selbstverständliche setzen sie sich fest, werden Besitz, immer verfügbar, bei jedem Blick aus dem Fenster übers Schneefeld, in die Wolken; sie stellen sich ein, wenn wieder und wieder, zum wievielten Male, die suchende Hand ins Leere greift.

»Mann und Frau und Tod« – so heißt es in dem ebenfalls in dieser Sammlung zu findenden Gedicht »Cromagnon« – »immer dasselbe«. Das wird zum zentralen Thema ihrer Alterslyrik. Wenn plötzlich die Schere auseinanderklafft, die Lebensgemeinschaft auseinanderbricht in »Dein Allesvorüber/ Mein Immernochda«, wenn die große Suche anhebt: »Wo/ Du/ Überall Nirgends«, wenn das »rehrote

Windei Hoffnung« geboren wird aus Trotz und Zorn und der Ohnmacht der Verlassenen: »Einst werde ich aufstehen/ Wie alle Geschlagenen ...«, dann steht es auf des Messers Schneide – verstummen oder fortfahren im Sprechen, im Schreiben.

»Dein Schweigen, meine Stimme«: Die Kaschnitz hat sich entschieden fürs Leben, fürs Weiterleben, und es stellt sich heraus, daß er gar nicht schmal ist, der »Lebensrest«, der ihr geblieben ist – noch sind die Sinne wach, das lebenslang geschärfte Wahrnehmungsvermögen ungetrübt, es scheint sogar gesteigert durch den Schmerz. Nichts hindert das Hereinströmen von Welt – das ist ja das Schwere: Die Zurückgelassene kann sich nicht entziehen, alles bleibt mit ihr zurück, es ist, als habe der Sterbende sie im Moment seines Todes tief ins Leben hineingestoßen, tiefer als je, sie, die sich schon halb gelöst hatte davon in den Wochen, in denen sie sein Sterben begleitete.

Diese Lösung war Trug: »Über mich her fiel die Welt«, schreibt sie im Jahr danach. Sie hat ihr standgehalten, die Dichterin, noch viele Jahre lang. Auf ihre Weise, daran konnte der Tod nichts ändern: »ich sehe und höre, reiße die Augen auf und spitze die Ohren, versuche, was ich sehe und höre zu deuten, hänge es an die große Glocke, bim bam.«

Was im Werk der Kaschnitz immer wieder als das »Klassische«, die Bindung an traditionelle Formen, hervorgehoben wird, ist das Ergebnis dieser einfachen Methode, deren sie sich bedient: sehen und hören, das Gesehene und Gehörte deuten und an die große Glocke hängen. Die Wiedergabe des sinnlich Wahrgenommenen – dazu gehört die Präzision, die eine der wichtigsten Merkmale ihrer Kunst ist; die Reflexion darüber – das ergibt ihre Tiefe, und die große Glocke, das wird bei ihr kein brausender Lärm, das ist auf »sordino« gestimmt, aber von bezwingender Intensität. So wie die wenigen Zeilen dieses Requiems.

GÜNTHER ANDERS
SPRACHELEGIE

Verwüstet liegt das gute Land der Sprache.
Und Sätze ragen, kahl und abgelaubt,
das Nichts in ihren Ästen. Redensarten
stehn schräg im Raum, die Wurzeln in der Luft.
Und Worte, wo du hintrittst: angeschlagen
und eingebeult. Und die vergnügtesten,
die gestern noch mit Pfeifen und Trompeten
durchs Land gezogen ... und die stillen, die
verschämt und innig das Gewesene
noch rückgetönt – sie alle liegen wüst
und unverscharrt und unbeweint im Feld.
Und nur ein kleiner Trupp von völlig nackten
und stämmigen Vokabeln kehrt zuletzt
nach Haus zurück. Und hinter ihrem Schritt
steigt hoch der Staub und löscht die Landschaft aus.

GÜNTER KUNERT
PROPHET WIDER WILLEN

Dergleichen besitzt in der deutschen Literatur eine lange Tradition: die Klage über die Sprachverderbnis. Schon vor über dreihundert Jahren dichtete Johann Michael Moscherosch: »Wir han's verstanden mit Spott und Schanden, / Wie man die Sprach verkehrt und ganz zerstört. / Ihr bösen Deutschen, man sollt euch peutschen. / In unserm Vaterland pfui dich der Schand.«
Nach einem anderen Kriege, der auf Deutschlands Schicksal ähnlichen Einfluß hatte wie der Dreißigjährige zu Lebzeiten Moscheroschs, schrieb Günther Anders seine Elegie. Und merkwürdig: Ihre Bildhaftigkeit gemahnt weniger an den »totalen« Krieg als an einen des Barock, da tatsächlich Landsknechte mit Pfeifen und Trompeten in die Schlacht zogen – als habe besagte Tradition sogar die Anderssche Metaphorik mitbestimmt.
Und doch ist etwas gänzlich unvergleichlich in diesem Gedicht über die Zerstörung eben des Mediums, das davon Zeugnis gibt: Obwohl in keiner Zeile die Zeit historisch fixiert wird, kann es sich doch nur um die letzte Nachkriegszeit handeln, um die Epoche der »Kahlschlagliteratur«, der Abrechnung mit der LTI, der »Lingua Tertii Imperii«, der Sprache des Tausendjährigen Reiches. Denn daß die Vokabeln als heimkehrende bezeichnet werden, nicht etwa als im Lande selber überlebende, verweist deutlich auf die Biographie des Autors und damit auf den geschichtlichen Augenblick, die Heimkehr aus dem Exil.

Günther Anders, 1902 in Breslau geboren, heute in Wien lebend, deutsch-jüdischer Herkunft, promovierte bei Husserl, emigrierte 1933 nach Paris, 1936 nach Amerika, wo er, wohl als einziger »gelernter« Philosoph, am Fließband in der Fabrik arbeitete. In den fünfziger Jahren wurde er einer der Mitbegründer der Anti-Atomkriegsbewegung, korrespondierte mit Claude Eatherly, dem Hiroshima-Piloten, und veröffentlichte diesen Briefwechsel.

An die Stelle der »stämmigen Vokabeln« trat die Publizistik; Anders hatte mit Gedichten debütiert, auch in der Emigration noch Lyrik geschrieben, bis ihn eine Realität überwältigte, auf die sein Gedicht nicht mehr zu reagieren, nicht mehr zu antworten vermochte. Für fast ein Vierteljahrhundert enthielt er sich der literarischen Arbeit, in der sich das Rettende wie Suizidäre unauflöslich vermengen, die Egomanie und der Menschheitskummer, um als Aufklärer jene Entwicklungen aufzuhalten, die inzwischen über ihn hinweggegangen sind.

Aber er hat wie selten ein Schriftsteller sein Scheitern fruchtbar gemacht: Die Quintessenz der Erfolglosigkeit praktischer Politik ist eine Antiphilosophie, ein anthropologisches Szenarium, dessen Grundgedanke die »Antiquiertheit des Menschen« ist. Aus einer Fülle von Fakten und aus erlittener Empirie zieht Anders seine Schlüsse, denen zufolge die Menschen eine überholte Angelegenheit sind und mitten in der Gefahr, sich selber aufzuheben, so daß der letzte Satz der »Sprachelegie« auf einmal wie eine frühe und unfreiwillige Prophezeiung klingen will: »Und hinter ihrem Schritt / steigt hoch der Staub und löscht die Landschaft aus.«

Was »nur« die Vokabeln meint, ist selbstverständlich auch

auf uns und unser Dasein gemünzt. Insofern sehen wir nicht allein mit Betroffenheit den warnenden Text, sondern mit unleugbarem Staunen, wie in einem literarischen Lebenswerk selbst scheinbare Nebenprodukte das ganze Konzept enthalten: wie jede Zelle genetisch das ganze Individuum.

MAX KOMMERELL
SPIEGELUNG DER SONNE ZWISCHEN SEEROSENBLÄTTERN

Gewundne Stengel hoben
Das runde Blatt nach oben
Der Blüte nur zu lieb,
Damit die köstlich neue
Am Lichte sich erfreue.
Doch keine Blüte trieb,
Und auch der Himmel blieb
Heut abend ohne Bläue.
Schon glänzt von Wolkenrändern
Ein tröstliches Verändern.
Und zwischen Blatt und Blatt
Als Spiegelbild von oben
Der Feuchte eingewoben
Vertraulich winkend hat
An der Seerose statt
Die Sonne sich geschoben.

DOROTHEA HÖLSCHER-LOHMEYER
AUGENBLICK DER VERWANDLUNG

Dies ist ein Altersgedicht, obwohl Max Kommerell erst 42 Jahre alt war, als er es niederschrieb – kurz vor dem Tode im Sommer 1944.

Auf Alter deutet die Einfachheit des Naturvorgangs, den es mitteilt; mehr noch die Reduktion auf die einfachsten Linien, in denen dieser Vorgang nachgezeichnet wird; auf Alter weist ebenfalls die Objektivität seines Ablaufs; nirgendwo ist von einem Ich die Rede, das ihn wahrnimmt, ihn bedenkt; die Natur scheint ganz allein mit sich.

Was geht vor? Nichts Außerordentliches. Eine Seerose, der es – ihrer Organisation nach – eigen ist, mit Wurzel und Stengel im Wasser zu gründen und sich erst mit dem Blattwerk aus ihrem Element an die Luft zu heben, ist dabei, am Licht die Blüte auszubilden; aber schon schwindet aus dem verhangenen Himmel die Tageshelle, ohne daß sich an ihr eine Veränderung gezeigt hätte. – Da nun gerät von oben her etwas in Bewegung. Glänzende Wolkenränder kündigen den Durchbruch der abendlichen Sonne an, und indem sie sich zwischen den Blättern spiegelt, tritt ihr Bild an die Stelle der ausgebliebenen Blüte.

Ein bloßer Naturvorgang – so scheint es –, und doch ist ein davon Betroffener nicht daraus wegzudenken. Das »Verändern« des Himmels, das ein »tröstliches« heißt, das »vertrauliche« Winken der Sonne verrät, daß der Vorgang zugleich dem Ich ein Zeichen ist. Zeichen wofür? Für eine Veränderung, eine sich einstellende Teilnahme des Himmels an der Erde; die Sonne ergänzt die Seerose um das ihr Fehlende, das »Köstlich Neue«, um ihre Vollendung: die Blüte.

So gesehen, hätte das Gedicht auch um 1800 entstanden sein können: als Mitteilung eines Dichters, dem das göttliche Wirken in der Natur durch ihren gesetzlichen Gang, ihr Bilden mit dauernden individuellen Formen verbürgt ist und dem dieser Vorgang zum Exempel dafür wird, daß in der Gott-Natur einem strebenden Geschöpf von unten eine helfende Kraft von oben entgegenkommt. – So etwa hat Goethe in den naturfrommen Gedichten seines Alters gesprochen, und so auch Hölderlin: »Was hier wir sind, kann dort ein Gott ergänzen.«

Aber das hieße Wichtigstes in diesem Gedicht übersehen: hier kommt ein durchaus modernes Ich zur Sprache: ein aller metaphysischen Gewißheit verlustig gegangenes, ungewisses. Denn weshalb ist es tröstungsbedürftig? Weil es orientierungslos in der Welt lebt, unter einem Himmel »ohne Bläue«, einem verhangenen, »den es nicht mehr kennt« (so Kommerell in einem anderen Gedicht desselben Zyklus). In der Seerose erfährt es das In-der-Welt-Sein als etwas, was sich »heute« nicht erfüllt. Die Blüte, Bild der Vollendung im Lebenslauf, der Sinnerfüllung durch den Vollzug des Lebens, bleibt aus. »Heute«: das ist die Weltbefindlichkeit des verlorenen Menschen in der Gegenwart.

Wie kann ihm am Ende doch noch ein vertrauliches Winken vom Himmel her kommen? Der Augenblick des Gedichts ist gefaßt als ein transitorischer Moment, als »Heut abend«: in diesem Augenblick der Verwandlung von Tag in Nacht, der zugleich der der Grenzsituation von Leben und Tod, Dasein und Nichts ist, geschieht es dem Trostbedürftigen, daß in dem unverdeckt aufleuchtenden Abendlicht die Seerose – ergänzt um ihre Blüte – sichtbar wird. Zwar ist die, die sich da zeigt, keine Bildung der Pflanze; was hier erscheint, ist aus anderem Stoff als dem der Blätter. Aber indem für diesen übergänglichen Augenblick das Gewächs in der Vollkommenheit seiner Lebensgestalt da ist, liegt der ganze Segen über der Stückhaftigkeit, dem Zufall und der Vergänglichkeit des Lebens. Ein Wink der Natur für das ergänzungsbedürftige Ich des Menschen. Denn – wie Max Kommerell einmal ein Vorwort beschließt »Wir sind auf Ergänzung angewiesen.«

HANS SAHL
STROPHEN

Ich gehe langsam aus der Welt heraus
in eine Landschaft jenseits aller Ferne,
und was ich war und bin und was ich bleibe
geht mit mir ohne Ungeduld und Eile
in ein bisher noch nicht betretenes Land.

Ich gehe langsam aus der Zeit heraus
in eine Zukunft jenseits aller Sterne,
und was ich war und bin und immer bleiben werde
geht mit mir ohne Ungeduld und Eile,
als wär ich nie gewesen oder kaum.

HORST KRÜGER
HEITERES ENTGLEITEN

Um ein Gedicht dieser Art schreiben zu können, muß man, wie mir scheint, alt, sehr alt geworden sein. Bilanz und Abschied – ein Hauch von Goethes Altersweisheit schwebt über diesen Zeilen. Ob das heute immer noch als Empfehlung verstanden wird? Oder gar als Warnung?
Das Verblüffende hier ist, daß in den zehn Versen dennoch nichts epigonal anmutet. Sie sind frisch, authentisch und in jeder Zeile originell. Eine lange Lebenserfahrung wird ganz unfeierlich und doch in einer Sprache ausgedrückt, die dem Gegenstand eine stille Würde verleiht. Immerhin geht es hier um nichts Geringeres als um die Begegnung mit dem menschlichen Ende. Aber es sind nicht Strophen *gegen* den Tod. Sie leiten einverständlich und ruhig zu ihm über, ganz ohne die übliche (vielleicht sollte man sagen: landesübliche) Klage.
Der Verfasser Hans Sahl, in Dresden geboren, lebt heute, achtundachtzigjährig, nach vielen Jahrzehnten einer ruhelosen Emigration wieder in Deutschland, jetzt in Tübingen. In Amerika, in New York, hat er in einer kleinen bücherüberfüllten Junggesellenwohnung die Nazizeit überstanden und dort auch später für lange Zeit ein provisorisches Domizil gefunden. Ein Literat und Lyriker von hohen Graden, verdiente er sein Brot zunächst als Kritiker und Übersetzer. Er hat Thornton Wilders und Tennessee Williams' berühmte Bühnenstücke ins Deutsche übertragen. Sein Roman »Die Wenigen und die Vielen«, 1959 er-

schienen, machte ihn wieder in Deutschland bekannt. In letzter Zeit kam er durch zwei hervorragende Bücher mit Erinnerungen ins Gespräch: »Memoiren eines Moralisten« (1983) und »Das Exil im Exil« (1990). In seinem Leben hat sich das alte Wort bestätigt: Einmal Exilant – immer Exilant. Es blieb sein Thema – lebenslänglich.

Ich liebe dieses Gedicht, weil es in Gelassenheit und Reife dem größten Abenteuer des Menschen entgegenhofft: Wie einfach und klar hier alles geworden ist. Und es wird kein konventioneller Unsterblichkeitsglaube bemüht. Es ist eher die zarte Ahnung des Lyrikers von einer Landschaft »jenseits aller Ferne«, »jenseits aller Sterne« – nur die Lyrik erlaubt solche Aufschwünge, die schwebend sind und doch wahrnehmbar für unser inneres Auge. Todesgedichte deutscher Lyriker sind fast immer ernst, schwer, voller Traurigkeit. Ob es das hohe Alter dieses Lyrikers ist, das seine Strophen so ganz anders wirken läßt? Ihr spezifisches Gewicht ist leicht, sie sind fast heiter. Gottergeben hätte man eine solche Haltung früher genannt. Das Wort stimmt aber nicht. Es ist die alte Weltfrömmigkeit Goethes, die hier durchscheint. Welch eine poetische Schlußsequenz: *Und was ich war und bin und immer bleiben werde / geht mit mir ohne Ungeduld und Eile, / als wär ich nie gewesen oder kaum.*

HANS SAHL
CHARTERFLUG IN DIE VERGANGENHEIT

Als sie zurückkamen aus dem Exil,
drückte man ihnen eine Rose in die Hand.
Die Motoren schwiegen.
Versöhnung fand statt
auf dem Flugplatz in Tegel.
Die Nachgeborenen begrüßten die
Überlebenden.
Schuldlose entschuldigten sich für
die Schuld ihrer Väter.

Als die Rose verwelkt war, flogen sie
zurück in das Exil ihrer
zweiten, dritten oder vierten Heimat.
Man sprach wieder Englisch.
Getränke verwandelten sich wieder
in drinks.
Als sie sich der Küste von
Long Island näherten,
sahen sie die Schwäne auf der Havel
an sich vorbeiziehen,
und sie weinten.

WALTER HINCK
SCHWÄNE AUF DER HAVEL

Nicht für alle verbannten Dichter gab es eine Rückkehr, und manchen führte sie ins Verderben. Der rebellische Humanist Ulrich von Hutten starb 1523 im schweizerischen Exil; Nikodemus Frischlin, zu ruhelosem Wanderleben verurteilt und dann an die württembergische Regierung ausgeliefert, kam bei einem Fluchtversuch 1590 ums Leben. Den jungen Georg Büchner ereilte in Zürich ein früher Tod, doch ein Abschied auf immer war auch für andere der erste Massenaufbruch ins Exil: in der Ära Metternichs. Alle vorherigen Maßstäbe aber sprengte die Verjagung von mehr als zweihundertfünfzig Schriftstellern unter der Hitler-Diktatur, und in anderer Weise griff die Vertreibung an die Wurzel des Daseins. In Verzweiflung und durch Selbstmord endeten Ernst Weiß und Ernst Toller, Carl Einstein, Walter Hasenclever und Walter Benjamin, Kurt Tucholsky und Stefan Zweig, in französischen und amerikanischen Hotelzimmern, im Internierungslager oder an der französisch-spanischen Grenze, im schwedischen und im brasilianischen Zufluchtsort. Opfer der Stalinschen Säuberungsaktionen in der Sowjetunion wurde Ernst Ottwalt; und Georg Hermann, im holländischen Unterschlupf verhaftet, streifte deutschen Boden nur noch einmal im Transportzug, der ihn dem Gastod in Auschwitz entgegenfuhr.
Die schreckliche Bilanz läßt leicht vergessen, was es für manchen Exilierten hieß, sich fürs Überleben zu entschei-

den. Hans Sahl, bis 1933 Theater-, Film- und Literaturkritiker in Berlin, hat sich in einer kleinen New Yorker Wohnung und zunächst mit Übersetzungsarbeiten durchgeschlagen. Ein späterer Besuch in Berlin wurde zum Anlaß des Gedichts.

Er beklagt sich nicht. Den »verlorenen Sohn« – wie er in einem anderen Gedicht selbst sich nennt – empfängt die Heimat mit Takt. Aber ein Schatten fällt auf die freundliche Szene. Für die »Schuld der Väter« entschuldigen sich die Nachgeborenen; so macht es sich die Versöhnung zu leicht. Die Besucher aus dem Exil sind willkommen, sind es auch die zur Heimkehr Entschlossenen? »Die uns durchaus halten wollen, / lieben uns noch mehr, wenn wir / bereits die Rückfahrkarte / vorweisen können«, heißt es in »Befragung des verlorenen Sohnes«.

Der Rückflug ist für Hans Sahl tatsächlich Rückkehr in die »vierte Heimat«, denn über die Stationen Prag, Zürich und Frankreich entkam er 1940 mit einem der letzten Schiffe ins amerikanische Exil. Der jetzt die Küste Amerikas erreicht, ist längst eingebürgert: in den Staat, in die Sprache und in die Lebensgewohnheiten des Landes. Aber nun erst bricht der Schmerz, den der »Charterflug in die Vergangenheit« aufwühlte, an die Oberfläche und erleichtert sich in Tränen. Der Anblick der Küste von Long Island ruft die Erinnerung an Berlin, an den An- oder Abflug über die Havel, und mit ihr eine frühere wieder wach, ein Schlüsselbild der nie verwundenen Trennung: das Bild der Schwäne auf der Havel.

Hier dichtet Sahl das wehmütige Lied des Exils weiter, für das Heinrich Heine unvergeßliche Verse vorgab: »Ich hatte einst ein schönes Vaterland … / Es war ein Traum.« »Dort wob ich meine zarten Reime / Aus Veilchenduft

und Mondenschein.« Auch andere Verbannte unseres Jahrhunderts nahmen die Melodie auf, Bertolt Brecht etwa in der elegischen Huldigung an die deutschen Landschaften oder Rose Ausländer in ihren melancholischen Liedern auf die »Grüne Mutter / Bukowina«.
Hans Sahl, inzwischen als Romanautor, Lyriker und Essayist vom deutschen Publikum angenommen, hat im Jahre 1989, siebenundachtzigjährig, seinen Wohnsitz doch wieder in Deutschland genommen, in Tübingen. Ob es eine wirkliche Heimkehr war, ob der Blick auf den Neckar das Bild der Schwäne auf der Havel verdrängen kann?

ALBRECHT HAUSHOFER
MASCHINENSKLAVEN

Ravenna, Salzburg, München, Genua,
Westminster, Köln, Antwerpen, Lübeck, Tours –
es waren Städte – doch nicht Städte nur
wie Krasnojarsk vielleicht und Omaha.

In allem Werk, das formend eine Hand
mit Liebe schuf, ist andres noch gebunden,
als in Maschinenstampf Ihr je gefunden!
Maschinensklaven, werft Ihr es in Brand!

Begreift Ihr, was Ihr tut mit Euren Spielen,
atomzertrümmernde Raketenzünder,
totaler Kriege schäumende Verkünder!

Was bleibt am Schluß von allen Euren Zielen?
Ist alles Überlieferte zerstört,
fehlt Euch sogar ein Erbe, der Euch hört!

HANS CHRISTOPH BUCH
MIT BLUT GESCHRIEBEN

Der Verfasser hat den Wahnwitz des totalen Krieges, gegen den sein Gedicht protestiert, am eigenen Leib erfahren, er ist ihm selbst zum Opfer gefallen, in den letzten Tagen des tausendjährigen Reiches, nur wenige hundert Meter vom Zentrum des Wahns, dem Führerbunker, entfernt. Sein Grab liegt heute genau gegenüber von jenem Moabiter Gefängnis, in dem er die letzten Monate seines Lebens zugebracht und das seinen Sonetten den Titel geliefert hat.

Albrecht Haushofer, geboren 1903, war der Sohn des bayrischen Generals und konservativen Geowissenschaftlers Karl Haushofer, der mit seinen raumordnungspolitischen Vorstellungen den Nationalsozialisten, willentlich oder unwillentlich, die ideologische Rechtfertigung für ihre spätere Eroberungspolitik lieferte. Der junge Haushofer trat wissenschaftlich und politisch in die Fußstapfen seines Vaters: als Sekretär der Berliner geographischen Gesellschaft unternahm er ausgedehnte Studienreisen durch Amerika und Asien, schrieb Dramen und Gedichte und sympathisierte trotz seiner »nichtarischen« Herkunft – die Mutter war Halbjüdin – anfänglich mit den Nazis: er unterhielt enge persönliche Beziehungen mit Parteigrößen wie dem späteren Reichsaußenminister Ribbentrop und dem »Stellvertreter des Führers«, Rudolf Heß, einem Kriegskameraden seines Vaters, den er zu seinem mißglückten Englandflug inspiriert haben soll.

1941 vorübergehend festgenommen, wurde er wegen seiner Verbindung zu den Männern des 20. Juli 1944 erneut verhaftet und zusammen mit seinem Bruder im Gestapogefängnis Moabit inhaftiert. In der Nacht vom 23. zum 24. April 1945 – Berlin war bereits von sowjetischen Truppen umstellt – wurde Haushofer zusammen mit anderen politischen Häftlingen auf einem Trümmergrundstück an der Lehrter Straße von einem SS-Kommando hinterrücks erschossen. Ein junger Kommunist, der das Massaker mit Kopfschuß überlebte, führte später amerikanische Armeeangehörige zu den notdürftig verscharrten Leichen, von denen eine, die des zweiundvierzigjährigen Haushofer, ein blutgetränktes Manuskript auf dem Leib trug: zwölf eng beschriebene DIN-A4-Seiten mit achtzig Sonetten, die die poetische und politische Quintessenz seines jäh beendeten Lebens enthielten.

Die Moabiter Sonette, 1945 zunächst als Privatdruck erschienen, machten den Namen ihres Verfassers rasch bekannt: sie erlebten zahlreiche Nachauflagen und wurden in die wichtigsten europäischen Sprachen übersetzt, bis sie Ende der sechziger Jahre der Vergessenheit anheimfielen. Die klassische Form des Sonetts geriet damals, zusammen mit der konservativen Haltung, der sie Ausdruck gab, in ideologischen Mißkredit – zu Unrecht, wie ich meine. Erst heute, nach einer Inflation formlos zerfließender lyrischer Subjektivität, wird der Rückgriff auf die »objektive« Form des Sonetts wieder in ihrer ursprünglichen Funktion sichtbar: als ethischer und ästhetischer Protest gegen eine aus den Fugen geratene Welt.

»Modern« an Haushofers Gedicht ist nicht nur der an Benn geschulte »unreine« Reim (Tours reimt auf nur, Genua auf Omaha), sondern auch seine technikfeindliche

Tendenz: die Namen Krasnojarsk und Omaha stehen stellvertretend für die gesichts- und geschichtslosen Städte der Zukunft – ein Leitmotiv konservativer Kulturkritik, das im ökologischen Denken der Gegenwart wiederkehrt.

Der Autor des Romans »Schwarze Weide«, Horst Lange, notierte schon 1941 in sein Kriegstagebuch: »Alles geht auf Vernichtung hinaus, die Technik usw.« – ein Satz, der ebenso bei Nicolas Born stehen könnte; und Ernst Jünger mutmaßte beim Anblick des ausgebombten Köln, daß die zerstörten Städte in Gestalt von Chicago wiederauferstehen und daß die wirtschaftlichen Sieger des Krieges Deutschland und Japan heißen werden.

Hier zeigt sich jene prognostische Qualität der Literatur, die auch das vorliegende Sonett aufweist, indem es das im Krieg sichtbar gewordene Zerstörungspotential der modernen Technik in die Zukunft hinein verlängert: der Genozid, der damals noch einzelne Völker bedrohte, hat heute globale Züge angenommen und greift bereits über die Erde hinaus zu den Sternen – von der schleichenden chemischen Vergiftung unseres Planeten ganz zu schweigen. So gewinnt dieses vor Hiroshima geschriebene Sonett eines konservativen deutschen Dichters, der seine Opposition gegen Hitler mit dem Leben bezahlte, eine über den Anlaß seiner Entstehung weit hinauswirkende, bestürzende Aktualität.

Anhang

QUELLENHINWEISE

GÜNTHER ANDERS 1902 in Breslau geboren, gestorben 1992 in Wien.
Sprachelegie, S. 441. Aus: Die neue Rundschau, Oktober 1946.

EMIL BARTH 1900 in Haan geboren, gestorben 1958 in Düsseldorf.
Kreuzweg, S. 405. Aus: Emil Barth, Gesammelte Werke in zwei Bänden. Herausgegeben von Franz Norbert Mennemeier. © by Limes Verlag in der F. A. Herbig Verlagsbuchhandlung GmbH, München.

JOHANNES R. BECHER 1891 in München geboren, gestorben 1958 in Berlin.
Auferstanden aus Ruinen, S. 47. Brecht und der Tod, S. 51. Aus: Johannes R. Becher, Werke in 3 Bänden. Band 1. © Aufbau Verlag Berlin und Weimar 1970.
Sommer, S. 55. Aus: Johannes R. Becher, Ausgewählte Gedichte. Band 1. © Aufbau Verlag Berlin und Weimar 1965.

WERNER BERGENGRUEN 1892 in Riga geboren, gestorben 1964 in Baden-Baden.
Der Engel spricht, S. 87. Die Flöte, S. 91. Aus: Werner Bergengruen, Gestern fuhr ich Fische fangen. Gesammelte Gedichte. © 1992 by Arche Verlag AG Raabe + Vitali.
Die Lüge, S. 97. Aus: Werner Bergengruen, Figur und Schatten. Gesammelte Gedichte 1. © 1958 by Verlags AG Die Arche, Zürich.

BERTOLT BRECHT 1898 in Augsburg geboren, gestorben 1956 in Berlin.
Als ich in weißem Krankenzimmer der Charité, S. 175. An den Schwankenden, S. 179. Auf einen chinesischen Theewurzellöwen, S. 183. Das Lied von der Moldau, S. 187. Das Schiff, S. 191. Das zehnte Sonett, S. 197. Der Blumengarten, S. 201. Der Gast, S. 205. Der Kirschdieb, S. 209. Der Radwechsel, S. 213. Der Rauch, S. 217. Die gute Nacht, S. 221. Die Krücken, S. 227. Die Liebenden, S. 231. Die Musen, S. 235. Die Pappel vom Karlsplatz, S. 239. Ein neues Haus, S. 243. Entdeckung an einer jungen Frau, S. 247. Erinnerung an die Marie A., S. 251. Fragen eines lesenden Arbeiters, S. 255. Gegen Verführung, S. 261. Gemeinsame Erinnerung, S. 265. Glücklicher Vorgang, S. 269. Kinderhymne, S. 273. Lob der Vergeßlichkeit, S. 281. Meine Mutter, S. 287. O Falla-

dah, die Du hangest!, S. 291. O Lust des Beginnens, S. 297. Über das Lehren ohne Schüler, S. 301. Über induktive Liebe, S. 305. Über Kleists Stück »Der Prinz von Homburg«, S. 309. Vergnügungen, S. 313. Vom armen B.B., S. 317. Vom ertrunkenen Mädchen, S. 323. Vom Sprengen des Gartens, S. 327. Von der Freundlichkeit der Welt, S. 331. Wechsel der Dinge, S. 335. Aus: Die Gedichte von Bertolt Brecht in einem Band. © Suhrkamp Verlag Frankfurt am Main 1981.

Lied der Mutter über den Heldentod des Feiglings Wessowtschikow, S. 277. Aus: Bertolt Brecht, Gesammelte Werke in acht Bänden. Supplementband 2. Gedichte aus dem Nachlaß. Gedichte, Gedichtfragmente und -entwürfe. Herausgegeben von Herta Ramthun. Suhrkamp Verlag Frankfurt am Main 1982. © Copyright Stefan S. Brecht. 1982.

GEORG BRITTING 1891 in Regensburg geboren, gestorben 1964 in München.

Das weiße Bett, S. 59. Aus: Georg Britting, Gesamtausgabe in Einzelbänden. Band: Der unverstörte Kalender. Nachgelassene Gedichte. Nymphenburger Verlagsbuchhandlung GmbH, München. Abdruck mit freundlicher Genehmigung von Frau Ingeborg Schuldt-Britting.

Vorfrühling, S. 63. Aus: Georg Britting, Gedichte 1919-1939. Band 1 der Gesamtausgabe in acht Bänden. © by Nymphenburger Verlag in der F. A. Herbig Verlagsbuchhandlung GmbH, München.

HEIMITO VON DODERER 1896 in Weidlingau bei Wien geboren, gestorben 1966 in Wien.

Auf die Strudlhofstiege zu Wien, S. 135. Aus: Heimito von Doderer, Die Strudlhofstiege oder Melzer und die Tiefe der Jahre. © Biederstein Verlag, München.

PETER GAN 1894 in Hamburg geboren, dort 1974 gestorben.

Eisblume, S. 115. Aus: Peter Gan, Soliliquia. Gedichte. Atlantis Verlag, Zürich.

Sprache, S. 119. Aus: Peter Gan, Das alte Spiel. Gedichte. Atlantis Verlag, Zürich 1965.

YVAN GOLL 1891 in Saint-Dié/Frankreich geboren, gestorben 1950 in Paris.

In uralten Seen, S. 67. Orpheus, S. 71. Aus: Ivan Goll. Dichtungen. Herausgegeben von Claire Goll. Hermann Luchterhand Verlag, 1960. © Fondation Yvan et Claire Goll, Saint-Dié-des Vosges.

GEORGE GROSZ 1893 in Berlin geboren, dort 1959 gestorben.

Gesang an die Welt I, S. 101. Copyright © mit Genehmigung des Rowohlt Verlages GmbH, Reinbek.

JAKOB HARINGER 1898 in Dresden geboren, gestorben 1948 in Zürich.
Abend, S. 339. Aus: Jakob Haringer, Das Schnarchen Gottes und andere Gedichte. Herausgegeben von Jürgen Serke. © 1979 Carl Hanser Verlag München Wien.

ALBRECHT HAUSHOFER 1903 in München geboren, gestorben 1945 in Berlin-Moabit.
Maschinensklaven, S. 457. Aus: Albrecht Haushofer, Moabiter Sonette. © 1976 Deutscher Taschenbuch Verlag, München.

ERICH JANSEN 1897 in Stadtlohn/Westfalen geboren, dort 1968 gestorben.
Annettes Kutsche auf Rüschhaus, S. 143. Aus: Erich Jansen, Die nie gezeigten Zimmer. Lyrik und Prosa. Claassen Verlag, Düsseldorf 1968. Abdruck mit freundlicher Genehmigung von Herrn Hermann Jansen.

FRIEDRICH GEORG JÜNGER 1898 in Hannover geboren, gestorben 1977 in Überlingen.
Beschwörung, S. 343. Aus: Friedrich Georg Jünger, Gedichte. 1949. © Vittorio Klostermann, Frankfurt am Main.

MARIE LUISE KASCHNITZ 1901 in Karlsruhe geboren, gestorben 1974 in Rom.
Die Gärten, S. 417. Vögel, S. 437. Aus: Marie Luise Kaschnitz, Kein Zauberspruch. Gedichte. © Insel Verlag Frankfurt am Main 1972.
Ein Gedicht, S. 421, 425. Nicht gesagt, S. 433. Aus: Marie Luise Kaschnitz, Dein Schweigen – meine Stimme. © 1962 Claassen Verlag Hamburg und Düsseldorf, jetzt Hildesheim.
Juni, S. 429. Aus: Marie Luise Kaschnitz, Gesammelte Werke. Herausgegeben von Christian Büttrich und Norbert Miller. Fünfter Band: Die Gedichte. © Insel Verlag Frankfurt am Main 1984.

ERICH KÄSTNER 1899 in Dresden geboren, gestorben 1974 in München.
Chor der Fräuleins, S. 355. Aus: Erich Kästner, Herz auf Taille. © Atrium Verlag, Zürich 1963.
Der Handstand auf der Loreley, S. 359. Aus: Erich Kästner, Gesang zwischen den Stühlen. © Atrium Verlag, Zürich, 1985.
Moral, S. 365. Aus: Erich Kästner, Kurz und bündig. © Atrium Verlag, Zürich, 1950.
Sachliche Romanze, S. 369. Aus: Erich Kästner, Lärm im Spiegel. © Atrium Verlag, Zürich 1963.
Sogenannte Klassefrauen, S. 373. Aus: Erich Kästner, Ein Mann gibt Auskunft. © Atrium Verlag, Zürich, 1936.

Zur Fotografie eines Konfirmanden, S. 379. Aus: Dr. Erich Kästner's lyrische Hausapotheke. © Atrium Verlag, Zürich, 1936.

HERMANN KESTEN 1900 in Nürnberg geboren, lebt in Basel.

Ich bin der ich bin, S. 409. Aus: Hermann Kesten, Ich bin der ich bin. Verse eines Zeitgenossen. © R. Piper & Co. Verlag, München 1974.

GERTRUD KOLMAR 1894 in Berlin geboren, gestorben 1943.

Die Fahrende, S. 123. Die Verlassene, S. 127. Aus: Gertrud Kolmar, Das lyrische Werk. © Kösel-Verlag, München 1960.

MAX KOMMERELL 1902 in München geboren, gestorben 1944 in Marburg.

Spiegelung der Sonne zwischen Seerosenblättern, S. 445. Aus: Max Kommerell, Mit gleichsam chinesischem Pinsel. © Vittorio Klostermann Frankfurt am Main 1946.

WERNER KRAFT 1896 in Braunschweig geboren, gestorben 1991 in Jerusalem.

Lied, S. 139. Aus: Werner Kraft, Das sterbende Gedicht. 1972-1975. Corvus Verlag, Frankfurt am Main 1976. Abdruck mit freundlicher Genehmigung von Frau Erna Kraft, Jerusalem.

THEODOR KRAMER 1897 in Niederhollabrunn geboren, gestorben 1958 in Wien.

Die Gaunerzinke, S. 149. Lied am Bahndamm, S. 153. Wenn ein Pfründner einmal Wein will, S. 157. Wer läutet draußen an der Tür?, S. 161. Aus: Theodor Kramer, Gesammelte Gedichte. Herausgegeben von Erwin Chvojka. © 1984 by Europa Verlag GmbH Wien.

ELISABETH LANGGÄSSER 1899 in Alzey geboren, gestorben 1950 in Rheinzabern.

Daphne an der Sonnenwende, S. 383. Frühjahr 1946, S. 389. Vorfrühlingswald, S. 395. Winterwende, S. 399. Aus: Elisabeth Langgässer, Gesammelte Werke. Gedichte. © 1959 Claassen Verlag GmbH, Hamburg, jetzt Hildesheim.

HANS LEIP 1893 geboren in Hamburg, 1983 gestorben in Fruthwielen/Schweiz.

Lili Marleen, S. 105. Aus: Die Hafenorgel. Gedichte und Zeichnungen. Verlag Langewiesche-Brandt, Ebenhausen 1977. Abdruck mit freundlicher Genehmigung des Verlages B. Schott's Söhne, Mainz.

ALEXANDER LERNET-HOLENIA 1897 in Wien geboren, dort 1976 gestorben.

Die Bilder, S. 165. Linos, S. 171. Aus: Alexander Lernet-Holenia, Das lyrische Gesamtwerk. © Paul Zsolnay Verlag Gesellschaft m.b.H., Wien 1989.

Alfred Margul-Sperber 1898 in Storosinez geboren, gestorben 1967 in Bukarest.

Auf den Namen eines Vernichtungslagers, S. 347. Aus: Alfred Margul-Sperber. Geheimnis und Verzicht. Das lyrische Werk in Auswahl. Herausgegeben von Alfred Kittner. © Kriterion Verlag, Bukarest 1975.

Fritz Mühlenweg 1898 in Konstanz geboren, gestorben 1961 in Allensbach.

Sehnsucht, S. 351. Aus: Tausendjähriger Bambus. Nachdichtungen aus dem Schi-King. Hans Dulk Verlag, Hamburg o.J.

Eckart Peterich 1900 in Berlin geboren, gestorben 1968 in Florenz.

Sonette einer Griechin, S. 413. Aus: Eckart Peterich, Gesammelte Gedichte. Prestel Verlag, München 1967.

Nelly Sachs 1891 in Berlin geboren, gestorben 1970 in Stockholm.

Völker der Erde, S. 75. Wenn nicht dein Brunnen, S. 79. Aus: Fahrt ins Staublose. Die Gedichte der Nelly Sachs. © Suhrkamp Verlag Frankfurt am Main 1961.

Wer aber leerte den Sand aus euren Schuhen?, S. 83. Aus: Nelly Sachs, Gedichte. Ausgewählt und mit einem Nachwort versehen von Hilde Domin. © Suhrkamp Verlag Frankfurt am Main 1977.

Hans Sahl 1902 in Dresden geboren, gestorben 1993 in Tübingen.

Charterflug in die Vergangenheit, S. 453. Strophen, S. 449. Aus: Hans Sahl, Wir sind die Letzten. Der Maulwurf. Gedichte. © 1991 by Luchterhand Literaturverlag, Hamburg.

Ernst Toller 1893 in Samotschin geboren, gestorben 1939 in New York.

Gemeinsame Haft, S. 111. Aus: Ernst Toller, Gesammelte Werke. Herausgegeben von John M. Spalek und Wolfgang Frühwald. © 1978 Carl Hanser Verlag München Wien.

Kurt Tucholsky 1890 in Berlin geboren, gestorben 1935 in Hindas bei Göteborg.

An das Baby, S. 13. Park Monceau, S. 17. Rheinsberg, S. 21. Aus: Kurt Tucholsky, Gesammelte Werke. Copyright © 1960 by Rowohlt Verlag GmbH, Reinbek.

Franz Werfel 1890 in Prag geboren, gestorben 1945 in Beverly Hills/Kalifornien.

Das Bleibende, S. 25. Der schöne strahlende Mensch, S. 29. Morgenhymnus, S. 33. Traumstadt eines Emigranten, S. 37. Vater und Sohn, S. 41. Aus: Franz Werfel, Das lyrische Werk. © S. Fischer Verlag GmbH, Frankfurt am Main 1967.

ALBIN ZOLLINGER 1895 in Zürich geboren, dort 1941 gestorben. Stille des Herbstes, S. 131. Aus: Albin Zollinger, Gesammelte Werke. Band 4: Gedichte. © Atlantis Verlag, Zürich und Freiburg/Breisgau.

VERZEICHNIS DER INTERPRETEN

Thomas Anz geboren 1948 in Göttingen, ist Professor für Neuere Deutsche Literatur und Literaturvermittlung an der Universität Bamberg. Er veröffentlichte unter anderem: »Literatur der Existenz« (1977), »Phantasien über den Wahnsinn« (1980), »Die Dichter und der Krieg« (1982) und »Expressionismus. Manifeste und Dokumentation« (1982).

Armin Ayren geboren 1934 in Friedrichshafen, lebt in Oberweschnegg. Er veröffentlichte unter anderem: »Der Brandstifter und andere Abweichungen« (1968), »Der Helweg« (1972), »Asam oder der Mythos vom Überleben« (1974), »Elias Canetti« (1977), »Der Mann am Kamin« (1980), »Buhl oder Der Konjunktiv« (1982) und »Der flambierte Säugling« (1985).

Reinhard Baumgart geboren 1929 in Breslau, lebt als freier Schriftsteller in München, lehrt seit 1990 an der TU Berlin. Er veröffentlichte die essayistischen Bücher »Literatur für Zeitgenossen« (1966), »Aussichten des Romans« (1968), »Glücksgeist und Jammerseele« (1986) und »Selbstvergessenheit. Drei Wege zum Werk: Thomas Mann, Franz Kafka, Bertolt Brecht« (1989).

Nikolas Benckiser geboren 1903 in Sinzheim, starb 1987. Er war Redakteur und Mitherausgeber der »Frankfurter Allgemeinen Zeitung« und schrieb die Bücher: »Tage wie Schwestern« (1958), »Der Tanz mit dem Cello« (1966) und »Gute Welt, du gehst so stille« (1971).

Horst Bienek geboren 1930 in Gleiwitz, starb 1990 in München. Er veröffentlichte Gedichte (»Gleiwitzer Kindheit«, 1976), Romane (»Die Zelle«, 1968, »Die erste Polka«, 1975, »Septemberlicht«, 1977, »Zeit ohne Glocken«, 1979, und »Erde und Feuer«, 1982) sowie essayistische Arbeiten (»Bakunin, eine Invention«, 1976, und »Das allmähliche Ersticken von Schreien, Sprache im Exil und heute«, 1987).

Günter Blöcker geboren 1913 in Hamburg, lebt in West-Berlin. Er ist Literaturkritiker und Essayist. Hauptwerke: »Die neuen Wirklichkeiten« (1957), »Heinrich von Kleist oder Das absolute Ich« (1960), »Kritisches Lesebuch« (1962) und »Literatur als Teilhabe« (1966).

Elisabeth Borchers geboren 1926 in Homberg am Niederrhein, ist

Verlagslektorin in Frankfurt am Main. Sie veröffentlichte unter anderem: »Gedichte« (1961), »Der Tisch an dem wir sitzen« (1967), »Eine glückliche Familie und andere Prosa« (1970), »Gedichte« (1976), »Wer lebt« (1986) und »Von der Grammatik des heutigen Tages« (1992).

HANSPETER BRODE geboren 1940 in Ludwigshafen, lebt als Gymnasiallehrer an einer deutschen Auslandsschule in Brasilien. Er veröffentlichte unter anderem: »Benn-Chronik« (1978), »Günter Grass. Autorenbuch« (1979) und »Deutsche Lyrik – eine Anthologie« (1990).

HANS CHRISTOPH BUCH geboren 1944 in Wetzlar, lebt in Berlin. Er veröffentlichte Romane, Erzählungen und Essays, unter anderem: »Unerhörte Begebenheiten« (1966), »Kritische Wälder« (1972), »Aus der neuen Welt« (1975), »Die Hochzeit von Port-au-Prince« (1984), »Haïti Chérie« (1990), »Rede des toten Kolumbus am Tag des Jüngsten Gerichts« (1992) und »Tropische Früchte, Afro-Amerikanische Impressionen« (1993).

PETER DEMETZ geboren 1922 in Prag. Er ist em. Professor für Germanistik und vergleichende Literaturwissenschaft an der Yale University in New Haven (USA). Hauptwerke: »René Rilkes Prager Jahre« (1953), »Marx, Engels und die Dichter« (1959), »Formen des Realismus – Theodor Fontane« (1964), »Die süße Anarchie« (1970) und »Worte in Freiheit: Der italienische Futurismus und die deutsche literarische Avantgarde« (1990).

HILDE DOMIN geboren 1912 in Köln, lebt in Heidelberg. Zu ihren Hauptwerken gehören die Gedichtsammlungen »Nur eine Rose als Stütze« (1959), »Rückkehr der Schiffe« (1962), »Hier« (1964) und »Ich will dich« (1970) und die Prosabücher »Wozu Lyrik heute« (1968), »Das zweite Paradies« (1968, 86), »Von der Natur nicht vorgesehen. Autobiographisches« (1974), »Aber die Hoffnung. Autobiographisches aus und über Deutschland« (1982).

IRING FETSCHER geboren 1922 in Marbach am Neckar, ist emeritierter Professor für Politikwissenschaft und Sozialphilosophie an der Universität Frankfurt am Main. Er veröffentlichte unter anderem: »Wer hat Dornröschen wachgeküßt, das Märchenverwirrbuch« (1972), »Utopien, Illusionen, Hoffnungen« (1991), »Überlebensbedingungen der Menschheit – ist der Fortschritt noch zu retten?« (1991).

BARBARA FRISCHMUTH geboren 1941 in Altaussee (Steiermark), lebt als freie Schriftstellerin in Wien und Altaussee. Sie veröffentlichte unter anderem die »Sternwieser Trilogie« (1986), die Romane »Über die Verhältnisse« (1988), »Einander Kind« (1990), »Machtnix oder Der Lauf, den die Welt nahm« (1993), die Erzählung »Hexenherz« (1994) sowie Theaterstücke, Hörspiele und Kinderbücher.

Walter Helmut Fritz geboren 1929 in Karlsruhe, wo er auch heute lebt, ist Lyriker und Erzähler. Er veröffentlichte unter anderem die Bände »Gesammelte Gedichte« (1979), »Wunschtraum Alptraum« (1981), »Werkzeuge der Freiheit« (1983), »Cornelias Traum und andere Aufzeichnungen« (1985), »Immer einfacher, immer schwieriger« (1987), »Zeit des Sehens« (1989) und »Die Schlüssel sind vertauscht« (1992).

Hans J. Fröhlich geboren 1932 in Hannover, starb 1986 in München. Er schrieb Romane (»Tandelkeller«, 1967, »Engels Kopf«, 1971, »Anhand meines Bruders«, 1974, »Im Garten der Gefühle«, 1975, und »Mit Feuer und Flamme«, 1982), Erzählungen (»Einschüchterungsversuche«, 1979) und die Biographie »Schubert« (1978).

Werner Fuld geboren 1947 in Heidelberg, lebt in Wörthsee/Steinebach. Er veröffentlichte unter anderem die Biographien Walter Benjamins (»Zwischen den Stühlen«, 1979) und Wilhelm Raabes (1993).

Robert Gernhardt geboren 1937 in Reval/Estland. Nach dem Studium der Malerei und Germanistik lebt er als Zeichner und Autor in Frankfurt am Main. Er veröffentlichte unter anderem »Ich Ich Ich« (1982), »Kippfigur« (1986), »Körper in Cafés« (1987), »Was gibt's denn da zu lachen?« (1988), »Gedanken zum Gedicht« (1990) und »Lug und Trug« (1991).

Reinhold Grimm geboren 1931 in Nürnberg, ist Professor für Deutsche und Vergleichende Literaturgeschichte an der University of California (USA). Er veröffentlichte unter anderem: »Nach dem Naturalismus. Essays zur modernen Dramatik« (1978) und »Von der Armut und vom Regen. Rilkes Antwort auf die soziale Frage« (1981), »Texturen. Essays und anderes zu Hans Magnus Enzensberger« (1984), »Ein iberischer Gegenentwurf? Antonio Buero Vallejo, Brecht und das moderne Welttheater« (1991).

Ulla Hahn geboren 1946 im Sauerland, lebt als Schriftstellerin in Hamburg. Sie veröffentlichte die Gedichtbände »Herz über Kopf« (1981), »Spielende« (1983), »Freudenfeuer« (1985) und »Unerhörte Nähe« (1988) sowie den Roman »Ein Mann im Haus« (1991).

Michael Hamburger geboren 1924 in Berlin, lebt seit 1933 in England. Er schreibt in deutscher und englischer Sprache; unter anderem veröffentlichte er: »Zwischen den Sprachen« (1966), »Vernunft und Rebellion« (1969) und »Die Dialektik der modernen Lyrik« (1972).

HARALD HARTUNG geboren 1932 in Herne, lehrt an der Technischen Universität Berlin deutsche Sprache und Literatur. Er veröffentlichte die Darstellungen »Experimentelle Literatur und konkrete Poesie« (1975) und »Deutsche Lyrik seit 1965« sowie die Lyrikbände »Hase und Hegel« (1970), »Reichsbahngelände« (1974), »Das gewöhnliche Licht« (1976), »Augenzeit« (1978) und »Traum im deutschen Museum« (1986).

HARTMUT VON HENTIG geboren 1925 in Posen, ist emeritierter Professor für Pädagogik an der Universität Bielefeld; Hauptwerke: »Platonisches Lehren« (1965), »Systemzwang und Selbstbestimmung« (1968), »Aufgeräumte Erfahrungen – Texte zur eigenen Person« (1983) und »... der werfe den ersten Stein« (1992).

JOST HERMAND geboren 1930 in Kassel, ist seit 1958 Professor für Deutsche Literatur an der Universität Wisconsin (USA). Er publizierte unter anderem: »Synthetisches Interpretieren« (1968), »Von Mainz nach Weimar« (1969), »Unbequeme Literatur« (1971), »Streitobjekt Heine« (1975), »Sieben Arten an Deutschland zu leiden« (1979) und »Orte. Irgendwo. Formen utopischen Denkens« (1981).

WALTER HINCK geboren 1922 in Selsingen/Niedersachsen, ist Professor für Deutsche Literatur an der Universität Köln. Er veröffentlichte unter anderem: »Die Dramaturgie des späten Brecht« (1959), »Das deutsche Lustspiel des 17. und 18. Jahrhunderts und die italienische Komödie« (1965), »Das moderne Drama in Deutschland« (1973), »Goethe – Mann des Theaters« (1982), »Theater der Hoffnung« (1988) und »Die Wunde Deutschland. Heinrich Heines Dichtung« (1990).

WALTER HINDERER geboren 1934 in Ulm, ist Professor für Neuere Deutsche Literatur an der Princeton-University/USA. Er veröffentlichte unter anderem: »Elemente der Literaturkritik« (1976), »Büchner-Kommentar zum dichterischen Werk« (1977), »Der Mensch in der Geschichte. Ein Versuch über Schillers ›Wallenstein‹« (1980) und »Über deutsche Literatur und Rede« (1981) sowie »Arbeit an der Gegenwart«. Zur deutschen Literatur nach 1945 (1994).

DOROTHEA HÖLSCHER-LOHMEYER geboren 1913 in Berlin, lebt in München. Sie ist Germanistin und veröffentlichte literaturhistorische Arbeiten, unter anderem: »Faust und die Welt« (1975) und »Das moderne Ich« (1980).

Jürgen Jacobs geboren 1936 in Aachen, ist Professor für Neuere deutsche Literatur an der Bergischen Universität in Wuppertal. Er veröffentlichte unter anderem Bücher zu Wieland (1969) und zum Bildungsroman (1972), ferner »Prosa der Aufklärung« (1976), »Der deutsche Schelmenroman« (1983), »Lessing« (1986) und »Don Quijote in der Aufklärung« (1992).

Walter Jens geboren 1923 in Hamburg, ist emeritierter Professor für Rhetorik an der Universität Tübingen. Er veröffentlichte Romane, Essays, Fernsehspiele und Theaterstücke, unter anderem: »Nein – Die Welt der Angeklagten« (1950), »Von deutscher Rede« (1966), »Republikanische Reden« (1976), »Eine deutsche Universität. 500 Jahre Tübinger Gelehrtenrepublik« (1977), »Ort der Handlung ist Deutschland« (1981), »Der Untergang. Nach den Troerinnen des Euripides« (1982), »Kanzel und Katheder« (1983) und »Die Friedensfrau« (nach Aristophanes) (1986).

Klaus Jeziorkowski geboren 1935 in Chemnitz, lebt in Dreieich bei Frankfurt. Er ist Professor für Germanistik an der Universität Frankfurt und veröffentlichte unter anderem: »Rhythmus und Figur« (1968), »Literarität und Historismus« (1979) und »Gottfried Keller: Kleider machen Leute. Literatur-Kommentar« (1984).

Dominik Jost geboren 1922 in Luzern, lebt in St. Gallen. Er veröffentlichte unter anderem: »Ludwig Derleth. Gestalt und Leistung« (1905), »Die Wirklichkeit des Dichters« (1977), »Deutsche Klassik. Goethes ›Römische Elegien‹« (1978) und »Literarischer Jugendstil« (1980).

Gerhard Kaiser geboren 1927 in Tannroda/Thüringen, ist Professor für Neuere Deutsche Philologie und Literaturwissenschaft an der Universität Freiburg. Er veröffentlichte unter anderem: »Wandrer und Idylle« (1977), »Von Arkadien nach Elysium« (1978), »Gottfried Keller. Das gedichtete Leben« (2. Auflage 1987), »Augenblicke deutscher Lyrik« (3. Auflage 1990), »Geschichte der deutschen Lyrik von Goethe bis zur Gegenwart« (1988-1991).

Gert Kaiser geboren 1941 in Hardheim im Odenwald. Seit 1977 Inhaber des Lehrstuhls für Ältere Germanistik an der Heinrich-Heine-Universität Düsseldorf. Seit 1983 Rektor der Universität und seit 1988 Leiter des Wissenschaftszentrums Nordrhein-Westfalen. Er veröffentlichte unter anderem: Bücher über Minnesang, über Artusromane und über Totentänze.

Joachim Kaiser geboren 1928 in Milken/Ostpreußen, ist Redakteur bei der Süddeutschen Zeitung und seit 1977 ordentlicher Professor an der Staatlichen Hochschule für Musik und Darstellende Kunst in Stuttgart. Hauptwerke: »Große Pianisten unserer Zeit« (1965), »Beethovens 32 Klaviersonaten und ihre Interpreten« (1975), »Wie ich sie sah ... und wie sie waren. Zwölf kleine Porträts« (1985), »Erlebte Literatur« (1988), »Leben mit Wagner« (1990) und »Vieles ist auf Erden zu thun« (1991).

Rainer Kirsch geboren 1934 in Döbelin/Sachsen, lebt in Berlin. Er veröffentlichte unter anderem: »Kopien nach Originalen« (1974), »Auszog das Fürchten zu lernen« (1978), »Ordnung im Spiegel« (1985), »Sauna oder Die fernherwirkende Trübung« (1985), »Kunst in Mark Brandenburg« (1988), »Anna Katarina oder Die Nacht am Moorbusch« (1991).

Eckart Klessmann geboren 1933 in Lemgo/Lippe, lebt in Schleswig-Holstein. Er veröffentlichte Bücher über den Prinzen Louis Ferdinand von Preußen (1972), Caroline Schlegel-Schelling (1975) und E.T.A. Hoffmann (1988) sowie »Die Mendelssohns. Bilder aus einer deutschen Familie« (1990) und »Christiane – Goethes Geliebte und Gefährtin« (1992).

Kurt Klinger geboren 1928 in Linz, lebt in Wien. Er ist Herausgeber der Monatszeitschrift »Literatur und Kritik«, unter anderem veröffentlichte er die Gedichtbände »Auf dem Limes« (1980) und »Zeitsprung« (1987), die Erzählungen »Die vierte Wand« (1966) und »Erinnerung an Gärten« (1989) sowie den Essayband »Theater und Tabus« (1984).

Jan Knopf geboren 1944 in Arnstadt, ist Professor für Literaturwissenschaft an der Universität Karlsruhe. Er veröffentlichte unter anderem: »Friedrich Dürrenmatt« (1976), das zweibändige »Brecht-Handbuch« (1980) und ist Mitherausgeber der »Großen kommentierten Berliner und Frankfurter Ausgabe« der Werke Brechts (1988 ff.).

Wolfgang Koeppen geboren 1906 in Greifswald, lebt in München. Er veröffentlichte die Romane »Eine unglückliche Liebe« (1934), »Tauben im Gras« (1951), »Das Treibhaus« (1953) und »Der Tod in Rom« (1954), die Erzählung »Jugend« (1976), den Aufsatzband »Die elenden Skribenten« (1981) sowie Reisebücher, unter anderem »Nach Rußland und anderswohin« (1958).

Helmut Koopmann geboren 1933 in Bochum, ist seit 1974 Professor für Neuere Deutsche Literaturwissenschaft an der Universität Augsburg. Er veröffentlichte unter anderem: »Das junge Deutschland« (1970), »Das Drama der Aufklärung« (1978), »Der klassisch-moderne

Roman in Deutschland. Thomas Mann – Döblin – Broch« (1983), »Schiller« (1988) und das »Thomas-Mann-Handbuch« (1990).

KARL KORN geboren 1908 in Wiesbaden, starb 1991 in Bad Homburg. Er war bis 1973 Mitherausgeber der »Frankfurter Allgemeinen Zeitung«. Er veröffentlichte unter anderem: »Sprache in der verwalteten Welt« (1958), »Lange Lehrzeit« (1975), »Über Land und Meer« (1977) und »Zola in seiner Zeit« (1980).

HANS CHRISTIAN KOSLER geboren 1950 in Dresden, lebt in München. Er veröffentlichte unter anderem: »Peter Altenberg. Leben und Werk in Texten und Bildern« (1981), »Gert Hofmann. Auskunft für Leser« (1987) und »Warum in die Ferne? Das Lesebuch zum Daheimbleiben« (1991).

GEORG KREISLER geboren 1922 in Wien, lebt in Hof bei Salzburg. Er veröffentlichte unter anderem: »Zwei alte Tanten tanzen Tango« (1961), »Nichtarische Arien« (1967), »Taubenvergiften für Fortgeschrittene« (1983), »Ist Wien überflüssig?« (1987) und »Ein Prophet ohne Zukunft« (1990).

KARL KROLOW geboren 1915 in Hannover, lebt in Darmstadt. Er veröffentlichte unter anderem die Lyrikbände »Tage und Nächte« (1956), »Nichts weiter als Leben« (1970), »Zeitvergehen« (1972), »Der Einfachheit halber« (1977), »Herbstsonett mit Hegel« (1981), »Als es soweit war« (1988), »Ich höre mich sagen« (1992) sowie die Prosabände »Im Gehen« (1980) und »In Kupfer gestochen« (1987).

MICHAEL KRÜGER geboren 1943 in Wittgendorf, lebt in München, wo er als Verlagslektor tätig ist und als Herausgeber der Zeitschrift »Akzente«. Er veröffentlichte Lyrik und Essays, unter anderem: »Diderots Katze« (1978), »Nekrologe« (1979), »Aus der Ebene« (1982) und »Die Dronte« (1985).

JOSEPH ANTON KRUSE geboren 1944 in Dingden bei Bocholt, ist seit 1975 Direktor des Heinrich-Heine-Instituts in Düsseldorf und Honorarprofessor an der dortigen Universität. Er veröffentlichte unter anderem: »Heines Hamburger Zeit« (1972), »Heinrich Heine. Leben und Werk in Daten und Bildern« (1983) sowie »Denk ich an Heine« (1986).

GÜNTER KUNERT geboren 1929 in Berlin, lebt in Kaisborstel/Schleswig-Holstein. Hauptwerke: Die Gedichtsammlungen »Erinnerungen an einen Planeten« (1963), »Verkündigung des Wetters« (1966), »Unterwegs nach Utopia« (1977), »Abtötungsverfahren« (1980), »Stilleben« (1983), »Berlin bei Zeiten« (1987) sowie die Prosabände »Die Beerdigung findet in aller Stille statt« (1968), »Verspätete Monologe« (1981) und »Die letzten Indianer Europas« (1991).

HERMANN KURZKE geboren 1943 in Berlin, lehrt Neuere Deutsche Literaturgeschichte an der Universität Mainz. Er veröffentlichte unter anderem: »Romantik und Konservatismus. Das politische Werk Friedrich von Hardenbergs (Novalis) im Horizont seiner Wirkungsgeschichte« (1983), »Thomas Mann. Epoche – Werk – Wirkung« (1985) und »Hymnen und Lieder der Deutschen« (1990).

SIEGFRIED LENZ geboren 1926 in Lyck/Ostpreußen, lebt seit 1945 in Hamburg. Er veröffentlichte unter anderem die Romane »Brot und Spiele« (1959), »Deutschstunde« (1968), »Das Vorbild« (1973), »Heimatmuseum« (1978), »Exerzierplatz« (1985) und »Die Klangprobe« (1990) sowie die Erzählungsbände »So zärtlich war Suleyken« (1955), »Jäger des Spotts« (1958), »Das Feuerschiff« (1960), »Einstein überquert die Elbe bei Hamburg« (1975), »Heimatmuseum« (1978), »Exerzierplatz« (1985) und »Klangprobe« (1990).

RUDOLF WALTER LEONHARDT geboren 1921 in Altenburg, gehört seit 1957 der Redaktion der Wochenzeitung »Die Zeit« an, deren stellvertretender Chefredakteur er von 1973 bis 1985 war. Er veröffentlichte unter anderem: »Xmal Deutschland« (1961), »Wer wirft den ersten Stein« (1969) und »Das Weib, das ich geliebet hab'. Heines Mädchen und Frauen« (1975).

CHRISTA MELCHINGER geboren 1943 in Frankfurt am Main, lebt in Freiburg. Sie veröffentlichte unter anderem: »Illusion und Wirklichkeit im dramatischen Werk Arthur Schnitzlers« (1968) und die Monographie »Albert Camus« (1969). Literaturkritik für Presse und Funk.

ADOLF MUSCHG geboren 1934 in Zollikon bei Zürich, ist Professor für Germanistik an der Eidgenössischen Hochschule in Zürich. Er veröffentlichte die Romane »Im Sommer des Hasen« (1965), »Mitgespielt« (1969), »Albissers Grund« (1974) und »Das Licht und der Schlüssel« (1984) sowie die Erzählungsbände »Fremdkörper« (1968), »Liebesgeschichten« (1972) und »Leib und Leben« (1982).

PETER HORST NEUMANN geboren 1936 in Neiße/Oberschlesien, ist Professor für Neuere Deutsche Literatur an der Universität Erlangen. Er veröffentlichte unter anderem: »Jean Pauls ›Flegeljahre‹« (1968), »Der Preis der Mündigkeit. Über Lessings Dramen« (1977) und »Die Rettung der Poesie im Unsinn. Der Anarchist Günter Eich« (1981).

KLARA OBERMÜLLER 1940 geboren, lebt in Zürich. Sie war Redakteurin bei der Zeitschrift »du« und bei der »Neuen Zürcher Zeitung«. Heute ist sie bei der »Weltwoche«, leitete einige Jahre dort das Ressort Kultur und ist nunmehr für kulturelle und gesellschaftspolitische Fragen zuständig. Autorin von Hörspielen und Jugendbüchern.

Beate Pinkerneil geboren 1942 in Bochum, lebt in Köln. Von 1983-1991 leitete sie die Redaktion »Literatur und Kunst« im Zweiten Deutschen Fernsehen sowie das Büchermagazin »Literatur im Gespräch«; seitdem Literaturredakteurin im ZDF. Sie gab Gedichtanthologien und literaturwissenschaftliche Sammelbände heraus.

Heinz Piontek geboren 1925 in Kreuzberg, lebt in München, ist vorwiegend Lyriker. Unter anderem veröffentlichte er die Gedichtbände »Mit einer Kranichfeder« (1962), »Klartext« (1966), »Gesammelte Gedichte« (1975), »Wie sich Musik durchschlug« (1978), »Was mich nicht losläßt« (1981) und »Früh im September« (1982) sowie den Essayband »Männer, die Gedichte machen« (1970).

Heinz Politzer geboren 1910 in Wien, starb 1978 in Berkeley. Er lehrte Deutsche Literatur an der University of California in Berkeley (USA). Hauptwerke: »Franz Kafka, der Künstler« (1965), »Das Schweigen der Sirenen« (1968) und »Hatte Ödipus einen Ödipus-Komplex?« (1974).

Marcel Reich-Ranicki geboren 1920 in Włocławek an der Weichsel, leitete von 1973 bis 1988 die Literatur-Redaktion der »Frankfurter Allgemeinen Zeitung«. Er veröffentlichte unter anderem: »Deutsche Literatur in West und Ost« (1963), »Lauter Verrisse« (1970), »Über Ruhestörer« (1973), »Nachprüfung« (1977), »Lauter Lobreden« (1985), »Thomas Mann und die Seinen« (1987), »Thomas Bernhard« (1990), »Max Frisch« (1991), »Ohne Rabatt. Über Literatur aus der DDR« (1991), »Der doppelte Boden« (1992) sowie »Die Anwälte der Literatur« (1994).

Thomas Rietzschel geboren 1951 in Dresden, ist Korrespondent der Frankfurter Allgemeinen Zeitung, ansässig in Darmstadt und Berlin. Neben verschiedenen Anthologien zur expressionistischen Literatur veröffentlichte er unter anderem eine Theodor Däubler-Biographie.

Werner Ross geboren 1912 in Krefeld-Uerdingen, lebt in München. Er veröffentlichte unter anderem: »Der ängstliche Adler«. Friedrich Nietzsches Lebensroman (1980) und »Die Feder führend« (1987), »Lou Andreas-Salomé« (1992) sowie »Baudelaire und die Moderne« (1993) sowie »Der wilde Nietzsche« (1994).

Wolfgang Rothe geboren 1929 in Berlin, lebt in Heidelberg. Er ist

Essayist und Literaturwissenschaftler und veröffentlichte unter anderem: »James Joyce« (1957), »Der Roboter und der andere« (1958), »Schriftsteller und totalitäre Welt« (1966), »Der Expressionismus« (1977) und »Tänzer und Täter« (1979).

CHRISTA ROTZOLL geboren 1921 in Berlin, lebt dort. Sie war Feuilletonredakteurin beim »Kurier« in Berlin und hat später für Zeitungen und Sender gearbeitet. Sie veröffentlichte »Frauen und Zeiten« (1987).

HORST RÜDIGER der 1908 in Geringswald geboren wurde, starb 1984 in Patschins. Er war Professor für Komparatistik an der Universität Bonn und veröffentlichte unter anderem: »Italien ganz privat« (1933) und »Winckelmann und Italien« (1956).

PETER RÜHMKORF geboren 1929 in Dortmund, lebt in Hamburg. Er veröffentlichte unter anderem: »Irdisches Vergnügen in g« (1959), »Kunststücke« (1961), »Die Jahre, die ihr kennt« (1972), »Walther von der Vogelweide, Klopstock und ich« (1975), »Haltbar bis Ende 1999« (1979), »agar agar zaurzaurim« (1981), »Der Hüter des Misthaufens« (1983), »Bleib erschütterbar und widersteh« (1984), »Einmalig wie wir alle« (1989) und »Dreizehn deutsche Dichter« (1989).

DORIS RUNGE geboren 1943 in Mecklenburg, lebt als freie Schriftstellerin in Cismar/Ostholstein. Sie veröffentlichte unter anderem die Gedichtbände: »jagdlied« (1985), »kommt zeit« (1988) und »wintergrün« (1991).

ALBERT VON SCHIRNDING geboren 1935 in Regensburg, lebt in München. Er veröffentlichte unter anderem die Gedichtbände »Bedenkzeit« (1977) und »Mit anderen Augen« (1986), die Erzählung »Herkommen« (1987) sowie die Untersuchungen »Am Anfang war das Staunen« (1978), »Durchs Labyrinth der Zeit« (1979) und »Linien des Lesens« (1982) und »Maske und Mythos« (1991).

KARL LUDWIG SCHNEIDER geboren 1919 in Hamburg, wo er 1981 starb. Er war Professor für Deutsche Literatur an der Universität Hamburg, gab die Werke Ernst Stadlers und Georg Heyms heraus und veröffentlichte unter anderem den Essayband »Zerbrochene Formen« (1967).

ROLF SCHNEIDER geboren 1932 in Chemnitz, lebt in Schöneiche bei Ost-Berlin. Er veröffentlichte unter anderem: »Brücken und Gitter« (1965), »Die Tage in W.« (1965), »Pilzomelette und andere Nekrologe« (1974), »Die Reise nach Jaroslaw« (1975) und »November« (1979).

GODEHARD SCHRAMM geboren 1943 in Konstanz, lebt in Nürnberg. Er veröffentlichte unter anderem die Prosabände »Nachts durch die Biscaya« (1978), den Roman »Der Traumpilot« (1983) und den Gedichtband »Meine Lust ist größer als mein Schmerz« (1975).

Egon Schwarz geboren 1922 in Wien, lehrt Deutsche Literatur an der Washington University in St. Louis (USA). Er veröffentlichte unter anderem: »Hofmannsthal und Calderon« (1962), »Joseph von Eichendorff« (1969), »Das verschluckte Schluchzen – Poesie und Politik bei Rainer Maria Rilke« (1972), »Keine Zeit für Eichendorff: Chronik unfreiwilliger Wanderjahre« (1979) und »Dichtung, Kritik, Geschichte: Essays zur Literatur 1900-1930« (1983).

Wulf Segebrecht geboren 1935 in Neuruppin, ist Professor für Neue deutsche Literaturwissenschaft an der Universität Bamberg. Er veröffentlichte unter anderem: »Autobiographie und Dichtung« (1967), »Das Gelegenheitsgedicht« (1977), »Goethes ›Über allen Gipfeln ist Ruh‹ und seine Folgen« (1978) und »Der Bamberger Dichterkreis 1936-1943« (1985).

Hilde Spiel geboren 1911 in Wien, wo sie 1990 starb. Sie war von 1963 bis 1984 Wiener Kulturkorrespondentin der »Frankfurter Allgemeinen Zeitung«. Hauptwerke: »Fanny von Arnstein oder die Emanzipation« (1962), »Glanz und Untergang. Wien 1866 bis 1938« (1987), »Die hellen und die finsteren Zeiten« (1989), »Welche Welt ist meine Welt« (1990) und »Die Dämonie der Gemütlichkeit« (1991).

Dolf Sternberger geboren 1907 in Wiesbaden, starb 1989. Er war bis 1972 Professor der Politischen Wissenschaften an der Universität Heidelberg. Zu seinen Hauptwerken gehören die Bücher: »Panorama oder Ansichten vom 19. Jahrhundert« (1938), »Kriterien« (1965), »Heinrich Heine und die Abschaffung der Sünde« (1972), »Drei Wurzeln der Politik« (1978) und »Schriften« (1977-1982).

Jürgen Theobaldy geboren 1944 in Straßburg, lebt als freier Schriftsteller in Bern. Er veröffentlichte unter anderem die Gedichtbände »Blaue Flecken« (1974), »Zweiter Klasse« (1976) »Die Sommertour« (1983) und »Der Nachtbildsammler« (1992) sowie den Roman »Sonntags Kino« (1978) und die Erzählungen »Das Festival im Hof« (1985). Zuletzt erschien die Gedichtbroschur »In den Aufwind« (1990).

Hans-Ulrich Treichel geboren 1952 in Versmold/Westf., lebt in Berlin. Er veröffentlichte unter anderem die Monographie »Fragment ohne Ende. Eine Studie zum Werk Wolfgang Koeppens« (1984) sowie die Gedichtbände »Ein Restposten Zukunft« (1979), »Tarantella« (1982), »Liebe Not« (1986) und »Seit Tagen kein Wunder« (1990) sowie den Prosaband »Von Leib und Seele. Berichte« (1992).

PETER WAPNEWSKI geboren 1922 in Kiel, ist emeritierter Professor der Germanistik an der Technischen Universität Berlin und Gründungsrektor des Wissenschaftskollegs zu Berlin. Er veröffentlichte vor allem mediävistische Arbeiten und überdies »Richard Wagner. Die Szene und ihr Meister« (1978), »Der traurige Gott. Richard Wagner in seinen Helden« (1978) sowie »Zumutungen, Essays zu Literatur des 20. Jahrhunderts« (1979).

HARALD WEINRICH geboren 1927 in Wismar, ist Professor für Deutsch als Fremdsprache an der Universität München. Er veröffentlichte unter anderem: »Tempus – Besprochene und erzählte Welt« (1964), »Linguistik der Lüge« (1966), »Sprache in Texten« (1976) und Wege der Sprachkultur« (1985).

BENNO VON WIESE geboren 1903 in Frankfurt am Main, starb 1987 in München. Er lehrte Deutsche Literatur an der Universität Bonn. Er veröffentlichte unter anderem: »Der Mensch in der Dichtung« (1958), »Friedrich Schiller« (1959), »Zwischen Utopie und Wirklichkeit« (1963) und »Literatur für Leser« (1971) sowie die Autobiographie »Ich erzähle mein Leben« (1982).

GABRIELE WOHMANN geboren 1932 in Darmstadt, lebt dort. Sie veröffentlichte neun Gedichtbände, zuletzt »Das könnte ich sein« (1989). Ihre neuesten Prosabücher sind die Erzählungsbände »Er saß in dem Bus, der seine Frau überfuhr« (1991), »Das Salz, bitte!« (1992), »Alles an seinem Ort« (1992) und der Roman »Bitte nicht sterben« (1993).

VERZEICHNIS DER GEDICHTÜBERSCHRIFTEN UND -ANFÄNGE

VERZEICHNIS DER IN DEN BÄNDEN 1-10 INTERPRETIERTEN GEDICHTE

Rose Ausländer, Bd. 8
Jerusalem (Horst Krüger)
Mein Venedig (Joseph Anton Kruse)
Paul Celans Grab (Karl Krolow)
Salzburg (Ulrich Weinzierl)
Ingeborg Bachmann, Bd. 9
Anrufung des Großen Bären (Wolfgang Leppmann)
Aria I (Im Gewitter der Rosen) (Helmut Koopmann)
Böhmen liegt am Meer (Hermann Burger)
Die gestundete Zeit (Hilde Spiel)
Fort mit dem Schnee (Werner Ross)
Hinter der Wand (Gertrud Fussenegger)
Mein Vogel (Ludwig Harig)
Reklame (Walter Hinck)
Römisches Nachtbild (Ulla Hahn)
Wahrlich (Horst Bienek)
Wolfgang Bächler, Bd. 9
Erwartung (Werner Ross)
Nüsse (Hilde Domin)
Hugo Ball, Bd. 6
Intermezzo (Klaus-Peter Walter)
Emil Barth, Bd. 7
Kreuzweg (Joseph Anton Kruse)
Kurt Bartsch, Bd. 10
Abriß (Günter Kunert)
Die Leichenwäscherin ist tot (Peter Maiwald)
Konrad Bayer, Bd. 9
Die Oberfläche der Vögel (Ursula Krechel)
Johannes R. Becher, Bd. 7
Auferstanden aus Ruinen (Hermann Kurzke)
Brecht und der Tod (Wolfgang Koeppen)
Sommer (Peter Demetz)
Jürgen Becker, Bd. 9
Das Fenster am Ende des Korridors (Walter Hinck)
Gedicht, sehr früh (Walter Hinck)
Gedicht über Schnee im April (Harald Hartung)
Richard Beer-Hofmann, Bd. 5
Schlaflied für Mirjam (Peter Härtling)

Die wandlende Glocke (Rainer Kirsch)
Eigentum (Gabriele Wohmann)
Ein grauer, trüber Morgen (Wolfgang Koeppen)
Eines ist mir verdrießlich (Werner Fuld)
Eins und Alles (Jürgen Jacobs)
Epirrhema (Ludwig Harig)
Erlkönig (Golo Mann)
Es ist gut (Eckart Kleßmann)
Frankreichs traurig Geschick (Wulf Segebrecht)
Freudvoll und leidvoll (Marcel Reich-Ranicki)
Froh empfind ich mich (Wolfgang Koeppen)
Früh, wenn Tal, Gebirg und Garten (Reinhard Baumgart)
Frühling übers Jahr (Karl Otto Conrady)
Ganymed (Benno von Wiese)
Gedichte sind gemalte Fensterscheiben (Horst Bienek)
Gefunden (Wolfgang Leppmann)
Gegenwart (Siegfried Unseld)
Gesang der Geister über den Wassern (Peter Härtling)
Getretner Quark (Erwin Koppen)
Gib mir (Werner Fuld)
Gingo biloba (Peter Härtling)
Glückliche Fahrt (Gert Ueding)
Grenzen der Menschheit (Peter von Matt)
Grün ist der Boden der Wohnung (Rudolf Jürgen Bartsch)
Harfenspieler (Kurt Klinger)
Hast du nicht gute Gesellschaft gesehn? (Jürgen Theobaldy)
Hatem, Suleika (Gerhard Schulz)
Heidenröslein (Peter von Matt)
Herbstgefühl (Wolfgang Leppmann)
Herbstlich leuchtet die Flamme (Wolfgang Leppmann)
Hoffnung (Joachim Fest)
Im Atemholen (Werner Ross)
Im Dorfe war ein groß Gelag (Gertrud Fussenegger)
Im Gegenwärtigen Vergangnes (Hans Robert Jauß)
Künstlers Abendlied (Harald Hartung)
Lesebuch (Walter Helmut Fritz)
Lynkeus der Türmer (Gerhard Kaiser)
Mächtiges Überraschen (Helmuth Nürnberger)

Noch einmal (Ludwig Harig)
Sieh dir das an (Gabriele Wohmann)
Stele für Catull (Eckart Kleßmann)
Michael Krüger, Bd. 10
Die Enten (Herbert Heckmann)
Johannes Kühn, Bd. 10
Zeitung am Kaffeetisch (Ludwig Harig)
Der von Kürenberg, Bd. 1
Ich stuont mir nehtint spâte (Joachim Bumke)
Ich zoch mir einen valken (Peter Rühmkorf)
Günter Kunert, Bd. 9
Atlas (Walter Hinck)
Den Fischen (Helmut Lamprecht)
Ernst Blacke (Elisabeth Endres)
Fantasma (Joseph Anton Kruse)
Im Norden (Reinhold Grimm)
Konjunktiver Doppelgänger (Fritz J. Raddatz)
Unterwegs nach Utopia I (Walter Hinderer)
Vision an der Oberbaumbrücke (Helmut Koopmann)
Vorortabend (Horst Bienek)
Reiner Kunze, Bd. 10
Bittgedanke, dir zu Füßen (Gabriele Wohmann)
Das kleine Auto (Werner Ross)
Erste Liebe (Gertrud Fussenegger)
Erster Brief der Tamara A. (Hans Mayer)
Fahrschüler für Lastkraftwagen (Hans Maier)
Hallstatt mit schwarzem Stift (Gertrud Fussenegger)
Literaturarchiv in M. (Gertrud Fussenegger)
Tagebuchblatt 74 (Volker Hage)
Horst Lange, Bd. 8
Eine Geliebte aus Luft (Heinz Piontek)
Elisabeth Langgässer, Bd. 7
Daphne an der Sonnenwende (Günter Blöcker)
Frühjahr 1946 (Horst Krüger)
Vorfrühlingswald (Joseph Anton Kruse)
Winterwende (Karl Krolow)
Else Lasker-Schüler, Bd. 5
Die Verscheuchte (Heinz Politzer)